Ce livre a été écrit à quatre mains. Mais nous avons préféré employer systématiquement la première personne du singulier, comme si nous n'étions qu'un seul auteur à deux têtes. La langue française dispose du bien pompeux « nous de majesté » que les auteurs de livres affectionnent si souvent ; qu'on prenne cette première personne comme un « je de pluralité ».

Nous remercions pour l'aide qu'ils nous ont apportée durant la rédaction de cet ouvrage, les informations précieuses qu'ils nous ont données et la gentillesse avec laquelle ils nous ont offert leur compétence : Xavier Lameyre, Florence Tamagne, Pierre Jouannet, Hervé Le Bras, Florence Rault, Régis de Castelnau, Jean-Claude Monnier, Geneviève Morel, Franz Kaltenbeck, Mathieu Lindon, David Kessler et Arnaud Esquerré. Nous exprimons aussi notre reconnaissance à l'égard de Bertrand Pirel et d'Emmanuel Barthélemy, ainsi qu'à toute l'équipe des éditions Bréal.

S O M M

Introduction 7

TEXTES CHOISIS : Jean-Jacques Rousseau • Henry Havelock Ellis • Marquis de Sade • Michel Houellebecq • Charles Cros 19

PARTIE 1

TOUT CE QUE VOUS ÊTES CENSÉ SAVOIR SUR LA « LIBÉRATION SEXUELLE », MÊME SI VOUS NE L'AVEZ PAS DEMANDÉ

1. **La « révolution sexuelle » en théories** 35

TEXTES CHOISIS : Charles Baudelaire • Sigmund Freud • Wilhelm Reich • Shere Hite • Internationale situationniste 60

2. **La « révolution sexuelle » en réformes** 69

La liberté sexuelle : consentir 73

La liberté procréative : choisir 88

TEXTES CHOISIS : Saint Paul • Guy de Maupassant • Marguerite Yourcenar • William Shakespeare • Judith Jarvis Thomson • Emmanuel Kant • Arthur Rimbaud et Paul Verlaine 100

Intermède à lire absolument : Pourquoi la révolution sexuelle n'est pas la cause du sida mais au contraire la prévention la plus efficace contre lui 111

TEXTE CHOISI : Hervé Guibert 122

PARTIE 2

PEINES DE SEXE PERDUES

3. **Faut-il brûler les délinquants sexuels ?** 131

TEXTES CHOISIS : Christian Guéry • Debbie Nathan et Michael Snedeker • Cesare Beccaria • Greta Christina • André Breton 162

4. **Le droit pénal protège-t-il la liberté sexuelle ?** 175

TEXTES CHOISIS : Vladimir Nabokov • Maurice Merleau-Ponty • Michel Foucault • George Orwell • Rachid O. • Saint Augustin • Sigmund Freud • Maggie Jones 198

PARTIE 3

LES NOUVEAUX MASQUES DE LA MORALE SEXUELLE

5. **Le sexe est-il toxique ?** 219

TEXTES CHOISIS : Jean-Jacques Pauvert • D. H. Lawrence • John Stuart Mill • Catherine François et Françoise Raes 244

6. **La nouvelle morale familiale** 253

TEXTES CHOISIS : Aldous Huxley • Franz Kafka • Louis-Ferdinand Céline • Jeanine Salomone 270

PARTIE 4

INVITATION AUX SOCIÉTÉS POSTSEXUELLES

7. **Le Sexe-Roi ou ce qui a déraillé dans la « libération sexuelle »** 279

TEXTES CHOISIS : Catherine Millet • Michel Foucault • Léonard de Vinci • Gustave Flaubert 291

8. **Au-delà du sexe ou comment en sortir** 299

TEXTES CHOISIS : Charles Fourier • Gilles Deleuze et Félix Guattari • Charles Fourier • Michel Foucault • Friedrich Nietzsche • Mary Shelley 323

Index 330

Introduction

« Quiconque promet à l'humanité de la libérer des épreuves du sexe sera accueilli en héros. »
Sigmund Freud, *Lettre à Ernest Jones*.

En 1973 fut votée une loi qui instituait un nouvel enseignement dans le cursus scolaire : l'éducation sexuelle. Il s'agissait d'en finir avec ces temps pudibonds où on ne pouvait parler tranquillement de cette chose pourtant tellement naturelle que sans elle l'humanité n'existerait pas. On ne trouvait plus, comme Jean-Jacques Rousseau, qu'à la question si courante « Dis, maman, comment se font les enfants ? » il soit bon de leur répondre, pour les dégoûter à jamais de leur curiosité : « Mon fils, [...] les femmes les pissent avec des douleurs qui leur coûtent quelquefois la vie[1]. »

On allait désormais leur apprendre, pendant les heures de biologie, les mystères des cycles, les épopées des spermatozoïdes, les incertitudes de la méthode Ogino. On pouvait se procurer de lourdes encyclopédies de la sexualité, où des couples à la nudité bucolique, plongés dans quelque verdure débordante de fertilité, témoignaient pudiquement

[1] Jean-Jacques Rousseau, *Émile ou De l'éducation* (1762), l. IV. ▸ TEXTE P. 19.

que le sexe était naturel, que, depuis que la sélection naturelle avait eu la bonne idée de mélanger les gamètes, le progrès était beaucoup plus rapide et prometteur. On avait droit à des coupes schématiques du vagin et des trompes, du pénis et de l'urètre, avec des petites flèches donnant à chaque partie son nom technique. Le tout, sur un papier glacé, signé par quelque éminent professeur en médecine, ce qui donnait à l'ensemble une incontestable respectabilité. C'était l'époque où la sexualité devait devenir aussi « naturelle » que le sommeil ou la digestion, voire les marées ou le mouvement des planètes. Bientôt, on y ajouta les photos d'un virus inquiétant qui s'appelait VIH, dont les enfants apprenaient qu'il pouvait profiter de ce jour un peu mythique de leur « premier rapport » pour transférer son ARN dans leurs cellules et les conduire à la mort, et que la seule manière de s'en protéger était d'utiliser systématiquement le préservatif.

Il semble que de nos jours la psychologie ait pris la place de la biologie. On se veut moins physiologique, moins descriptif, plus « humain », plus « global », prenant en compte les dimensions culturelles, affectives, familiales… On trouve dans le commerce des sortes de manuels d'éducation sexuelle qui donnent aux parents et à leurs enfants des conseils pour « entrer dans la sexualité » d'une manière convenable. Dans l'un d'entre eux, un triste sire répondant au nom inquiétant de professeur Joyeux prétend d'un air doctoral que la masturbation ne rend pas sourd mais éjaculateur précoce, ce

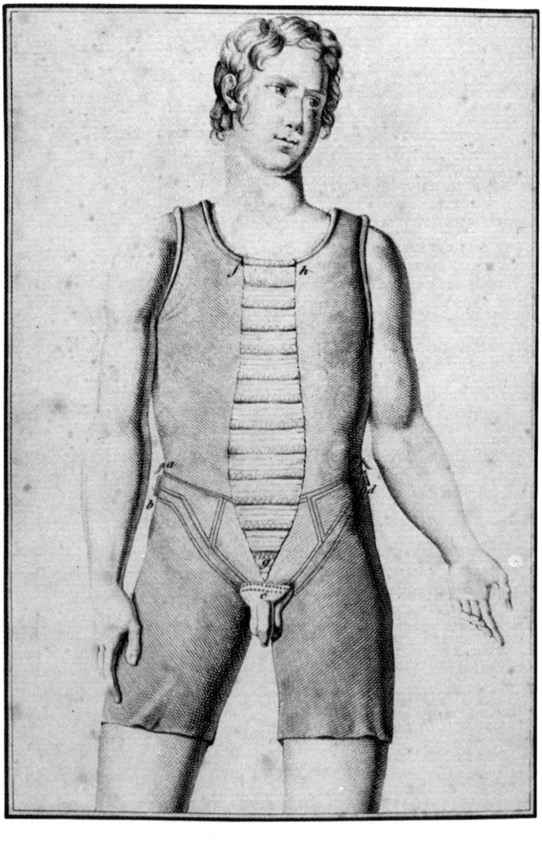

Corset contre l'onanisme, 1815.

qui est pire[2] ; que les filles ne désirent que par amour et que les garçons ne cherchent qu'à se mesurer aux performances des acteurs de films pornographiques, au risque de se retrouver impuissants ; qu'un jeune homme attiré par ceux de son propre sexe a un petit problème, et qu'il faut qu'il prenne le temps d'aller voir un thérapeute[3] ; qu'il vaut mieux utiliser des préservatifs bien sûr, mais qu'il paraît impossible d'aimer une personne atteinte du sida[4]... Les jeunes personnes trouveront, dans un autre ouvrage, quelques recommandations élégiaques, comme celle de ne pas utiliser le lit de leurs parents pour leur première expérience sexuelle, de se faire beaucoup de bisous avant, etc.[5]. Il est à peine question du sida et des maladies sexuellement transmissibles... Comme si la première chose qu'il est nécessaire d'apprendre aux enfants n'était pas la technique qui permet que les relations sexuelles ne soient pas mortelles ou même simplement dangereuses pour la santé, avant même toutes les idées que nous pouvons avoir envie de leur inculquer sur une bonne ou une mauvaise sexualité. Comme si l'apprentissage d'une morale sexuelle déterminée était plus important que la protection de la vie elle-même.

Pendant ce temps, on nous enseigne à tous – jeunes et moins jeunes – bien des idées fausses sur la réalité de la culture sexuelle dans laquelle nous vivons, ou plutôt sur les règles auxquelles nous sommes censés obéir et qui définissent le cadre à l'intérieur duquel nous sommes contraints, bon gré mal gré, de construire notre vie sexuelle. On nous dit que nous vivons dans une société qui a connu la « libération sexuelle », que plus personne désormais ne considère que le sexe est mauvais en soi (sauf quelques barbus qui n'ont pas encore transformé leurs protestations en bombes nucléaires), qu'on respecte toutes les sexualités, qu'on ne pense plus que l'amour ne sert qu'à faire des enfants... On nous fait surtout croire qu'en tout cas l'État, lui, adhère à toutes ces valeurs et cherche à les promouvoir.

---

[2] Professeur Henri Joyeux, *Comment c'est la sexualité ? Sentiments, drogue, sida... Réponses à 65 questions des 13-15 ans*, éditions François-Xavier de Guibert, 2003, p. 96-97.

[3] Voir notamment p. 142-170. À la vérité, ce livre est un plaidoyer débridé en faveur du caractère « contre-nature » de l'homosexualité et définit l'éducation sexuelle comme un moyen alternatif à l'antique châtiment biblique qui s'est abattu sur Sodome et Gomorrhe (p. 40-41).

[4] « Pensez-vous franchement qu'il soit possible d'aimer vraiment un partenaire quand on a peur d'attraper le sida en couchant avec lui ? » (p. 39).

[5] Denise Stagnara, *La Première Fois*, La Martinière Jeunesse, 2002.

Or cette image n'est pas seulement fausse, elle est dangereuse. Car il existe, quoi qu'on en dise, un profond malaise autour de la sexualité, persistant et diffus. Tant qu'on ne se sera pas donné les moyens de le comprendre, on sera contraint de le subir, et d'y réagir, bien souvent, avec brutalité et confusion.

Ce malaise se signale d'abord par l'omniprésence du thème des agressions sexuelles, par une association de plus en plus étroite du sexe et de la violence. Le sexe n'est jamais apparu autant qu'aujourd'hui comme un danger diffus, comme un danger qui rôde, comme une ombre inquiétante planant sur toutes les relations. On souhaite commencer l'éducation sexuelle des enfants le plus tôt possible, mais essentiellement comme une forme de prévention contre les « atteintes » pédophiles plus ou moins discrètes dont ils peuvent faire l'objet[6]. Chacun est supposé risquer sa santé mentale dans ce continent obscur et incertain de la sexualité. Ceux qui ont été victimes, jeunes ou vieux, d'une agression sexuelle minime ou considérable sont censés être détruits au plus profond d'eux-mêmes. Il n'est pas un jour où, dans les colonnes des journaux, on ne nous parle de quelque criminel sexuel récidiviste qu'on a laissé sortir, de quelque grossier personnage qui harcèle ses subordonnées, de quelque réseau pédophile qui vend des enfants contre des croissants au beurre, de quelques jeunes des banlieues qui auraient confondu partouze et viol en réunion, de quelque gang de proxénètes qui aurait trouvé de nouvelles filières. La pornographie aurait envahi notre univers, et nous préparerait des hordes de violeurs compulsifs. Les artistes eux-mêmes sont accusés de contribuer à une apologie de la violence sexuelle. Certains se flattent de « politiser le sexe » en faisant apparaître

[6] Il s'agit là d'une politique officielle de l'Éducation nationale, qui a connu son temps fort à l'époque où Ségolène Royal était ministre de la Famille, mais qui continue d'avoir des effets sur la pratique ordinaire des établissements. Voir par exemple les témoignages recueillis par Marcela Palacios, dans *Enfants, sexe innocent ?* (Autrement, « Mutations », 2005, p. 117-118), où Anne Théry, médecin au service de santé scolaire de la mairie de Paris, clarifie les choses en ces termes : « Pour les "maternelles", parler du sexuel c'est une forme de prévention : peut-être pas des abus sexuels, mais "prévention" des agressions en matière sexuelle. C'est important que les enfants aient une meilleure connaissance d'eux-mêmes, de leur corps, qu'ils sachent nommer une partie de leur corps dès la maternelle... » On peut en donner la raison plus précise : si jamais ils ont à témoigner devant les policiers, cela aidera à écrire le rapport... Selon l'Éducation nationale, « l'éducation à la sexualité » est « légitimée par la protection des jeunes vis-à-vis des violences ou de l'exploitation sexuelles, de la pornographie ou encore par la lutte contre les préjugés sexistes ou homophobes » (circulaire n° 2003-027 du 17 février 2003).

les rapports de « domination » qui le traversent : des hommes sur les femmes, des hétérosexuels sur les homosexuels, des adultes sur les enfants. Des personnalités politiques qui veulent se faire passer pour modernes, comme Ségolène Royal, montent au créneau pour réclamer une mesure contre le *string* que les jeunes lycéennes sont fières de laisser dépasser de leurs jeans, alors qu'il ne serait qu'une chaîne voyante de la domination masculine. On voit dans l'engouement des médias, des responsables politiques et des tribunaux pour les affaires de pénalité sexuelle, même les plus anodines, une sorte de pédagogie collective. Sous prétexte de « changer les mentalités », on nous présente la prison comme le seul moyen pour faire un travail de transformation de la culture, comme si l'on voulait remettre à la mode les camps de redressement de triste mémoire, comme bien souvent pour la « bonne cause ».

Certes, le sexe n'apparaît plus comme ce qui fait de nous les proies du péché. Mais il est devenu le lieu de quelque atavisme par lequel les restes d'une culture fondée sur la violence et l'exploitation sexuelle continueraient à hanter cette utopie en voie de réalisation que serait notre société. Il est la porte par où les ténèbres du passé reviennent dans la lumière du présent. Ces fondus enchaînés qui, dans les médias, dans les discours officiels, dans les pseudo-rapports d'expertise, font passer du sexe à la violence, produisent leurs effets bien au-delà des seuls murs des tribunaux et des commissariats. Ils contribuent pour une grande part à reconduire la vieille rengaine de la mésentente hétérosexuelle (« les hommes cherchent le plaisir, les femmes l'amour... »), avec son interminable ballet de frustrations, de déceptions, de rancœurs et de reproches, qui laisse un peu dubitatif sur les bénéfices réels que notre société aurait effectivement tirés de sa « libération sexuelle »...

Les femmes ont toujours autant de mal à se vivre pleinement comme sujets de leur propre désir. Elles se sentent utilisées, traitées comme des objets, instruments plutôt que partenaires de la jouissance d'autrui. D'un autre côté, elles ont elles-mêmes tendance à minimiser l'importance des choses du sexe pour ce qui les concerne, et à jouir plus du plaisir qu'elles donnent que de celui qu'elles reçoivent. Elles doivent à la fois se montrer suffisamment délurées, pour ne pas paraître rébarbatives, et suffisamment retenues, afin de donner le sentiment qu'en acceptant une relation avec un homme elles lui offrent quelque chose de précieux et de rare. D'un côté, elles sont tentées d'utiliser cette position pour obtenir d'un homme la fierté

Nan Goldin, *Couple dans un lit*, Chicago, 1977.

qu'elles ne croient toujours pas pouvoir obtenir d'elles-mêmes : une écrasante majorité d'entre elles (plus de 90 % !) cherchent des hommes plus âgés, plus diplômés, plus riches. D'un autre côté, elles se sentent bien souvent abusées dès lors que le contrat implicite est rompu, et presque toujours amères quand elles se rendent compte qu'elles n'ont pas, quoi qu'il en soit, la même autonomie que les hommes. De plus en plus nombreuses sont celles qui vivent leur position d'objet de désir à la fois comme une métaphore et comme un instrument de toutes les formes, implicites et explicites, grandes et petites, de misogynie ou de « domination masculine ».

Quant aux hommes, beaucoup d'entre eux ont l'impression que leur désir est un peu dégueulasse : non plus, comme avant, parce que ce serait une forme de ce péché capital qu'était la luxure, mais plutôt parce que ce serait un résidu de machisme et d'agressivité métaphorique. Ils se révèlent non seulement frustrés, mais encore culpabilisés de leur frustration. Ils se croient particulièrement chevaleresques en soutenant une jeune femme moins « dotée » qu'eux, et s'indignent d'avoir plus tard à payer des pensions ou de devoir, d'une manière générale, se sentir en dette à son égard. Surtout, il faut dire qu'ils doivent, eux, faire face bien souvent au mur de la loi, et que celui-ci est autrement plus dur et plus indiscutable que tous nos vagues préjugés. Ils découvrent ainsi à leurs dépens qu'une femme peut leur imposer un enfant même s'ils ne le veulent pas ; qu'à l'inverse elle peut les quitter en les séparant de leurs enfants (d'après les statistiques, ce sont les femmes qui sont le plus souvent à l'origine de la séparation des couples). Ils commencent à savoir qu'ils peuvent se retrouver parfois au commissariat pour détailler l'histoire de leur relation avec une collègue qui les accuse de harcèlement sexuel. Certains sont tentés par une nouvelle forme de misogynie.

Chacun semble ainsi piégé dans des dilemmes également insolubles, qui donnent le sentiment que la « libération sexuelle » n'a décidément pas tenu ses promesses. Les jeunes, dit-on d'ailleurs, ont une vie sexuelle bien sage, et ils sont rares ceux qui prétendent à quelque utopie collective en la matière [7]... L'ensemble nous conduit irrésistiblement à évoquer un terme qui eut jadis une grande fortune : celui de « misère sexuelle ». Le succès des romans de Michel Houellebecq [8], dont le principal sujet n'est autre que cette misère que la « libération sexuelle », loin de faire disparaître, aurait contribué à aggraver, montre que cette perception est assez répandue. Il semble donc qu'il y ait, comme disait Hamlet pour le royaume de Danemark, quelque chose de pourri dans cette révolution victorieuse...

Au demeurant, celui qui propose une clef, si précaire soit-elle, pour comprendre cette situation, est sûr d'être bien accueilli. Chacun y va de sa petite théorie. Les uns y voient un nouvel épisode de l'éternelle guerre des sexes. Les autres imaginent que c'est la fatalité d'une société frappée par le sida. D'autres encore déplorent les méfaits d'une sorte de libéralisme généralisé qui livrerait les êtres au marché de la séduction, dans lequel les plus démunis biologiquement et psychologiquement seraient condamnés à l'aigreur jusque dans leurs plaisirs solitaires (c'est ce que Michel Houellebecq met en scène). Tantôt on renvoie chacun à lui-même, aux secrets confus de son désir, au sentiment d'avoir, lui, un problème, alors que tout serait fait pour lui faciliter les choses ; tantôt on lui suggère d'accuser autrui, de se sentir la victime de la malveillance de

---

7 C'est ce que conclut une étude sur les jeunes de dix-huit à vingt-deux ans réalisée par Alain Giami, Marie-Ange Schiltz et Hélène Olomucki, chercheurs à l'Inserm (*L'Expérience de la sexualité chez de jeunes adultes : entre errance et conjugalité*, Inserm, 2004).

8 *Extension du domaine de la lutte* (1994), *Les Particules élémentaires* (1998), *Plateforme* (2001).

quelque pervers mal soigné. On a surtout de plus en plus tendance à trouver qu'on va trop loin dans la licence sexuelle, qu'on impose une sorte de nouvel idéal contraignant, qu'on finit par culpabiliser les malheureux et les malheureuses qui vivent ce qu'on aurait appelé jadis pudeur ou timidité comme des inhibitions et des refoulements, qu'on a abattu tout interdit, toute limite, perdu les « repères », et engagé l'humanité dans une course toujours plus débridée vers la jouissance dont la conclusion logique serait la violence à l'égard d'autrui...

Ce livre montrera, je l'espère, que ce malaise n'est ni l'effet d'une sorte de résistance que des mentalités archaïques opposeraient aux promesses merveilleuses de la révolution sexuelle en marche, ni le résultat décevant de cette liberté sexuelle nouvellement conquise. Pour une raison bien simple : c'est que la notion même de « libération sexuelle » est en grande partie illusoire. Non parce que nous ne serions pas allés jusqu'au bout. Ni parce que nous aurions connu une sorte de contre-révolution sexuelle qui aurait complètement tourné le dos aux valeurs des années 1970. Ce malaise tient à la culture politique et sociale même dont nous avons hérité avec la « libération sexuelle ». Ce que nous avons fait sous ce titre, des années 1970 à aujourd'hui, ce n'est pas rompre avec une morale sexuelle suspicieuse et culpabilisante, mais lui trouver de nouveaux fondements, de nouveaux arguments, de nouvelles ressources, qui pour certaines sont pires que les précédentes. Comment cela a bien pu arriver, c'est le mystère qu'il faut éclaircir.

On essaiera de montrer que c'est précisément en faisant de la « sexualité » non seulement une valeur en soi, mais encore quelque chose que l'État doit protéger en chacun de nous, qu'on a reconduit une morale sexuelle restrictive et autoritaire. On a validé l'idée que l'État, au service du bien et de la justice, aurait à gouverner la « sexualité », à garantir que celle de chacun d'entre nous soit authentique et vierge de toute pression. On lui a ainsi attribué le pouvoir de nous dire ce qui est sexuel et ce qui ne l'est pas, d'énoncer le sens et la valeur que nous devons donner à cette idée de sexualité, comme si ce sens et cette valeur pouvaient être univoques et communs à tous. Mais libérer la sexualité, cela aurait dû être cesser d'en faire une affaire d'État, nous libérer de la sexualité comme cible étatique. Et pour cela, nous le verrons, il n'y a pas d'autre solution que d'arrêter de croire qu'on puisse définir ce qui est sexuel et ce qui ne l'est pas. La véritable libération sexuelle aurait dû nous conduire résolument vers une cité postsexuelle.

Donovan Wylie, *Jeunes Bulgares dans un train.*

On ne trouvera dans ce livre ni un inventaire des positions sexuelles, ni des tableaux cliniques concernant nos stades hormonaux, ni des recettes de *self-help* pour régler vos problèmes de couple, ni des digressions pseudo-savantes sur la psychologie des hommes et des femmes. Car tout cela trop souvent nous empêche de voir que nos problèmes sexuels sont bien, comme on le disait jadis, des problèmes politiques, qui concernent la manière dont la collectivité s'y prend pour instituer des valeurs, imposer certains comportements et même certaines manières de sentir et de penser. Certains se plaignent que, dans notre société, les « arts érotiques » ne soient pas aussi développés qu'en Orient, et que les manuels de sexologie ne soient bien souvent que des recueils médicaux ou psychiatriques [9]. Mais il me semble qu'on se fourvoierait grandement en croyant que les problèmes les plus aigus que nous pose la « sexualité » puissent recevoir une solution technique. Le seul point sur lequel il m'a paru nécessaire de

9 Michel Foucault fait écho à ce thème dans *La Volonté de savoir*, Gallimard, 1976 (réédité dans la collection « Tel »). Sur la longue histoire des arts sexuels en Orient, voir par exemple le livre érudit de Robert Van Gulik, *La Vie sexuelle dans la Chine ancienne*,

donner des informations techniques précises, ce sont les manières dont on peut être contaminé par le virus du sida et les façons de s'en protéger.

Ce qu'on trouvera dans ce livre, ce sont avant tout des instruments pour mieux comprendre la réalité politique qui nous entoure et dans laquelle, bon gré mal gré, nous sommes conduits à nous définir comme sujets sexuels, à tracer, de manière tâtonnante, hésitante, précaire, le trajet singulier de notre vie. Cette réalité, elle est faite de lois, de jurisprudence des tribunaux, bref de normes qui ne sont pas seulement de vagues jugements de valeur, des murmures malveillants ou des regards sombres, mais bien des *contraintes*, qu'on peut vous imposer par le biais d'huissiers, de policiers, de gardiens de prison. C'est dans le champ que délimitent ces règles que se détermine notre expérience, que se forme notre liberté. C'est aussi à partir d'elles que nous pouvons la transformer.

Il s'agit donc ici de proposer des outils critiques pour décrypter la nature des valeurs collectives qui sont instituées à travers ces normes officielles. Ce que je souhaite vous donner, c'est un peu la carte du monde dans lequel nous vivons, de ce monde qui ne cesse de renvoyer de fausses images de lui-même et de nous égarer. J'espère que vous pourrez ainsi mieux comprendre ce que vous ressentez parfois confusément, que vous pourrez le contextualiser, l'analyser plus froidement, prendre plus de distance par rapport aux manières dont on nous induit à réagir et à penser, souffrir moins en somme, parce que vous comprendrez mieux. À vous, dès lors, avec cet instrument, de vous orienter en ce monde, voire de vous engager, par l'esprit ou par le corps, à en chercher les limites, et éventuellement d'imaginer des moyens pour le transformer.

Car je n'ai pas seulement voulu décrire. J'ai aussi cherché à donner des armes pour critiquer. Vous trouverez ainsi dans ce livre des arguments pour ne pas en rester aux préjugés habituels qui saturent les controverses actuelles sur les questions sexuelles (concernant la pornographie, la prostitution, le sida, l'homoparentalité, la procréation « sans sexe », c'est-à-dire par des moyens artificiels, etc.), voire pour les relativiser. Vous y découvrirez aussi le visage que peut avoir une société « postsexuelle » si on laisse aller un peu son imagination. Vous pourrez mesurer, en la visitant avec moi, combien d'autres possibles sont enfouis sous le sable de nos préjugés et de nos habitudes.

Gallimard, 1971 (rééd. « Tel »). Pour un exemple récent de cette littérature sexologique à caractère médical et presque toujours lourdement normative, voir Gérard Zwang, *Sexologie*, Masson, 1998.

Carte du tendre, illustration pour *Clélie*, de Madeleine de Scudéry, 1654.

J'ai la conviction que les « systèmes », les théories sexuelles, les spéculations audacieuses au sujet des choses du sexe, sont, en particulier pour les jeunes gens, la meilleure manière d'explorer cette *terra* forcément *incognita* qu'est la « sexualité ». Quand on doit se risquer au-delà des préjugés, mieux vaut avoir cultivé son intelligence et aiguisé son esprit critique. Faute de quoi, on aura le sentiment d'avoir été trop loin, d'avoir cédé à des forces obscures et coupables ou d'avoir été abusé par d'autres. L'intelligence, au contraire, permet de soutenir le désir, de lui bâtir des ponts sur lesquels il puisse s'avancer fermement. Et, réciproquement, le désir donne souvent le courage et la motivation nécessaires pour faire l'effort de construire de nouveaux arguments, d'inventer de nouvelles idées, de ciseler de nouvelles pensées. Comme le savaient les Grecs qui mariaient Éros et Psyché (l'amour et l'esprit), ce sont là deux excellents compagnons...

On sera peut-être surpris de voir accorder au thème de la pénalité sexuelle une telle importance. Les gens accusés faussement ou justement de crimes ou de délits sexuels restent, après tout, une minorité... Mais, outre qu'ils sont plus nombreux qu'on ne le croit, et que la personne même la plus chaste est moins à l'abri qu'elle ne l'imagine de se retrouver confrontée avec ce genre de police, le traitement qu'on réserve à la pénalité sexuelle est un révélateur de la manière dont on a institutionnalisé le « sexe » aujourd'hui. C'est même peut-être la seule façon de comprendre ce qu'on entend sous ce petit mot de quatre lettres.

Je ne vous proposerai donc pas ici de libérer votre sexualité, mais de vous libérer de cette sexualité-là, de ce mot même et de cette notion de « sexualité ». Antimanuel d'éducation sexuelle, donc, parce qu'il ne prétend pas vous donner des petites recettes pour avoir la vie sexuelle épanouie qu'on imagine être la norme pour tous, et surtout parce qu'il ne prétend pas vous apprendre ce qu'est, en vérité, la sexualité, mais au contraire vous mettre en garde contre tous ceux qui prétendent, eux, savoir ce qui est sexuel et ce qui ne l'est pas, c'est-à-dire vous mettre en garde contre une société qui a voulu faire entrer la sexualité dans la loi. Je vais essayer de vous montrer que tant que la sexualité continuera d'être une affaire d'État, tant que le Sexe, cette entité bizarre et à la réflexion franchement monstrueuse, continuera à prendre la place du roi, nous n'arriverons pas à construire un monde capable de respecter et de protéger nos libertés les plus élémentaires. J'essaierai de vous convaincre que renoncer à définir la sexualité, c'est lui rendre le plus bel hommage possible : car ce qu'il y a de plus beau dans la notion de « sexualité », telle qu'elle a été construite notamment par l'inventeur de la psychanalyse, Sigmund Freud (bien mal servi, hélas, par la plupart de ses disciples), c'est précisément qu'elle peut faire de n'importe quelle chose sur la terre, de n'importe quel organe de notre corps, une source de plaisir. Ce n'est que du point de vue d'une société postsexuelle qu'on pourra affirmer – comme le philosophe Spinoza (1632-1677) le disait du corps au XVIIe siècle, à une époque donc où on croyait qu'il avait besoin de l'âme pour tout – qu'*on ne sait pas ce que peut la sexualité*. Ce que nous croyons enfermer sous ce nom est si pauvre par rapport à ce qu'elle peut...

Assez d'annonces. Voici maintenant mon plaidoyer pour une société postsexuelle.

TEXTES CHOISIS

Jean-Jacques Rousseau (1712-1778)

La toute première éducation sexuelle selon Jean-Jacques

Comment se font les enfants ? Question embarrassante qui vient assez naturellement aux enfants, et dont la réponse indiscrète ou prudente décide quelquefois de leurs mœurs et de leur santé pour toute leur vie. La manière la plus courte qu'une mère imagine pour s'en débarrasser sans tromper son fils, est de lui imposer silence. Cela serait bon, si on l'y eût accoutumé de longue main dans des questions indifférentes, et qu'il ne soupçonnât pas du mystère à ce nouveau ton.

[...] Qu'on me permette de rapporter une réponse bien différente [...]. Il n'y avait pas longtemps que l'enfant avait jeté par les urines une petite pierre qui lui avait déchiré l'urètre ; mais le mal passé était oublié. *Maman*, dit le petit étourdi, *comment se font les enfants ? – Mon fils, répond la mère sans hésiter, les femmes les pissent avec des douleurs qui leur coûtent quelquefois la vie.* Que les fous rient, et que les sots soient scandalisés : mais que les sages cherchent si jamais ils trouveront une réponse plus judicieuse et qui aille mieux à ses fins.

Émile ou De l'éducation (1762), l. IV.

Henry Havelock Ellis (1859-1939)

Les théories sexuelles, première forme de poésie...

La curiosité sur la sexualité est sans doute le premier tiraillement qui nous conduit plus tard vers la science ou la poésie. C'est pourquoi, jeunes gens, il ne faut pas, avec de mauvais livres d'éducation sexuelle, avorter les futurs savants ou poètes qui sommeillent en vous. L'avenir ne vous le pardonnera pas...

Le problème de l'hygiène sexuelle [...] est fondé sur le fait [...] que, chez tous les enfants sans exception, l'activité intellectuelle commence à fonctionner dès le bas âge et que toute cette activité s'exprime par un désir de connaître tous les faits élémentaires de la vie, y compris son aspect sexuel. Parmi ces désirs, le premier et le plus universel de tous est de savoir d'où viennent les enfants. Aucune question n'est plus naturelle ; le problème des origines intéresse autant les philosophies enfantines que les philosophes adultes. Aussi la plupart des enfants possèdent-ils, soit par suite de leurs réflexions personnelles, soit par suite des faux renseignements donnés par les adultes, une théorie sur l'origine des enfants. Stanley Hall a recueilli un certain nombre de croyances enfantines sur ce sujet. « Dieu fait les enfants au ciel, bien que la Sainte Vierge et saint Nicolas en fassent aussi quelques-uns. Il les descend ou les laisse tomber ; alors les femmes ou les médecins s'en emparent. Ou bien il les dépose dans un sentier ; ou les fait descendre le long d'une échelle de bois qu'il retire ensuite ; alors la maman, ou le médecin ou la garde vont les chercher. Ou bien : Dieu les descend dans un ballon. Il y en a qui ont des ailes, qu'ils perdent quelque part dans le ciel et ils les oublient, alors ils sautent en bas et vont trouver Jésus, qui les distribue parmi les hommes. D'autres disent qu'on les trouve dans des tonneaux à farine et qu'ils sont d'abord tout enfarinés ; ou bien ils poussent dans des choux ; ou bien Dieu les met dans l'eau, parfois même dans le baquet à linge où le médecin va les chercher pour les donner aux personnes malades qui en réclament ; ou bien c'est le laitier qui les apporte de bon matin ; selon d'autres, on les déterre dans le jardin, ou bien on les achète dans un magasin. »

Études de psychologie sexuelle (1897-1910), t. VII : *L'Éducation sexuelle*, trad. de l'anglais par A. Van Gennep, Mercure de France, 1927.

Henry Havelock Ellis (1859-1939)

Pourquoi faut-il éduquer sexuellement ses enfants, même et surtout quand on est puritain ? Le récit de l'œuf et de la poule peut faire l'affaire selon Havelock Ellis…

[…] [I]l est certain que de nos jours on doit renseigner sérieusement les enfants sur le mécanisme sexuel, au lieu d'abandonner cet enseignement au hasard ou à des domestiques vicieux. On constate de plus en plus que les risques que courent les ignorants sont trop nombreux et trop graves.

[…] Nous fabriquons continuellement des lois pour protéger l'enfance, et mettons la police sur pied : mais les lois et la police, que leur action soit bonne ou mauvaise, ne peuvent rien, sinon venir à l'aide quand le mal est fait. Il nous faut aller jusqu'à la racine même de ce mal. Nous devons apprendre aux enfants à être leur propre loi ; nous devons leur donner les moyens de conserver intacte leur propre personnalité.

[…] On ne saurait douter, en effet, que surtout chez des enfants très intelligents, doués d'impulsions sexuelles vagues et non spécialisées quoique vives, le mystère artificiel que revêt trop souvent la sexualité n'accentue la curiosité naturelle, et de plus ne tende à développer l'intensité morbide et même l'exacerbation de l'instinct sexuel.

[…] L'éducation sexuelle, qui est le devoir et le privilège de la mère, ne doit pas être trop technique ; il ne s'agit pas de communiquer des données exactes, mais de réussir une initiation privée et intime. […] Sa tâche principale consiste à faire comprendre à l'enfant comment il est relié à elle d'une façon intime et à lui montrer que tous les êtres sont liés de la même manière à leur mère ; pour généraliser, il suffit ici de partir de l'œuf de poule, qui est le type le plus simple et le plus connu des enfants ; il permet d'expliquer les origines de la vie individuelle et a cet avantage de valoir autant pour le genre humain que pour les animaux et les plantes. Cette explication ne fait pas nécessairement intervenir le père, au début ; on peut laisser cette question du père de côté jusqu'à un âge plus avancé, ou jusqu'à ce que l'enfant lui-même pose la question.

Études de psychologie sexuelle (1897-1910), t. VII : *L'Éducation sexuelle*, trad. de l'anglais par A. Van Gennep, Mercure de France, 1927.

Rafaela Ottiano et Shirley Temple dans *Boucles d'or*, film de Irving Cummings,1935.

Marquis de Sade (1740-1814)

Le plaisir de l'éducation sexuelle

Enfin la belle vient, je l'attends ; nous passerons deux jours ensemble… deux jours délicieux ; la meilleure partie de ce temps, je l'emploie à éduquer cette jeune personne. Dolmancé et moi nous placerons dans cette jolie petite tête tous les principes du libertinage le plus effréné, nous l'embrasserons de nos feux, nous l'alimenterons de notre philosophie, nous lui inspirerons nos désirs, et comme je veux joindre un peu de pratique à la théorie, comme je veux qu'on démontre à mesure qu'on dissertera, je t'ai destiné, mon frère, à la moisson des myrtes de Cythère, Dolmancé à celles des roses de Sodome. J'aurai deux plaisirs à la fois, celui de jouir moi-même de ces voluptés criminelles et celui d'en donner des leçons, d'en inspirer les goûts à l'aimable innocente que j'attire dans nos filets. Eh bien, chevalier, ce projet est-il digne de mon imagination ?

Donatien Alphonse François, comte de Sade, dit le marquis de Sade,
La Philosophie dans le boudoir ou les Instituteurs immoraux (1795).

Image extraite de *Ken Park*, film de Larry Clark et Edward Lachman, 2002.

Michel Houellebecq (né en 1958)

Et si la libération sexuelle n'avait été, au fond, qu'une extension du domaine de la compétitivité et une nouvelle source de misère sexuelle ?

Son enfance avait été pénible, son adolescence atroce ; il avait maintenant quarante-deux ans, et objectivement il était encore loin de la mort. Que lui restait-il à vivre ? Peut-être quelques fellations pour lesquelles, il le savait, il accepterait de plus en plus facilement de payer. Une vie tendue vers un objectif laisse peu de place au souvenir. À mesure que ses érections devenaient plus difficiles et plus brèves, Bruno se laissait gagner par une détente attristée. L'objectif principal de sa vie avait été sexuel ; il n'était plus possible d'en changer, il le savait maintenant. En cela, Bruno était représentatif de son époque. Lors de son adolescence, la compétition économique féroce que connaissait la société française depuis deux siècles avait subi une certaine atténuation. Il était de plus en plus admis dans l'imaginaire social que les conditions économiques devaient normalement tendre vers une certaine égalité. Le modèle de la social-démocratie suédoise était fréquemment cité, tant par les hommes politiques que par les responsables d'entreprise. Bruno se voyait donc peu encouragé à surclasser ses contemporains par le biais de la réussite économique. Sur le plan professionnel, son seul objectif était – très raisonnablement – de se fondre dans cette « vaste classe moyenne aux contours peu tranchés » plus tard décrite par le président Giscard d'Estaing. Mais l'être humain est prompt à établir des hiérarchies, c'est avec vivacité qu'il aspire à se sentir supérieur à ses semblables. Le Danemark et la Suède, qui servaient de modèle aux démocraties européennes dans la voie de l'égalisation économique, donnèrent également l'exemple de la *liberté sexuelle*. De manière inattendue, au sein de cette classe moyenne à laquelle s'agrégeaient progressivement les ouvriers et les cadres – ou, plus précisément, parmi les enfants de cette classe moyenne – un nouveau champ s'ouvrit à la compétition narcissique. Lors d'un séjour linguistique qu'il effectua en juillet 1972 à Traunstein, une petite ville bavaroise proche de la frontière autrichienne, Patrick Castelli, un autre jeune Français de son groupe, parvint à sauter trente-sept nanas en l'espace de trois semaines. Dans le même temps, Bruno affichait un score de zéro. Il finit par montrer sa bite à une vendeuse de supermarché – qui, heureusement, éclata de rire et s'abstint de porter plainte.

Les Particules élémentaires, Flammarion, 1998.

Charles Cros (1842-1888)

Que nous apprend l'étude « scientifique » de l'amour ? Peut-elle fournir une véritable « éducation sexuelle » ?

Charles Cros, poète bohémien, ami et complice de Verlaine et de Rimbaud, mais aussi ingénieur et savant, inventeur de la photographie couleur et du phonographe (avant Edison), imagina un jour cette fable, qui est comme une satire anticipée d'une certaine sexologie, celle qui voudrait réduire la vie amoureuse au jeu de nos hormones et à l'acidité de nos humeurs...

Je m'étais dit : Je veux étudier l'amour, non comme les Don Juan, qui s'amusent sans écrire, non comme les littérateurs qui sentimentalisent nuageusement, mais comme les savants sérieux. Pour constater l'effet de la chaleur sur le zinc, on prend une barre de zinc, on la chauffe dans l'eau à une température rigoureusement déterminée au moyen du meilleur thermomètre possible ; on mesure avec précision la longueur de la barre, sa ténacité, sa sonorité, sa capacité calorique, et on en fait autant à une autre température non moins rigoureusement déterminée.

C'est par des procédés aussi exacts que je me proposai (projet remarquable à un âge si tendre – vingt-cinq ans à peine) d'*étudier* l'amour. Difficile entreprise.

Généralement, je ne sais par quelle répugnance gênante et même coupable les gens amoureux se soustraient obstinément à tout examen scientifique ; et cela particulièrement dans les instants où l'examen serait fructueux. Ceci acquis, mon plan fut bien vite arrêté.

Pour étudier l'amour, me dis-je, il faut prendre le meilleur poste d'observation. Le confident le plus intime est congédié lors des minutes caractéristiques. Il n'y a que les meubles, quelquefois un chien, un chat, qui assistent à ces mystères qu'une inexplicable fatalité a dérobés jusqu'ici à l'analyse. Je n'ai donc qu'une ressource, c'est de jouer personnellement le rôle d'amoureux.

[...]

D'ailleurs, dans la chambre où, ivre d'amour, elle s'abandonnait à mes transports fictifs (car je n'avais pas à perdre mon temps), nous étions comme dans une cornue. Les murs doublés de cuivre empêchaient tout rapport avec l'atmosphère ; et l'air, à son entrée d'abord, à sa sortie ensuite, était analysé d'une manière rigoureuse. Les solutions de potasse des appareils à boule révélaient, heure par heure, à d'habiles chimistes la présence quantitative de l'acide carbonique. Je me souviens de nombres curieux à ce sujet, mais ils manquent de la précision justement exigée dans les tables, puisque ma respiration à moi, non amoureux, était mêlée à la respiration de Virginie, vraie amoureuse. Qu'il me suffise de mentionner en gros l'excès d'acide carbonique lors des nuits tumultueuses où la passion atteignait ses *maxima* d'intensité et d'expression numérique.

Des bandes de papier de tournesol habilement distribuées dans les doublures de ses vêtements m'ont révélé la réaction constamment très acide de la sueur. Puis les jours suivants, puis les nuits suivantes, que de nombres à enregistrer sur l'équivalent mécanique des contractions nerveuses, sur la quantité de larmes sécrétées, sur la composition de la salive, sur l'hygroscopie variable des cheveux, sur la tension des sanglots inquiets et des soupirs de volupté !

Les résultats du *compteur pour baisers* sont particulièrement curieux. L'instrument, qui est de mon invention, n'est pas plus gros que ces appareils que les bateleurs se mettent dans la bouche pour faire parler Polichinelle, et qu'on désigne sous le nom de *pratique*. Dès que le dialogue devenait tendre et que la situation s'annonçait comme opportune, je mettais, en cachette, bien entendu, l'appareil monté entre mes dents.

J'avais eu jusque-là assez de dédain pour ces expressions de « mille baisers » qu'on met à la fin des billets amoureux. Ce sont, me disais-je, des hyperboles passées dans la langue vulgaire, d'après certains poètes de mauvais goût, comme Jean Segond, par exemple. Eh bien, je suis heureux d'apporter une vérification expérimentale à ces formules instinctives que bien des savants avaient, avant moi, considérées comme absolument chimériques. Dans l'espace d'une heure et demie à peu près, mon compteur avait enregistré *neuf cent quarante-quatre* baisers.

L'instrument placé dans ma bouche me gênait ; j'étais préoccupé de mes recherches, et d'ailleurs les activités feintes n'égalent jamais les réelles. Si l'on tient compte de tout cela, on verra que ce nombre de neuf cent quarante-quatre peut être souvent dépassé par les gens violemment amoureux.

« La science de l'amour » (1874), dans *Le Collier de griffes*.

Tout ce que vous êtes censé savoir sur la « libération sexuelle », même si vous ne l'avez pas demandé

PARTIE 1

Pages précédentes :
Pierre et Gilles, *Le Petit Communiste - Christophe*, 1990.
Galerie Jérome de Noirmont.

Nous vivons, paraît-il, dans des sociétés qui ont connu la « libération sexuelle ». Qu'entend-on par là ? D'abord ceci : on ne pense plus du sexe qu'il est mauvais en soi, bien au contraire. Le sexe n'est plus pour nous ce vilain petit secret, cette tache au creux de l'âme, cette source intarissable de péchés, que la « police des mœurs » devrait toujours contenir par la menace et réduire au silence pour maîtriser son étrange force contagieuse. Le sexe est une dimension normale et même très profitable de la vie des êtres humains. Rien n'est plus caractéristique du succès de la « révolution sexuelle » que ce renversement dans les discours : ce n'est plus celui qui témoigne d'un goût prononcé pour les choses du sexe qui est un *vicieux*, mais celui qui s'en sent coupable qui est un *malade*.

C'est, à la vérité, une doctrine planétaire. L'Organisation mondiale de la santé a, dès 1972, reconnu officiellement ce nouveau concept de « santé sexuelle ». Celle-ci serait la capacité « de jouir et de contrôler son comportement sexuel et reproductif en accord avec son éthique sociale et personnelle », d'être « délivré de la peur, de la honte, de la culpabilité et autres facteurs psychologiques pouvant inhiber la réponse sexuelle et entraver la relation sexuelle », de « n'avoir aucun trouble, dysfonction organique, maladie ou insuffisance interférant avec les fonctions sexuelle et reproductive »[10].

Peut-être connaissez-vous beaucoup de gens qui ne partagent pas cette opinion officielle. Peut-être ne la partagez-vous pas vous-même. Mais ce qui importe, c'est que les États, eux, pensent que s'ils veulent se montrer vraiment soucieux de santé publique, non seulement ils ne doivent rien faire qui puisse entraver notre bonheur sexuel, mais encore ils doivent mettre à notre disposition des

---

[10] *Education and Treatment in Human Sexuality : the Training of Health Professionals, Report of a WHO Meeting*, Technical Report Series, n° 572, 1975. On trouvera le texte sur Internet : http://www2.hu-berlin.de/sexology/gesund/archiv/whor.htm.

Rogier van der Weyden, *Polyptyque du Jugement dernier* (détail), 1443.

moyens efficaces pour pallier nos éventuelles déficiences. De la psychanalyse au Viagra, tout devrait être fait pour que nous ayons une vie sexuelle épanouie – du moins, en principe...

Jadis, on pensait au contraire que laisser libre cours à ses pulsions ne pouvait engendrer que les pires conséquences, aussi bien pour les individus que pour les nations. Même le célèbre psychiatre de la fin du XIXe siècle, Krafft-Ebing (1840-1902), un des fondateurs de la future « sexologie », qui passe pourtant pour un esprit éclairé, écrivait : « Quand [...] la sensualité s'accroît, elle pousse aux excès la masse du peuple, sapant ainsi les colonnes qui soutiennent la société, qui sont la moralité et la pureté de la vie dans la famille. Lorsqu'elles sont détruites par la débauche, l'adultère, le luxe, l'écroulement de l'État et sa ruine morale et matérielle deviennent inévitables [11]. »

[11] Docteur Richard von Krafft-Ebing, *Psychopathia sexualis* (1886), t. I, Pocket, « Agora », 1999, p. 27.

C'est sans colère ni horreur, mais plutôt avec une condescendance un peu amusée qu'on évoque aujourd'hui le souvenir de ces temps pas si lointains dans lesquels voir la cheville d'une dame pouvait faire rougir les messieurs, coucher avec un homme avant son mariage valoir comme une marque de « mauvaise vie », et écrire, comme Baudelaire, des poèmes sur l'homosexualité féminine, vous conduire devant les tribunaux où vos beaux alexandrins étaient condamnés aux « enfers » des bibliothèques. Cette morale sexuelle nous semble à la nôtre ce que les voitures à pédales sont aux bolides à moteur, ou les ballons de Phileas Fogg à nos supersoniques. Ces mœurs paraissent aussi archaïques, aussi empesées que les dinosaures, comparées à celles des fières créatures élancées que nous sommes devenus. C'est avec la même nécessité que le progrès aurait troqué les diligences contre des téléphones portables et qu'il aurait raccourci les jupes des filles, multiplié le nombre de nos aventures, diversifié nos pratiques, libéré notre parole et décillé nos yeux. Nous croyons avoir été déniaisés par l'histoire elle-même. Quand on se retourne vers le passé, on peut à peine s'apitoyer sur le sort de tous ces malheureux et malheureuses qui ont dû vivre dans un monde si obscurantiste. On a tendance à se délecter au contraire de ces malheurs passés, tant ils nous donnent la mesure de nos libertés actuelles.

Certains quantifient même le « progrès » de notre société au gonflement d'une sorte d'indice qu'on pourrait appeler le taux de jouissance nationale brute (JNB). Celui-ci s'évalue par l'âge des premiers et des derniers rapports sexuels, le nombre de partenaires, la diversité des pratiques érotiques elles-mêmes, etc. Les hommes déclarent toujours environ douze partenaires dans leur vie, mais les femmes en revanche, qui en avouaient à peine plus d'un dans les années 1970, approchent aujourd'hui de quatre. L'écart des déclarations entre les deux sexes

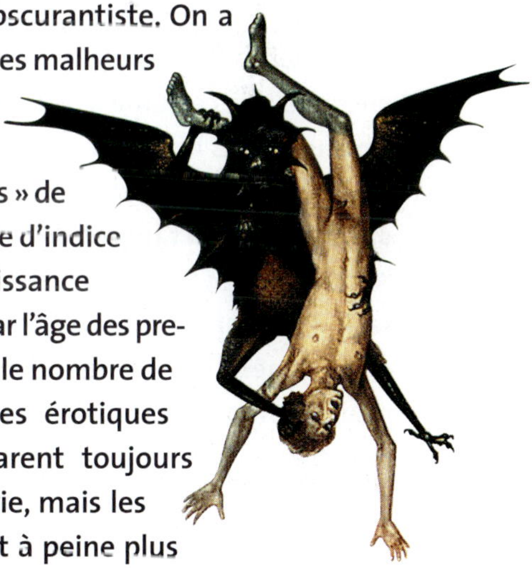

Thierry Bouts, *Les Damnés de l'enfer* (détail), vers 1460.

donne immédiatement la mesure de la crédibilité de ces enquêtes : on ne sait jamais exactement qui est celui qui ment. Qu'à cela ne tienne, la curiosité statistique est trop forte, et ses leçons semblent si bien recouper les idées que nous nous faisons sur l'évolution des mœurs qu'on ne peut résister à la tentation de les rapporter.

Ainsi, si l'âge moyen du premier rapport sexuel était, pour les générations nées dans les années 1920 et 1930, de 18,4 ans pour les hommes et de 21,3 ans pour les femmes, il serait aujourd'hui de *17 ans pour les hommes* et de *17,5 ans pour les femmes*. Alors qu'un quart des femmes nées dans les années d'avant-guerre étaient vierges à vingt-trois ans, ces initiations tardives auraient pratiquement disparu de nos jours, du fait que la virginité jusqu'au mariage n'est plus spécialement valorisée. La vie sexuelle commence plus tôt, mais dure aussi plus longtemps : la moitié seulement des femmes mariées de plus de cinquante ans étaient encore sexuellement actives en 1972 ; elles seraient 80 % au début des années 1990. Elle est aussi plus diverse : alors que 60 % des hommes déclaraient avoir pratiqué le cunnilingus et 55 % des femmes la fellation en 1972, ils étaient respectivement 80 % et 66 % dans les années 1990, et même aujourd'hui 90 % chez les individus de moins de trente ans des deux sexes. Plus significative encore d'une certaine « dénormalisation » de la sexualité est, dit-on, l'évolution de la sodomie. Alors que 24 % des hommes et 16 % des femmes hétérosexuels déclaraient en 1972 avoir eu au moins une fois dans leur vie un rapport de ce type, ce taux est passé à 30 % pour les hommes et 24 % pour les femmes, et semble en constante augmentation. Les rapports sexuels durent plus longtemps, du fait, paraît-il, de la généralisation des « préliminaires » ; les femmes se sentent moins tenues de ressentir l'amour pour le faire ; la masturbation est plus fréquemment avouée ; enfin – signe suprême, pour les sociologues, que les tabous n'ont qu'à bien se tenir – les gens répondent à leurs questions indiscrètes de manière bien plus « désinhibée »[12].

---

[12] On trouvera ces statistiques dans Janine Mossuz-Lavau, *La Vie sexuelle en France*, La Martinière, 2002.

Que s'est-il donc passé ? Cette prodigieuse libération des corps et des discours, nous la devrions aux grands mouvements de contestation qui ont traversé toutes les sociétés occidentales dans les années 1960 et 1970. Notre modernité sexuelle ne cesse de raconter sa propre histoire, de feuilleter les pages d'une sorte d'album de famille, composées de photos, de reportages, de citations de ces années optimistes où on n'avait pas peur de contester l'ordre établi. Elle se vit comme une sorte d'épopée qui a ses temps forts, ses héros, ses conquêtes... et ses historiens officiels, ces gens qui vous racontent l'histoire comme jadis le faisaient les chroniqueurs du roi : tout à la gloire du présent.

– Tu vois bien, Pierre-André : tout le monde, autour de nous, a essayé la sodomie. Tout le monde sauf nous.

Si vous voulez donc être un libéré sexuel informé, vous devez connaître ces grandes conquêtes, qui ne sont rien d'autre en somme que quelques réformes phares, ainsi que la façon dont on les a justifiées. C'est ce que je vous exposerai, en vous montrant au passage qu'on a cependant une idée bien souvent biaisée de cette histoire. Mais si vous voulez pousser un peu plus loin votre éducation sexuelle, vous devez sans doute d'abord vous familiariser avec la culture théorique de laquelle s'est nourrie la « révolution sexuelle », et sur les fondements de laquelle, sans le savoir, nous continuons à vivre. Commençons donc par quelques lectures...

Oleg Kulik, *Éclipse*, 1999.

CHAPITRE 1

La « révolution sexuelle » en théories

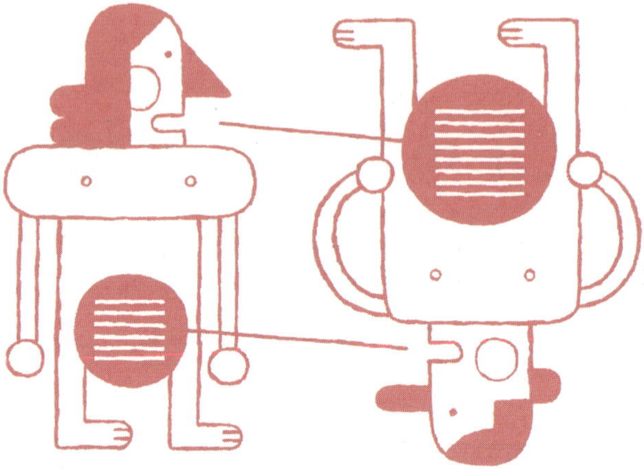

« Parler contre les pouvoirs,
dire la vérité et promettre la jouissance. »
Michel Foucault, *La Volonté de savoir.*

Chacun a dans sa mémoire quelques images plus ou moins précises de Mai 68. Sur les murs de la Sorbonne occupée par les étudiants, on pouvait encore lire, en juillet 1968, avant que les services de nettoyage ne les effacent, les slogans suivants : « Interdit d'interdire » ; « Jouissez sans entraves » ; « Soyez réalistes, demandez l'impossible » ; « Ne me libère pas, je m'en charge » ; « Jouissez ici et maintenant » ; « Plus je fais l'amour, plus j'ai envie de faire la révolution. Plus je fais la révolution, plus j'ai envie de faire l'amour » ; « La honte est contre-révolutionnaire » ; « Les réserves imposées au plaisir excitent le plaisir de vivre sans réserve » ; « Je jouis dans les pavés »... et, bien sûr, « Faites l'amour pas la guerre », formule qui disait bien que le sexe était comme un morceau d'innocence dans la vie et que le véritable mal était ailleurs [13].

La libération sexuelle était alors inséparable d'une contestation globale de l'ordre social. La répression des plaisirs était associée à l'exploitation capitaliste, à ses valeurs d'austérité et de travail, à sa religion de la famille centrée autour de l'autorité du père sur sa femme et ses enfants. Se libérer n'était pas seulement une affaire personnelle, un petit travail qu'on devait faire sur ses inhibitions ; c'était nécessairement

---

[13] On trouvera toutes ces « citations » dans un petit livre charmant et profond, *Les murs ont la parole. Journal mural Mai 68, Sorbonne, Odéon, Nanterre, etc.*, citations recueillies par Julien Besançon, Tchou Éditeur, 1968.

une réforme en profondeur de la société, de ses lois, de ses pratiques, de ses valeurs collectives. C'est bien pour cela qu'on parle de « révolution sexuelle ». *Pour libérer la sexualité, il fallait transformer la société, et pour transformer la société, il fallait libérer la sexualité*. Bref, la question sexuelle apparaissait clairement comme une question *politique*.

Si on ne pouvait contester la société sans critiquer sa morale sexuelle, ni critiquer sa morale sexuelle sans contester l'ordre social, c'est que les deux étaient profondément liés par le biais d'une institution bien particulière : le mariage. Celui-ci à la fois déterminait une certaine forme de société (composée d'une myriade de « foyers » privés séparés de la vie publique et où les rôles des hommes et des femmes étaient différenciés), et prescrivait une morale sexuelle particulière, celle qui obligeait à ne pas avoir de rapport ni avant le mariage ni en dehors de lui, ni *a fortiori* avec des gens avec qui on ne pourrait jamais se marier, comme des individus du même sexe que vous.

Dès le début du XIXe siècle sont apparues des critiques radicales de cette morale sexuelle matrimoniale, à partir d'horizons différents et avec des argumentaires qui n'étaient pas forcément conciliables. Quatre furent particulièrement importantes : celle qu'on pourrait appeler la critique libertaire, qui s'oppose au principe même de la répression, de

Henri Cartier-Bresson, *Rue de Vaugirard, Paris, Mai 68*, 1968.

quelque nature qu'elle soit ; le marxisme, qui voit dans la morale sexuelle restrictive un aspect parmi d'autres d'une société fondée sur l'exploitation de l'homme par l'homme ; la psychanalyse, qui la suspecte plutôt de nous rendre malades ; et le féminisme enfin, qui dans un premier temps confondra l'émancipation des femmes et la libération sexuelle, avant finalement de s'opposer à elle et d'annoncer en somme la mort de ces grandes utopies sexuelles.

Fourier : le mal n'est pas dans les passions, mais dans leur répression

« Quel monstrueux animal qui se fait horreur à soi-même, à qui ses plaisirs pèsent, qui se tient à malheur ! »

Montaigne, *Essais*, III, 5.

Dès les premières années du XIXe siècle, un auteur étrange et mal connu professe qu'il faut se débarrasser de tous les interdits qui limitent les pratiques « amoureuses », qu'aucune d'entre elles, absolument aucune, n'est mauvaise, que ce qui est mauvais, c'est précisément la violence que nous leur faisons subir. Cet auteur est le Français Charles Fourier (1772-1837). Pour lui le problème se présente comme purement « économique » : comment réconcilier le travail et le plaisir, afin d'*épargner* le coût immense qui résulte de la nécessité de contraindre les hommes à travailler. Il s'agit de laisser les vocations se développer en prenant acte du fait qu'un être humain a toujours *plusieurs* vocations à réaliser, et qu'il ne saurait s'enfermer dans un métier, pas plus que dans un amour. Le premier ennemi de l'économie, c'est donc la morale, qui « enseigne à l'homme à être en guerre avec lui-même, résister à ses passions, les réprimer, les mépriser ». Or « réprimer n'est pas mécaniser, harmoniser ; le but est d'arriver au mécanisme spontané des passions, sans en réprimer aucune »[14]. Une société *rationnelle* est donc une société qui ne réprime plus aucune passion, aucun désir.

Mais, demandera-t-on, n'y a-t-il pas des passions mauvaises ? La cruauté, par exemple, c'est une passion. Faut-il la laisser se développer tranquillement ? Si un homme a une compulsion au viol, doit-on s'en réjouir ? Une société n'est-elle pas obligée d'avoir des interdits ? Sophisme, dit Fourier : les passions ne deviennent nuisibles que parce

[14] Charles Fourier, *Le Nouveau Monde industriel et sociétaire* (1829), Flammarion, 1973, p. 91.

Pan saillissant une chèvre, Naples, Museo Archeologico Nazionale.

qu'elles sont empêchées. Ainsi Néron : voilà un homme qui aimait le sang. S'il n'avait pas été obligé de devenir empereur de Rome et avait pu librement développer ses penchants, il aurait sans doute été attiré dès son plus jeune âge par la boucherie, et serait devenu excellent dans cette profession. Mieux : il aurait développé à partir de là toutes sortes de curiosités pour l'anatomie, l'agronomie même, se demandant comment un bœuf devient charnu en fonction de ce dont il est nourri, et – qui sait ? – il serait peut-être devenu un grand savant[15].

On trouvera sans doute une telle fable par trop naïve, trop « utopique », comme on dit dans ces cas-là. Et pourtant, elle contient une idée forte : c'est que les passions, ce que les psychanalystes appelleraient de nos jours les pulsions, ne cessent de se déplacer, et que même les activités les plus hautes de l'esprit ne sont possibles que parce qu'elles sont investies par l'énergie du désir. De plus, Fourier répondrait que les utopistes, ce sont précisément ceux qui croient que la « civilisation » va changer les hommes. En réalité, ils ne font rien

15 Charles Fourier, *Vers la liberté en amour*, textes choisis et présentés par Daniel Guérin, Gallimard, « Idées », 1975, p. 184-186.

Bill Owens, *Nous sommes vraiment heureux, en bonne santé et nous habitons un agréable foyer*, 1972.

d'autre que les obliger à satisfaire leurs passions de manière déplacée – et la répression de celles d'autrui est une de ces manières. Lui croit qu'il faut prendre l'homme tel qu'il est, qu'on ne peut abolir les passions, qu'il faut donc les « harmoniser ».

Comment ? Eh bien justement par l'abolition de la famille. C'est elle qui, parce qu'elle enferme les individus dans des destins préétablis, et parce qu'elle restreint l'accomplissement de leurs désirs sexuels au seul cadre de la vie matrimoniale, est responsable de la transformation des passions en vices hypocrites. Mais qu'on n'aille pas croire que Fourier conçoive l'amour comme nécessairement versatile et polygame. Tout au contraire. Aucune passion, aucune singularité, même celle de l'amour exclusif, platonique et monogame, n'est considérée comme anormale dans son monde. Avec Fourier apparaît, pour la première fois peut-être dans l'histoire, une conception absolument *non normative* de la sexualité[16]. Les plaisirs que nous procurent les organes génitaux ne sont pas pour lui substantiellement différents des autres. Pas une seconde il ne vient à Fourier l'idée qu'ils puissent avoir un rapport essentiel avec la reproduction de l'espèce. En cela, il sera en avance même sur certains théoriciens de la « révolution sexuelle », qui confondaient l'hétéro-

16 Son éloge de l'homosexualité lui vaudra l'embarras de ses propres disciples, qui censureront ses textes et feront même disparaître un livre entier, *Le Nouveau Monde amoureux*, dont le manuscrit ne sera découvert et publié que dans les années 1960.

sexualité avec la « sexualité naturelle », et ne sera approché que par Freud. Ce que les passions cherchent, c'est la jouissance, et rien d'autre. Et la meilleure société est celle qui procure le maximum de jouissances au maximum de gens, ce qui suppose d'admettre leur diversité.

Le mouvement de Mai 68 retrouvera, parfois inconsciemment, les thèmes mêmes de Fourier, le rêve d'une société heureuse, où aucun plaisir ne serait condamné parce que le travail lui-même doit devenir un plaisir (▸ TEXTE P. 67). Point de pensée, point de politique du sexe, d'hier ou d'aujourd'hui, qui ne doive se mesurer à l'œuvre de Charles Fourier.

La révolution communiste doit-elle aussi être sexuelle ?

Très tôt, le projet d'une société communiste fut accusé d'être le fantasme d'une interminable orgie, dans laquelle les femmes et les enfants seraient « collectivisés » en même temps que les moyens de production. « Abolition de la famille ! », s'exclament de fait Marx et

Arsen Savadov, *Collective red, Part 1*, 1999.

Engels en 1848 dans le *Manifeste du Parti communiste*[17]. Et cela veut dire avant tout : abolition du mariage. Ce qu'ils lui reprochent, c'est de n'être que le premier système d'exploitation de l'homme par l'homme, qui se trouve être une exploitation des femmes par les hommes. Mais il ne s'agit pas, évidemment, pour nos deux jeunes « communistes », de substituer à la propriété privée des femmes une forme de propriété collective. Il s'agit d'en finir avec l'idée même qu'un être humain puisse s'approprier un autre être humain, d'une façon ou d'une autre…

› *La femme est-elle le prolétaire de l'homme ?*

Le mariage n'est pour eux qu'une forme de la prostitution : « Si la femme se distingue de la courtisane ordinaire, c'est seulement parce qu'elle ne loue pas son corps à la pièce, comme une salariée, mais le vend une fois pour toutes, comme une esclave[18] », dira Engels. C'est donc un système d'exploitation sexuelle. Mais aussi économique. Il retire les femmes de la vie professionnelle, pour les cantonner au travail domestique : « L'homme doit être le soutien de la famille et doit la nourrir, au moins dans les classes possédantes ; et ceci lui donne une autorité souveraine qu'aucun privilège juridique n'a besoin d'appuyer. Dans la famille, l'homme est le bourgeois ; la femme joue le rôle du prolétaire[19]. »

Engels n'en conclut pas cependant, comme le font de nos jours certaines et certains « féministes » qui se croient radicaux, qu'il faut que le mari ou l'État paie les femmes pour leurs travaux domestiques. Il dit au contraire que « l'affranchissement de la femme a pour condition première la rentrée de tout le sexe féminin dans l'industrie publique, et que cette condition exige à son tour la suppression de la famille conjugale en tant qu'unité économique de la société[20] ». Autrement dit que la conquête par les femmes de leur autonomie à travers le travail est la seule voie de leur émancipation, même sexuelle.

---

17 Karl Marx et Friedrich Engels, *Manifeste du Parti communiste* (1848), LGF, 1973, p. 29-30.

18 Friedrich Engels, *L'Origine de la famille, de la propriété privée et de l'État* (1884), UGE, 1975, p. 148.

19 *Ibid.*, p. 152.

20 *Ibid.*, p. 152.

Judy Dater,
Miss Cling-Free,
1982.

Plus généralement, la monogamie, c'est-à-dire l'*obligation* de vivre toute sa vie avec la même personne, d'avoir des rapports sexuels avec elle de manière exclusive et obligée, leur apparaît comme une de ces contraintes absurdes qui empêchent les êtres humains de se réaliser entièrement. Comme le travail, l'amour doit être libre. De même que le travail doit être pour les hommes un lieu de réalisation personnelle, où, comme aurait dit Marx, on peut être ébéniste le matin, musicien à midi et écrivain le soir, de même l'amour n'a pas à être enfermé dans des institutions rigides.

Les premières années du « communisme réel », c'est-à-dire de l'Union soviétique issue de la révolution russe de 1917, allèrent incontestablement en ce sens [21]. Le divorce reposa désormais sur le consentement

[21] Selon Wilhelm Reich, « vers 1923, on aperçut une certaine évolution dans le sens d'une lutte contre les transformations révolutionnaires dans la vie personnelle et culturelle ;

mutuel, l'avortement fut autorisé, l'égalité absolue des hommes et des femmes dans le mariage garantie, toutes les formes d'entrave au travail des femmes supprimées, l'homosexualité dépénalisée, etc. Les bolcheviques, contrairement à ceux qui aujourd'hui parlent avec complaisance de l'« exploitation » des femmes par les hommes, n'ont pas hésité à faire de l'indépendance économique et sociale des femmes leur principal objectif. Ainsi, l'obligation de payer une pension durait six mois et n'avait lieu que lorsque le partenaire était sans travail ou dans l'incapacité de subvenir à ses besoins. On pouvait considérer qu'un homme qui avait accepté de subvenir aux besoins de sa famille, avant de décider soudain de la quitter pour une autre, avait contracté des dettes, mais celles-ci étaient très provisoires.

Boris Mikhailov, *Sans titre*, extrait de la série *Louriki*, Kharkov, Ukraine, 1971-1985.

mais ce ne fut pas avant les années 1933 à 1935 qu'elle se traduisit également en mesures législatives réactionnaires. Ce processus constitue un étouffement de la révolution sexuelle et culturelle en URSS » (*La Révolution sexuelle. Pour une autonomie caractérielle de l'homme* (1945), trad. de l'anglais par C. Sinelnikoff, Christian Bourgois, 1993, p. 236). Ce livre de Reich n'est pas seulement un vibrant plaidoyer pour la révolution sexuelle, c'est aussi un des rares livres d'histoire qui soit consacré à la révolution et à la contre-révolution sexuelles en Union Soviétique et plus généralement en Europe.

› *Dans la société communiste, faire l'amour sera-t-il aussi simple et naturel que boire un verre d'eau ?*

Dans tous les pays, le mouvement communiste des premières années s'est traduit par une intense réflexion sur l'émancipation des femmes, sur la transformation des « rapports de sexe » et sur la place de la révolution sexuelle dans la révolution prolétarienne. La grande ambassadrice du communisme, Alexandra Kollontaï (1872-1952), fille d'aristocrate tôt convertie au communisme, célèbre pour ses extravagances (notamment son mariage tardif avec un jeune marin de Kronstadt)[22], avait développé la « théorie du verre d'eau », qui voulait que, dans la société communiste, faire l'amour serait aussi simple et aussi naturel que de boire un verre d'eau. Cette théorie n'avait pas le bonheur de plaire à Lénine, qui aurait ajouté : « aussi simple et aussi peu intéressant... ».

Dans un célèbre entretien avec Clara Zetkin (1857-1933)[23], Lénine s'en prend explicitement à cette théorie du verre d'eau. Il lui reproche d'abord (en bon marxiste et en esprit éclairé) de faire de la sexualité une sorte de besoin naturel, méconnaissant ainsi son caractère historique et politique. Mais on sent bien que ses préventions vont plus loin (et sont moins éclairées) : « Certes, quand on a soif, on veut boire. Mais est-ce qu'un homme normal, placé dans des conditions normales, consentirait à se coucher dans la boue et à boire dans les flaques d'eau de la rue ? Boira-t-il dans un verre dont le bord a été sali par d'autres ? » Il suspecte la « révolution sexuelle » de démoraliser la jeunesse et de l'éloigner des buts de la révolution prolétarienne : « Le communisme n'apportera pas l'ascétisme, mais la joie de vivre, la force, entre autres par la satisfaction complète du besoin d'aimer. Mais je suis d'avis que cet abus des plaisirs sexuels que l'on constate en ce moment n'apporte ni la joie, ni la force. Il ne fait que les diminuer. À l'époque de la Révolution, c'est grave, très grave ! » Il suggère finalement de proposer aux jeunes autre chose que cet enthousiasme sexuel : « du sport sain, de la gymnastique, de la natation, des excursions, des exercices physiques de toutes sortes, diversité des occupations intellectuelles »...

---

22 On pourra lire sur ce personnage coloré la biographie de Arkadi Vaksberg, *Alexandra Kollontaï*, trad. du russe par D. Sesemann, Fayard, 1996.

23 Clara Zetkin, « Souvenirs sur Lénine, janvier 1924 », première parution dans *Cahiers du bolchevisme*, n° 28 (1er octobre 1925) et n° 29 (15 octobre 1925), qu'on pourra lire sur Internet : http://www.marxists.org/francais/zetkin/works/1924/01/zetkin_19240100.htm.

Quoi qu'il en soit, quelque temps après l'arrivée de Staline au pouvoir, notamment à partir des années 1930, il ne restera plus rien de ces premières années de la révolution communiste. L'avortement fut de nouveau pénalisé ; l'homosexualité fut de nouveau persécutée (et avec férocité) ; on s'efforça de restaurer la morale familiale... Les communistes devinrent, dans tous les pays, une force particulièrement hostile à l'évolution des mœurs, s'opposant par exemple à la contraception et à l'avortement. À la révolution avait succédé la contre-révolution, dans le domaine sexuel aussi...

Santé sexuelle, santé mentale : Freud et les sexologues

La psychanalyse a elle aussi contribué à développer une critique de l'ordre social contraignant imposé à la vie sexuelle. Pour Freud comme pour Marx, la morale sexuelle répressive se confond avec la morale matrimoniale. Mais Freud n'en a ni la même explication que Marx, ni la même critique. Il n'y voit pas tant une forme de l'exploitation de l'homme par l'homme, qu'un effet du processus historique de la « civilisation » qui soumet toujours plus les instincts et les pulsions aux exigences de la vie sociale. Plus cette civilisation « progresse », plus les valeurs de virginité, de fidélité, d'indissolubilité du lien s'imposent – bref, plus l'impératif monogame se fait rigoureux et étendu, tendant à valoir non seulement pour les femmes, mais aussi pour les hommes. Mais pour Freud le problème avec cette morale n'est pas tant que cet ordre est injuste : c'est qu'il rend malade. De fait, remarque-t-il, les maladies de l'esprit, ces maladies des nerfs qu'on appelle les « névroses », ne cessent d'augmenter dans les pays « civilisés »[24]. D'où un terrible paradoxe : plus nos sociétés sont riches et développées, plus les gens qui y vivent s'y sentent malheureux.

› *Sommes-nous malades de notre morale sexuelle ?*

Pourquoi ? Parce que nos moindres désirs sexuels, se heurtant à des normes sociales qui les frappent à la source d'illégitimité, sont *refoulés*. Cela ne veut pas dire qu'ils disparaissent, mais au contraire qu'ils deviennent *inconscients*, et qu'ils cherchent dès lors à se satisfaire sous

---

24 Sigmund Freud, « La morale sexuelle "civilisée" et la maladie nerveuse des temps modernes » (1908), dans *La Vie sexuelle*, trad. de l'allemand par D. Berger, PUF, 1969. › TEXTES P. 61-62.

Sophie Calle, Autobiographie *La Robe de mariée*, photographie de Jim Rossiter, 1998.

une forme masquée, latérale, symbolique, qui peut s'avérer franchement morbide. Ainsi, le cas de la jeune Elizabeth von R.[25]. Celle-ci a conçu un amour coupable pour le mari de sa sœur à l'occasion d'une promenade en montagne assez éprouvante pour ses jambes ; quelques années plus tard, elle est atteinte d'une paralysie de la jambe à laquelle on n'a trouvé aucune cause physiologique précise. L'excellent docteur Freud a une explication : son désir refoulé pour son beau-frère a trouvé dans la jambe, mise à rude épreuve à l'occasion de cette promenade escarpée, une sorte de cible déplacée pour se satisfaire d'une manière assez imprévue – comme si la jeune Elizabeth cultivait à travers sa douleur le souvenir de cette promenade et la culpabilité délicieuse qu'elle avait alors ressentie... C'est typiquement dans ce genre de cas qu'une psychanalyse peut être utile : elle vous permet, paraît-il, de prendre conscience de vos désirs, bien souvent innocents, et de vous

[25] Sigmund Freud, « Mademoiselle Elizabeth von R. », dans *Études sur l'hystérie* (1895), PUF, 1956, p. 106-146.

Image extraite de *Chambre avec vue*, film de James Ivory, 1986.

débarrasser de ces symptômes qui n'en sont qu'un masque… Freud soutient donc, en ces premières années du xxe siècle, qu'un peu moins de culpabilité, vraiment, ne ferait pas de mal à la santé…

On sait par ailleurs combien la psychanalyse a contribué à convaincre de la place centrale de la sexualité dans la vie des êtres humains. L'époque de Freud est celle où on croit « découvrir » la sexualité comme réalité naturelle, part instinctive et irréductible de l'humanité, et où on s'efforce de construire un discours scientifique, neutre, dépassionné, autour d'elle. La sexualité, c'est la *nature* en nous. Cela ne veut pas dire nécessairement qu'elle soit *bonne* : étant la part animale mais irréductible de l'homme, elle peut être mauvaise. Mais on peut la juger autant qu'on veut – on ne doit pas faire comme si elle n'existait pas. Il faut rompre, en somme, avec cette hypocrisie qui condamnait les choses du sexe au silence, et en parler froidement. Ce discours est tenu par des psychiatres, des éducateurs et des psychologues comme Krafft-Ebing (1840-1902) et Havelock Ellis (1859-1939)[26].

Ces premiers « sexologues » de l'époque victorienne prétendaient mettre la connaissance acquise des ressorts de la sexualité au service d'une éducation plus morale. Mais on en vint rapidement à opposer à l'ordre artificiel du mariage le caractère naturel des instincts sexuels. Contre l'hypocrisie bourgeoise, on s'emploie à rendre visible la diversité et l'intensité des pratiques sexuelles. Déjà, avant guerre, en Allemagne,

---

[26] Henry Havelock Ellis, *Études de psychologie sexuelle* (1897-1910), t. VII : *L'Éducation sexuelle*, trad. de l'anglais par A. Van Gennep, Mercure de France, 3e éd., 1927. ▸ TEXTES P. 19-20.

Magnus Hirschfeld (1868-1935) publie les premières statistiques sur le comportement sexuel de l'homme qui montrent que l'homosexualité est présente dans toutes les couches de la population. Mais c'est surtout à la fin des années 1940 que le fameux « rapport Kinsey » livre les résultats de la première grande enquête statistique sur la sexualité[27]. Alfred Charles Kinsey, zoologue de son état, avait interrogé plus de douze mille hommes et femmes sur leur comportement sexuel. Il en conclut que 37 % des adultes du sexe masculin auraient connu au moins un orgasme avec un autre homme dans leur vie, 26 % des femmes une relation extraconjugale et la moitié d'entre elles des rapports avant leur mariage, que 62 % des femmes pratiquaient la masturbation, tout comme les rates, les chinchillas, les lapins, les porcs-épics et les nombreux autres mammifères

Luciano Castelli, *Dschungel Love*, 1982.

[27] Ce rapport en deux volumes a rapidement été traduit en français : *Le Comportement sexuel de l'homme*, éditions du Pavois, 1948 et *Le Comportement sexuel de la femme*, éditions Amiot-Dumont, 1954, trad. de l'anglais sous la direction de Pierre Jacquemart. Il fut et continue d'être intensément discuté, aussi bien par des sexologues que par des philosophes comme Georges Bataille (voir *L'Érotisme* (1957), dans *Œuvres complètes*, t. X, Gallimard, 1987).

femelles... Kinsey conclut : « L'animal humain se conduit comme le mammifère qu'il est. » Dès lors les catégories de « normal » et d'« anormal » changent de sens. Si la norme se confond avec la *moyenne* statistique, ce n'est pas la tendance à se masturber, mais le fait de ne jamais s'y livrer, qui apparaît comme « anormal » [28]...

La sexualité est-elle naturelle ?

Le rapport Kinsey fut très critiqué, à la fois pour sa méthode et pour ses présupposés. Il en venait en effet à faire en somme de la « sexualité naturelle », celle à laquelle nous contraindrait notre condition de mammifère, la véritable norme de la sexualité humaine. Il faut dire que Freud avait, lui, renoncé assez rapidement à cette opposition un peu simpliste entre d'un côté une sexualité naturelle, faite d'instincts, et de l'autre des normes sociales exclusivement répressives.

D'abord, la sexualité pour Freud, contrairement à ce que disent les premiers « sexologues », n'est pas un instinct. Non parce que l'homme, être de culture, aurait définitivement rompu avec l'animalité, mais parce qu'il n'y a pas *un* instinct sexuel, il n'y a que *des* pulsions sexuelles. Pour des auteurs comme Krafft-Ebing, la sexualité est une sorte de ruse de la nature qui pousse les individus à reproduire l'espèce en croyant chercher leur propre plaisir. Cet instinct peut s'égarer vers d'autres objets qu'un individu de sexe opposé, et vers d'autres buts que le coït : c'est ce qu'on appelle les « perversions », qui apparaissent comme des *maladies* tout autant que des vices. Le domaine de la « sexualité » serait donc caractérisé par tous ces égarements de l'instinct sexuel autour de leur axe central, celui qui mène à la reproduction.

Au contraire, pour Freud, la sexualité est d'emblée faite de pulsions diverses, qui investissent différentes parties du corps en les traitant comme des organes de plaisir gratuit, indépendamment de leur fonction organique, et qu'il appelle pour cette raison des « zones érogènes ». Il y a ainsi dès l'origine une pulsion orale et une pulsion anale et elles ne sont pas des masques de la pulsion génitale, car celle-ci n'est qu'une pulsion parmi d'autres. Quand le bébé suce le biberon, il le fait certes pour se nourrir, mais il trouve aussi un plaisir propre à la succion, et c'est ce plaisir qui est en soi « sexuel » selon Freud. La sexualité, c'est en

---

[28] Carol Groneman, *Petite Histoire de la nymphomanie*, trad. de l'américain par V. Bourgeois, Stock, 2001.

somme un rapport à son corps comme corps de jouissance, qui ne suppose plus une référence centrale à la génitalité. Ce n'est que postérieurement, à l'issue d'un travail compliqué et d'ailleurs selon Freud toujours plus ou moins raté, que les humains intègrent ces différentes « pulsions partielles » dans une image unifiée du corps propre, où la représentation de leur identité sexuelle prend une place prépondérante, et où la génitalité acquiert de ce fait un statut particulier. Le plaisir génital semble alors devenir la vraie destination de tous les autres, comme s'ils n'en étaient plus désormais que des métaphores... De plus, ces pulsions sont déplaçables : elles peuvent se satisfaire avec des substituts, le pouce peut remplacer le sein, le plaisir obtenu par la rétention anale peut se satisfaire par d'autres formes de rétention, comme l'avarice... La sexualité pour Freud a donc deux caractéristiques : elle est essentiellement multiple, et elle est essentiellement symbolique.

Mais surtout Freud ne partage pas l'optimisme bien-pensant des sexologues victoriens, selon lequel la « civilisation » est forcément gage de stabilisation des relations et de pacification du monde, alors que les débordements des passions (évidemment égoïstes) seraient des menaces éternelles contre la société et le genre humain. Encore aujourd'hui, vous trouverez bien des gens pour vous dire que la sexualité est foncièrement asociale, voire antisociale, puisqu'on n'y cherche que son propre plaisir, et qu'on ne peut donc imaginer une société où elle serait totalement « libre », car une société a besoin de stabiliser les relations [29]. Freud, lui, suspecte au contraire la civilisation d'être à elle-même son principal ennemi. Les normes morales ou sociales ne lui semblent pas en effet dans un rapport d'extériorité aux pulsions sexuelles, qu'elles se contenteraient de contenir. Il découvre qu'il y a une passion de la répression pour elle-même, un « besoin de punition » qui a lui-même un caractère pulsionnel et même érotique, et qui a tendance à se faire toujours plus cruel à mesure qu'il est plus satisfait, mettant ainsi en danger la civilisation elle-même [30]. Il y a une jouissance dans le châtiment, même dans celui qu'on s'impose à soi-même.

---

[29] Voir par exemple Maurice Godelier, *Métamorphoses de la parenté*, Fayard, 2004, p. 481, 490-492, qui soutient que la sexualité humaine a un caractère intrinsèquement « asocial » et qu'aucun ordre social ne peut survivre sans imposer un ordre sexuel qui enferme les pulsions dans des buts déterminés et relativement stables.

[30] Sigmund Freud, *Le Malaise dans la culture* (1930), PUF, « Quadrige », 1995, p. 79. Dans ce livre admirable, Freud prétend « mettre en avant le sentiment de culpabilité comme le

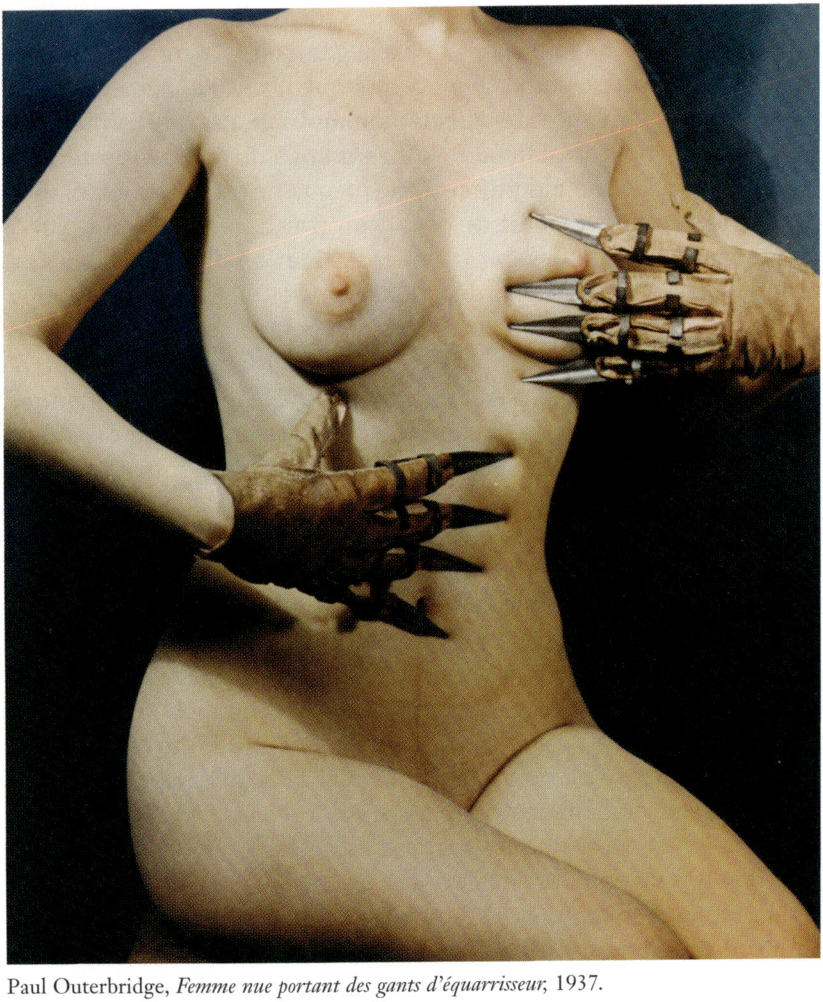

Paul Outerbridge, *Femme nue portant des gants d'équarrisseur*, 1937.

problème le plus important de la culture, et montrer que le prix à payer pour le progrès de la culture est une perte de bonheur, de par l'élévation du sentiment de culpabilité » (p. 77), ainsi qu'une propension de plus en plus poussée à la violence et à l'agressivité à la fois à l'égard de soi-même et d'autrui. Freud ne cache pas son inquiétude (il pense notamment à la guerre et à la violence politique) : de ce conflit interne, dit la dernière phrase du livre, « qui peut présumer du succès et de l'issue ? ».

Le vrai danger ne vient pas des pulsions réprimées, qui buteraient violemment contre les digues de notre morale, comme une sorte de nature sauvage en nous ; il vient de l'intérieur même de la civilisation, précisément de la morale, de cette compulsion au châtiment qui n'a aucune limite et qui induit ce phénomène qu'on appelle la cruauté. Ici, Freud est très proche du philosophe allemand Nietzsche, qui, dans *La Généalogie de la morale*, se félicitait d'avoir « attiré discrètement l'attention sur la spiritualisation, la "déification" croissante de la *cruauté* qui ne cesse de marquer toute l'histoire de la civilisation supérieure », et qui notait : « Sans cruauté, pas de fête : voilà ce qu'enseigne la plus vieille et la plus longue histoire de l'homme – et dans le châtiment aussi il y a tant de *fête*[31] ! » La sexualité n'est donc pas seulement cette chose étouffée qu'il faudrait « libérer » ; elle est déjà présente dans les mécanismes même de sa répression. Pour l'avoir oublié, les libérateurs du sexe ont sans doute pêché par naïveté...

Wilhelm Reich : pour une contre-éducation sexuelle

Le penseur le plus influent de la « révolution sexuelle » des années 1960 et 1970 est incontestablement Wilhelm Reich (1897-1957), qui se trouvait être à la fois psychanalyste et communiste – même s'il a réussi à se faire exclure aussi bien du Parti communiste que de l'Association psychanalytique internationale. Selon lui, la « répression sexuelle » aurait pour conséquence non seulement nos petites névroses personnelles, mais encore ces grandes pathologies politiques que furent le nazisme ou le stalinisme, par lesquelles il fut d'ailleurs lui-même persécuté. Plus généralement, la répression sexuelle serait une école de la frustration grâce à laquelle on nous apprendrait à ne pas vivre pour nous-mêmes, mais à nous soumettre aux impératifs de la vie « raisonnable » : fonder une famille, obéir à ses chefs de bureau, mourir pour la patrie...

De Freud, Reich retient surtout l'idée que les pulsions sexuelles sont essentiellement déplaçables, qu'elles ne se caractérisent pas par un objet particulier (les organes sexuels de l'autre sexe), mais par leur plasticité, par leur capacité à s'investir dans toutes sortes d'objets, qui vont d'une chaussure à une image, en passant par la svastika. L'instinct sexuel est, de tous les « instincts », le plus souple ; aussi peut-il même

---

31 Friedrich Nietzsche, *La Généalogie de la morale* (1857), Gallimard, « Folio », p. 71.

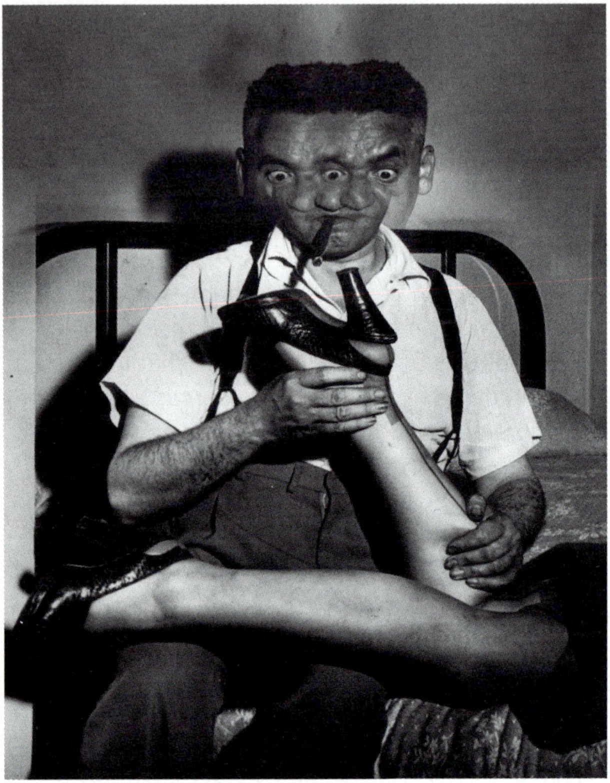

Weegee, *Autoportrait en dénicheur de vedettes*, 1950-52.

faire de sa propre répression un objet de satisfaction. Telle est en fait la grande idée de Reich : les dispositifs répressifs – comme la morale, la religion, mais aussi les vêtements étriqués, les fouets par lesquels les moines de jadis se flagellaient, etc. – sont eux-mêmes des constructions du désir, des manières dont il se réalise. C'est pourquoi la révolution socialiste ne peut réussir si elle n'est pas accompagnée d'une révolution sexuelle, c'est-à-dire d'un déplacement du désir de sa propre répression à ses objets « naturels »... Car les opprimés *désirent* leur propre oppression. La véritable éducation sexuelle apparaît dès lors comme une contre-éducation : il faut désapprendre notre méfiance millénaire à l'égard de notre désir, nous débarrasser des préjugés néfastes qu'on nous avait inculqués, reconquérir l'innocence première du sexe... Sans révolution sexuelle, pas de révolution du tout.

Pour lui aussi, la répression sexuelle passe par la morale matrimoniale. Reich propose de construire, sur les ruines de l'ordre patriarcal dont le mariage est le centre, un monde politique dans lequel l'expression de l'érotisme serait livrée à ses rythmes naturels. La sexualité enfin libre deviendrait authentique, et on aurait ainsi raison aussi bien de nos névroses que de nos perversions. Car Reich conserve une conception normative de la sexualité : la génitalité hétérosexuelle serait l'aboutissement normal de toute sexualité libre ; les perversions (homosexualité, fétichisme, violences sexuelles, pédophilie, etc.) ne seraient que des conséquences de la répression sexuelle elle-même. Ainsi, si la nature se substituait à l'artifice, le désir de chacun serait satisfait comme dans une sorte de marché parfait où chacun trouverait son partenaire et où tous les vices disparaîtraient. C'est bien à cela qu'on reconnaît une véritable utopie : un monde dont le mal a disparu... La clé de ce changement

– Mais si vous l'étiez, seriez-vous plutôt tendance sado (réponse A), tendance maso (réponse B), ou alors fifty-fifty (réponce C) ?

était cette substitution de la sexualité naturelle au mariage, grâce à laquelle, un peu comme Adam Smith le disait pour l'économie, une sorte de main invisible allait balayer nos maux grands ou petits et réorganiser nos existences.

« Votre libération n'est pas la nôtre » : le féminisme et la révolution sexuelle

« Je lui dis que j'en avais marre que les femmes soient toujours obligées de se mettre nues devant les hommes, leur médecin, leur gynécologue, et même, d'une certaine façon, les prêtres, durant la confession. »

Témoignage de Laetitia, religieuse, dans Tobie Nathan et Jean-Luc Swertvaegher, *Sortir d'une secte*.

Le féminisme a eu, lui aussi, une place importante dans cette révolution sexuelle, bien que de manière ambiguë. Un chapitre célèbre (et scandaleux en son temps) du *Deuxième Sexe* de Simone de Beauvoir (paru en 1949), « L'initiation sexuelle », insistait sur le fait que les femmes étaient dressées pour être non pas sujets de leur propre désir, mais objets de celui des hommes. Beauvoir fait de la sexualité un lieu éminent de l'asservissement des femmes, puisque leur difficulté à être sujets de leur propre existence, à inventer leur destin, à réaliser complètement leur humanité au sens de la philosophie existentialiste, c'est-à-dire comme un être qui est ce qu'il fait de lui-même, s'y manifeste de manière particulièrement aiguë. Leur émancipation, dès lors, passe aussi selon Simone de Beauvoir par la sexualité. « L'épanouissement normal et heureux de l'érotisme féminin [...] suppose que – dans l'amour, la tendresse, la sensualité – la femme réussisse à surmonter sa passivité et à établir avec son partenaire un rapport de réciprocité[32]. » Il fallait reconnaître aux femmes la même liberté sexuelle qu'aux hommes, en finir avec la « double morale » qui jugeait (et juge encore) différemment les uns et les autres.

L'émancipation des femmes, dans le domaine sexuel comme ailleurs, passait selon Simone de Beauvoir par une conquête de la position masculine elle-même : « Cette guerre [des sexes] durera tant que les hommes et les femmes ne se reconnaîtront pas comme des semblables,

[32] Simone de Beauvoir, *Le Deuxième Sexe* (1949), t. II, Gallimard, « Folio essais », 1979, p. 189.

Simone de Beauvoir, lors d'un rassemblement du MLF à Vincennes en 1973 (photographie de Jeanine Niepce).

c'est-à-dire tant que se perpétuera la féminité » ; « C'est en s'assimilant à eux qu'elle s'affranchira. »[33] Le désir masculin apparaît ainsi comme la norme de tout désir, comme le modèle même de cette tension active par laquelle un sujet se « dépasse » vers son objet. C'est pour la même raison qu'elle développe une critique très ferme de la maternité, qui vouerait les femmes à un destin de simple reproduction biologique, quand les idéaux de dépassement de soi et de création sont réservés aux hommes. Elle lance un appel courageux en faveur de la dépénalisation de l'avortement, à une époque où, en France, une telle mesure n'appartenait à aucun programme politique.

Dans les années 1970, au moment même où les grandes luttes en faveur de la dépénalisation de l'avortement semblent faire du féminisme une force idéologique majeure de la révolution sexuelle, en encourageant une séparation radicale entre la sexualité et la procréation, ce n'est pas pourtant cette conception « indifférentialiste » qui l'emporte, mais une autre, qui revendique au contraire la spécificité de l'expérience féminine. Le modèle du sujet affirmatif de son désir est associé à une forme particulière du désir, celui des hommes.

33 *Ibid.*, respectivement p. 486 et p. 481.

Ces tensions apparaissent très tôt. Ainsi, en France, dans le journal *Tout*, tribune très investie par les avant-gardes de l'époque, paraît en 1971 (n° 15) un texte rédigé par des « militantes du MLF » (Mouvement de libération des femmes), intitulé tout simplement : « Votre révolution sexuelle n'est pas la nôtre. » Le problème, c'est « l'amour libre » : le sexe sans tendresse ni affection, dit en somme le manifeste, ce ne serait rien d'autre qu'une nouvelle forme de la domination masculine. Pourquoi ? « La jalousie n'a pas le même sens pour eux et pour nous. Les hommes ont peur de perdre ce qu'ils possèdent, alors que les femmes sont inquiètes sur leur identité même. Parce que nous n'avons d'existence reconnue qu'à travers eux, c'est cette existence, cette identité que nous avons peur de perdre s'ils nous quittent. Les rapports entre hommes et femmes, particulièrement en ce qui concerne la sexualité, sont inscrits dans l'inégalité. C'est une donnée dont il faut tenir compte sous peine de renforcer l'exploitation du plus faible : la femme. Brûler les étapes ne ferait que redoubler l'oppression. » L'ennui est que, comme nous le verrons, à force de ne pas vouloir les brûler, ces étapes finirent non seulement par ne jamais être franchies, mais par conduire vers une direction tout à fait opposée...

Ces premières réserves à l'égard de la « révolution sexuelle », venues de cette « avant-garde » qu'était censé être le mouvement féministe, ne sont pas propres à la France. Aux États-Unis, le fameux rapport Hite, paru pour la première fois en 1976, réédité et complété en 2000, se présente comme la première grande enquête sur la sexualité féminine qui ne se contente pas de statistiques, mais cherche à « connaître la manière dont nous vivons notre sexualité ainsi que nos sentiments à son égard, afin de la redéfinir et de renforcer notre identité en tant que femmes [34] ». Il défend la thèse d'une spécificité de la sexualité féminine qui aurait « en propre une nature complexe »... Or cette nature ne semble pas très à l'aise avec la révolution sexuelle.

Cette enquête supposée être la plus révolutionnaire jamais menée sur la sexualité féminine nous apprend finalement que la très grande majorité des femmes n'aiment pas le sexe sans amour (p. 624 *sq.*), qu'elles ont peur d'avoir des enfants quand elles couchent avec un garçon, qu'il leur arrive assez souvent de faire l'amour pour être

---

[34] Shere Hite, *Le Nouveau Rapport Hite. L'enquête la plus révolutionnaire jamais menée sur la sexualité féminine* (2000), trad. de l'américain par T. Carlier et C. Vacherat, Robert Laffont, « Réponses », 2002 (J'ai Lu, 2004, pour les pages citées). ▸ TEXTE P. 65.

gentilles avec leur partenaire, et qu'elles sont bien marries s'il ne les marie pas, voire qu'elles ont carrément le sentiment d'avoir été violées (p. 603 *sq.*), bref qu'elles considèrent la révolution sexuelle comme une « arnaque » (p. 593)... Parmi les avis personnels de la célèbre « sociologue », on trouve par exemple que « l'idée que nous devons nécessairement avoir une quantité constante de contacts génitaux (que nous appelons « sexe ») est pour le moins une idée exagérément conventionnelle » (p. 650), que la « commercialisation du sexe et de la pornographie nous cachent la signification profonde et personnelle de la sexualité » (p. 652), enfin – et c'est le plus intéressant – que le féminisme est essentiellement une révolte contre la libération sexuelle, et que le mouvement des années 1980 « pour un retour aux valeurs fondamentales » dont le credo est « l'amour et le mariage » (p. 625) est bien plus en phase avec la nature des femmes...

Dès les années 1970, donc, le féminisme apparaît porteur d'une critique des idéaux de la « révolution sexuelle », qui se révélera, comme nous le verrons, de manière de plus en plus claire à partir du début des années 1980, à propos de la criminalité sexuelle en particulier, aussi bien en France qu'aux États-Unis. Comme si ce féminisme-là s'était révolté contre l'ordre patriarcal qui était celui du mariage, non pour abolir la structure contraignante de cette institution, mais pour qu'on reconnaisse enfin que le seul fait de coucher avec une femme vaut engagement...

Loin de n'avoir duré que quelques années, cette tendance s'est au contraire renforcée récemment. En France, un féminisme « prosexe », c'est-à-dire qui ne fait pas de cette activité le lieu par excellence de la domination masculine, à moins qu'elle ne soit accompagnée d'engagement réciproque et de sentimentalité, reste à inventer.

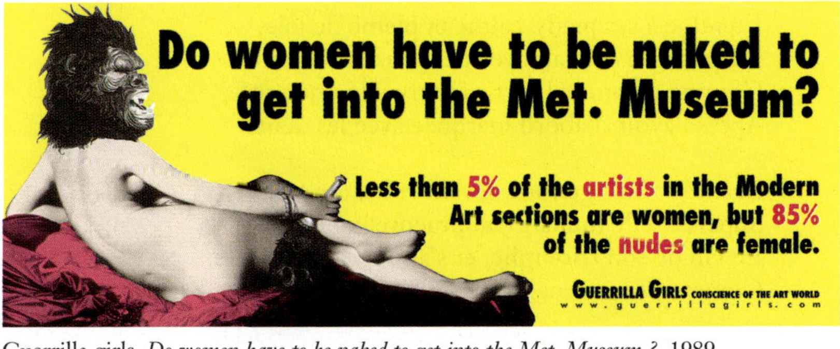

Guerrilla girls, *Do women have to be naked to get into the Met. Museum ?*, 1989.

TEXTES CHOISIS

Charles Baudelaire (1821-1867)

Quelques alexandrins censurés

Baudelaire et son éditeur furent contraints de supprimer cette pièce des Fleurs du mal, *à la suite du jugement de 1857 qui les condamna pour « offense à la morale publique et aux bonnes mœurs ». Si cette représentation de l'homosexualité féminine ne choque plus autant la société d'aujourd'hui, ne nous hâtons pas pour autant de nous croire si libérés...*

FEMMES DAMNÉES
Delphine et Hippolyte

À la pâle clarté des lampes languissantes,
Sur de profonds coussins tout imprégnés d'odeur,
Hippolyte rêvait aux caresses puissantes
Qui levaient le rideau de sa jeune candeur.

Elle cherchait, d'un œil troublé par la tempête,
De sa naïveté le ciel déjà lointain,
Ainsi qu'un voyageur qui retourne la tête
Vers les horizons bleus dépassés le matin.

De ses yeux amortis les paresseuses larmes,
L'air brisé, la stupeur, la morne volupté,
Ses bras vaincus, jetés comme de vaines armes,
Tout servait, tout parait sa fragile beauté.

Étendue à ses pieds, calme et pleine de joie,
Delphine la couvait avec des yeux ardents,
Comme un animal fort qui surveille une proie,
Après l'avoir d'abord marquée avec les dents.

Beauté forte à genoux devant la beauté frêle,
Superbe, elle humait voluptueusement
Le vin de son triomphe, et s'allongeait vers elle,
Comme pour recueillir un doux remercîment.

Elle cherchait dans l'œil de sa pâle victime
Le cantique muet que chante le plaisir,
Et cette gratitude infinie et sublime
Qui sort de la paupière ainsi qu'un long soupir.

[...]

Les Fleurs du mal (1857).

Gustave Courbet, *Le Sommeil*, 1866.

Sigmund Freud (1856-1939)

La sexualité chez l'homme

On fait tant de choses grâce à la puissance de la sexualité : inventer des médicaments, produire des digues, des poèmes, des avions, des livres où l'on nous enseigne les maux que provoque la sexualité. Mais selon Freud, hélas, cette possibilité de détournement n'est pas élastique à l'infini…

Il est probable que la, ou plutôt les pulsions sexuelles, car une enquête analytique nous apprend que la pulsion sexuelle est l'assemblage de nombreux composants, des pulsions partielles, est plus fortement façonnée chez l'homme que chez la plupart des animaux supérieurs ; elle est en tout cas plus constante chez l'homme car elle a triomphé presque totalement de la périodicité à laquelle elle semble liée chez les animaux. Elle met à la disposition du travail culturel une quantité extraordinaire de forces et cela, sans doute, par suite de la propriété particulièrement prononcée qui est sienne de déplacer son but sans perdre essentiellement en intensité. On appelle capacité de *sublimation* cette capacité d'échanger le but qui est à l'origine sexuel contre un autre qui n'est plus sexuel mais qui est psychiquement parent avec le premier. En opposition avec cette aptitude au déplacement dans laquelle réside sa valeur culturelle, il arrive que la pulsion sexuelle subisse une fixation particulièrement tenace qui la rend inutilisable et la fait dégénérer à l'occasion en ce qu'on appelle des anomalies. La force originaire de la pulsion sexuelle est probablement plus ou moins grande suivant les individus ; le montant qu'elle consacre à la sublimation est certainement fluctuant. Il nous paraît que c'est la constitution innée de chaque individu qui décide d'abord de l'importance de la part de la pulsion sexuelle qui se montrera chez l'individu capable d'être sublimée et utilisée ; en outre la vie et l'influence intellectuelle exercée sur l'appareil mental réussissent à fournir une nouvelle part à la sublimation. Ce processus de déplacement ne peut sûrement pas se perpétuer indéfiniment pas plus que ne le peut dans nos machines la transformation de la chaleur en travail mécanique. Une certaine dose de satisfaction sexuelle directe paraît indispensable à la plupart des organisations et lorsqu'il y a frustration de cette dose qui est individuellement variable, le châtiment en est des manifestations que nous devons, en raison de leur nocivité pour la fonction et de leur caractère subjectif de déplaisir, ranger au nombre des états de maladie.

« La morale sexuelle “civilisée” et la maladie nerveuse des temps modernes » (1908),
dans *La Vie sexuelle*, trad. de l'allemand par D. Berger, PUF, 13e éd., 1997.

Sigmund Freud (1856-1939)

Une morale sexuelle trop restrictive rend malade

Le mariage serait-il aussi toxique que l'arsenic ? Écoutons à ce sujet les propos inquiétants du docteur Sigmund Freud…

Notre troisième stade culturel exige de l'individu isolé l'abstinence jusqu'au mariage pour l'un et l'autre sexe, et l'abstinence la vie durant pour tous ceux qui ne contractent pas de mariage légitime.

Ce que les autorités aiment affirmer, à savoir que l'abstinence sexuelle n'est pas nocive et n'est pas bien difficile à pratiquer, de multiples médecins l'ont aussi soutenu. Il est permis de dire que la tâche de maîtriser une motion aussi puissante que celle de la pulsion sexuelle autrement qu'en la satisfaisant peut réclamer toutes les forces d'un être humain. La maîtrise par la sublimation, par la dérivation des forces pulsionnelles sexuelles de buts sexuels sur des buts culturels plus élevés, seule une minorité y parvient, et encore de façon intermittente et beaucoup plus difficilement dans la période de l'ardeur juvénile. La plupart des autres deviennent névrosés ou subissent quelque préjudice. L'expérience montre que la plupart des gens qui composent notre société ne sont pas bâtis pour le devoir d'abstinence. [...] Notre morale sexuelle civilisée restreint aussi le commerce sexuel à l'intérieur du mariage même, puisqu'elle impose aux gens mariés la contrainte de se contenter d'un nombre de procréations le plus souvent très réduit. [...] Le remède à la maladie nerveuse issue du mariage serait bien plutôt l'infidélité conjugale ; mais plus une femme a été élevée sévèrement, plus elle s'est soumise sérieusement aux exigences de la civilisation, plus l'effraye cette solution et, dans le conflit entre ses désirs et son sens du devoir, elle se réfugie une fois de plus dans la névrose. Rien ne protège aussi sûrement sa vertu que la maladie. L'état de mariage qui devait faire prendre patience à la pulsion sexuelle de l'homme civilisé pendant sa jeunesse ne peut donc pas assumer les exigences de sa propre période d'existence ; pas question alors qu'il puisse dédommager du renoncement antérieur. [...] Tout ceci nous permet de nous demander si notre morale sexuelle « civilisée » vaut les sacrifices qu'elle impose, surtout si nous sommes si dépendants de l'hédonisme qu'il ne nous est pas possible de ne pas inscrire une certaine dose de satisfaction et de bonheur individuels au nombre des buts de notre développement culturel. Ce n'est certes pas au médecin qu'il appartient d'avancer des projets de réforme ; il m'a semblé pourtant que je pouvais souligner l'urgence de telles réformes en élargissant l'exposé de V. Ehrenfels relatif aux dommages causés par notre morale sexuelle « civilisée », en indiquant leur rôle quant à l'extension de la maladie nerveuse des temps modernes.

« La morale sexuelle "civilisée" et la maladie nerveuse des temps modernes » (1908), dans *La Vie sexuelle*, trad. de l'allemand par D. Berger, PUF, 13e éd., 1997.

Wilhelm Reich (1897-1957)

La libido refoulée au service de toutes les oppressions

Et si la meilleure manière de combattre l'extrême droite n'était pas de faire des lois contre le racisme mais de changer celles qui existent sur la sexualité ?

Pour commencer, l'enfant doit se plier à l'État autoritaire en miniature qu'est la famille, dont il doit accepter les structures, pour s'intégrer plus tard dans le cadre social général. *La structuration autoritaire de l'homme se produit* – ce qu'il s'agit de ne jamais perdre de vue – *en premier lieu par l'ancrage d'inhibitions et d'angoisses sexuelles dans la matière vivante des pulsions sexuelles.*

[...] La répression des besoins grossièrement matériels n'a pas le même effet que la répression des besoins sexuels. La première excite à la révolte, la seconde, du fait qu'elle soumet les exigences sexuelles au refoulement, qu'elle les soustrait à la conscience, empêche la révolte dans les *deux formes* de répression. Notons que l'inhibition de la révolte est elle-même inconsciente. L'homme moyen apolitique n'en ressent même pas les premiers rudiments.

Le résultat est le conservatisme, la peur de la liberté, une mentalité réactionnaire.

Le refoulement sexuel [...] crée en outre dans la structure de l'homme une force secondaire, un intérêt artificiel, qui soutiennent de leur côté activement l'ordre autoritaire. Car la sexualité, à laquelle le processus du refoulement refuse les satisfactions voulues par la nature, se tourne vers toutes sortes de satisfactions de remplacement. C'est ainsi que l'agressivité naturelle se transforme en sadisme brutal, sadisme qui est une des bases essentielles – au point de vue de la psychologie de masse – des guerres mises en scène par quelques intérêts impérialistes. [...]

La morale sexuelle qui entrave les aspirations à la liberté aussi bien que les puissances qui font le jeu des intérêts autoritaires tirent leur énergie de la sexualité refoulée [...] : *l'inhibition sexuelle opère dans l'homme économiquement opprimé des modifications structurelles qui le poussent à agir, à sentir, à penser à l'encontre de ses intérêts matériels.*

La Psychologie de masse du fascisme (1933), trad. de l'allemand par P. Kamnitzer, Payot, « Petite bibliothèque », 1979.

Eiko Matsuda dans *L'Empire des sens*, film de Nagisa Oshima, 1976.

Shere Hite (née en 1942)

Le féminisme et la « libération sexuelle »

Et si la société d'autrefois était au fond le paradis perdu du féminisme que cette drôle d'« avant-garde » voudrait retrouver aujourd'hui par d'autres moyens ? Voici ce que nous dit à ce sujet la célèbre sociologue Shere Hite…

La « nouvelle liberté » de la pilule était à double tranchant dans la mesure où les familles nombreuses avaient perdu de l'importance, le statut des femmes se mit à décliner. Leur fécondité traditionnelle passant au second plan, elles devenaient, en tant que classe, moins respectées. En même temps, disait-on, comme elles étaient « libérées » de leur ancien rôle, elles pouvaient en endosser d'autres et être aussi « sexuellement libres » que les hommes, etc.

[…]

Le fait de pouvoir sortir et avoir des relations avec des hommes plongea les femmes dans une grande confusion, elles avaient le sentiment d'avancer sur du sable mouvant. Alors que le mariage leur avait offert une certaine forme de protection, ces nouvelles relations, sexuelles et sans attaches, ne firent qu'augmenter le sentiment d'insécurité de certaines femmes, un sentiment qui se refléta dans la mode infantile des années 1960 et fit de la femme une « baby doll » : des robes courtes de petite fille, de longs cheveux lisses (et blonds), de grands yeux innocents (et bleus) et, bien entendu, il convenait de rester aussi jeune et aussi jolie que possible. Les changements d'attitude des hommes vis-à-vis des femmes (ils ne les considéraient plus comme mères mais comme objets sexuels) sont résumés dans le titre du livre de Molly Haskels sur les femmes au cinéma, paru dans les années 1970 : *De la révérence au viol*. Cette situation a finalement conduit les femmes au mouvement féministe qui essaya de mettre en œuvre certaines possibilités positives du changement du rôle de la femme, pour la rendre vraiment indépendante et libre.

En conclusion, ce que nous appelons « liberté sexuelle » (le mouvement des années 1960 qui donnait aux femmes le « droit » d'avoir une vie sexuelle en dehors du mariage et diminuait l'importance accordée à la monogamie) était fonction de la moindre importance qu'attribue la société à la maternité au début des années 1970. Bien que ce changement ait été étiqueté « liberté sexuelle », il n'a pas entièrement donné aux femmes (et aux hommes) l'occasion de sonder leur propre sexualité. Les femmes sont simplement incitées à avoir *davantage* d'activités sexuelles du même type.

Le Nouveau Rapport Hite. L'enquête la plus révolutionnaire jamais menée sur la sexualité féminine (2000), trad. de l'américain par T. Carlier et C. Vacherat, Robert Laffont, « Réponses », 2002.

Brigitte Bardot dans *Et Dieu créa la femme*, film de Roger Vadim, 1956.

Internationale situationniste (1957-1972)

De la misère en milieu étudiant

Le problème de la *révolution* est historiquement posé à l'humanité. L'accumulation de plus en plus grandiose de moyens matériels et techniques n'a d'égale que l'insatisfaction de plus en plus profonde de tous. La bourgeoisie et son héritière à l'Est, la bureaucratie, ne peuvent avoir le mode d'emploi de ce surdéveloppement qui sera la base de la poésie de l'avenir, justement parce qu'elles travaillent toutes les deux au *maintien d'un ordre ancien*. Elles ont tout au plus le secret de son usage policier. Elles ne font qu'accumuler le *capital* et donc le *prolétariat* ; est *prolétaire* celui qui n'a aucun pouvoir sur l'emploi de sa vie, et qui le sait. La chance historique du nouveau prolétariat est d'être le seul héritier conséquent de la richesse sans valeur du *monde bourgeois*, à transformer et à *dépasser* dans le sens de l'homme total poursuivant l'appropriation totale de la nature et de sa propre nature. Cette réalisation de la *nature* de l'homme ne peut avoir de sens que par la satisfaction sans borne et la multiplication infinie des *désirs réels* que le *spectacle* refoule dans les zones lointaines de l'inconscient révolutionnaire, et qu'il n'est capable de réaliser que fantastiquement dans le délire onirique et la publicité. C'est que la réalisation effective des désirs réels, c'est-à-dire l'abolition de tous les pseudo-besoins et désirs que le système crée quotidiennement pour perpétuer son pouvoir, ne peut se faire sans la suppression du spectacle marchand, et son dépassement positif.

L'histoire moderne ne peut être libérée, et ses acquisitions innombrables librement utilisées, que par les forces qu'elle refoule : les travailleurs sans pouvoir sur les conditions, le sens et le produit de leurs activités. Comme le prolétariat était déjà, au XIXe siècle, l'héritier de l'art moderne et de la première critique consciente de la vie quotidienne. Il ne peut se supprimer sans réaliser, en même temps, l'art et la philosophie. Transformer le monde et changer la vie sont pour lui une seule et même chose, les mots d'ordre inséparables qui accompagneront sa suppression en tant que classe, la dissolution de la société présente en tant que règne de la nécessité, et l'accession enfin possible au règne de la liberté. La critique radicale et la reconstruction libre de toutes les conduites et valeurs imposées par la réalité aliénée sont son programme maximum, et la créativité libérée dans la construction de tous les moments et événements de la vie est la seule *poésie* qu'il pourra reconnaître, la poésie faite par tous, le commencement de la fête révolutionnaire. Les révolutions prolétariennes seront des *fêtes* ou ne seront pas, car la vie qu'elles annoncent sera elle-même créée sous le signe de la fête. Le jeu est la rationalité ultime de cette fête, vivre sans temps mort et jouir sans entraves sont les seules règles qu'il pourra reconnaître.

Tract diffusé par des membres de l'Internationale situationniste
et des étudiants de Strasbourg, novembre 1966.

Ambrogio Lorenzetti, *Les Effets du Bon Gouvernement dans la cité*
(détail), 1338-1339.

C H A P 2 I T R E

La « révolution sexuelle » en réformes

« Un grand prêche sexuel – qui a eu ses théologiens subtils et ses voix populaires – a parcouru nos sociétés depuis quelques dizaines d'années ; il a fustigé l'ordre ancien, dénoncé les hypocrisies, chanté les droits de l'immédiat et du réel ; il a fait rêver d'une autre cité. »

Michel Foucault, *La Volonté de savoir.*

De toute l'effervescence intellectuelle et politique des années 1960 et 1970, que reste-t-il ? On insiste toujours sur la transformation des mentalités et des pratiques. On oublie un peu que cette révolution des mœurs n'a pu se réaliser sans changer les lois elles-mêmes. Car on concédera facilement, nous l'espérons, qu'on ne peut s'abandonner en toute insouciance à ses plaisirs, et encore moins les multiplier et les intensifier, si l'État lui-même accorde à vos parents le droit de décider à votre place, jusqu'à un âge tardif, ce que vous pouvez faire avec votre corps, si vous risquez d'avoir un enfant chaque fois que vous trouvez un amant, ou si, au contraire, vous ne pouvez pas vivre avec la personne que vous aimez parce qu'on ne vous laisse pas divorcer de celle que vous n'aimez plus. La révolution des mœurs a donc été une révolution des lois. Les luttes politiques autour de ces réformes furent d'ailleurs des tribunes très efficaces du nouvel évangile de la libération sexuelle. Encore aujourd'hui, les chantres de notre modernité eux-mêmes ne manquent pas une occasion pour rappeler toutes ces « conquêtes », et se féliciter de ce que pas une année ne passe sans qu'advienne quelque chose qui « facilite » la vie sexuelle des gens.

C'est que rien ne témoigne mieux, en effet, des valeurs que reconnaît une société que la manière dont elle les protège et les impose par ses lois. Si on peut faire preuve de force d'âme face au qu'en-dira-t-on et se moquer de sa mauvaise réputation, il est bien plus difficile d'échapper à la police. La liberté d'esprit, quand on est sous les verrous, ne peut guère servir qu'à se consoler d'avoir perdu celle de son corps ; elle ne saurait la restituer. La révolution sexuelle est donc passée par toute une série de réformes qui ont cherché à mettre le droit en conformité avec les nouvelles valeurs de la modernité sexuelle et familiale. Certes, la société tout entière ne s'est pas convertie aux joies et aux affres de l'« amour libre » prôné par les jeunes militants de la « révolution sexuelle ». Mais elle a cependant, dit-on, retenu des revendications de ces années-là deux grands principes moraux qui structureraient désormais le monde dans lequel nous vivons, fixant les limites à l'intérieur desquelles nous pouvons désormais faire nos choix personnels et construire notre vie sexuelle.

Le premier est l'instauration d'une morale du consentement à la place de celle qu'imposait le mariage, qui ne regardait d'un bon œil que la sexualité qui se déroulait en son sein et selon les techniques qu'imposait le devoir conjugal. Une morale du consentement implique, au contraire, qu'il suffit d'être majeur et consentant à un rapport sexuel avec autrui pour que personne n'ait rien à redire. On ne s'intéresserait plus désormais à ce que l'on fait, mais juste aux conditions du consentement des partenaires. Un tel principe implique que la société ne doit pas dire aux gens quelles sont les bonnes ou les mauvaises manières d'entretenir des rapports sexuels en dehors de ce cadre minimum que donne le consentement. Il devrait exister un véritable pluralisme dans les manières de jouir de son existence sexuelle, aucune autorité étatique ne devrait pouvoir venir scruter dans nos consciences pour savoir ce qui nous excite, ce qui nous pousse à faire ou à ne pas faire certaines choses ; chacun aurait le droit de donner sens à ses expériences comme il l'entend. Personne et surtout aucun magistrat ne devrait venir nous dire que nous sommes malades de notre désir, nous imposer des régimes ascétiques ou nous contraindre à nous rééduquer. Aucun policier ne devrait venir contrôler ce que nous voyons et ce que nous entendons dans la mesure où nous ne causons pas de torts à autrui.

Le deuxième de ces principes, que nous pouvons dénommer, à l'instar de la liberté sexuelle, « liberté procréative », consiste à séparer le sexe et la reproduction. Désormais, les rapports sexuels seraient désolidarisés de la procréation et de la filiation. Non seulement les rapports sexuels n'auraient pas par eux-mêmes une vocation procréative mais, de surcroît, on pourrait procréer et être parent sans que ces événements dépendent du type des rapports sexuels que nous entretenons ou des capacités de notre corps. La parentalité serait un choix non seulement négatif (ne pas avoir d'enfant quand on a des rapports sexuels), mais aussi positif (avoir des enfants même quand on n'a pas de rapports sexuels féconds). Ceux qui ne peuvent pas procréer par leurs propres moyens corporels devraient pouvoir être parents comme les autres. La légalisation de la contraception et de l'avortement, mais aussi l'essor des procréations médicalement assistées, nous auraient donc enfin permis de ne plus associer le sexe et la procréation, d'en faire deux sphères autonomes régies non plus par la providence mais par les désirs et les projets des personnes.

Ces deux principes sont désormais relativement consensuels. C'est à partir d'eux qu'on interprète en somme la série de réformes qui, dans tous les pays « occidentaux », s'identifient à la « modernité » en matière de mœurs. Quelles sont ces réformes ? C'est ce qu'il s'agit de voir maintenant. Mais qu'on le sache d'emblée : toute la suite du livre sera consacrée à vous montrer que cette interprétation de notre histoire récente comme la conquête progressive de notre liberté sexuelle est pour le moins biaisée.

Marlon Brando et Maria Schneider dans *Dernier tango à Paris*, film de Bernardo Bertolucci, 1972.

La liberté sexuelle : consentir

Auparavant, on l'a dit, il y avait le « bon sexe », celui qui avait lieu dans le mariage, et le « mauvais sexe », en dehors de lui. Le premier effet de la libération sexuelle aurait été d'en finir avec cette hiérarchie et d'effacer du droit tous les stigmates que l'ancienne morale attachait à ses victimes : filles-mères, homosexuels, enfants adultérins... Désormais, est licite tout ce qui ne porte pas atteinte à la liberté sexuelle d'autrui. Et inversement, ne sont illicites et condamnés que les actes qui précisément portent atteinte à cette liberté.

Le droit de dire « oui »

La sexualité entre époux n'est pas la seule sexualité légitime

Le mariage, bien sûr, n'a pas disparu. Il semble même qu'il ait pris un nouvel essor depuis quelques années. Son succès est tel que les couples de même sexe, lassés, sans doute, d'être assignés à la tâche passablement ingrate d'incarner la subversion sexuelle, revendiquent pour eux-mêmes le droit de se marier. Mais le mariage d'aujourd'hui ne ressemble en rien à celui d'hier : il a changé de fonction. Il s'agit désormais d'un lien privé dans lequel les personnes peuvent entrer ou non, mais qui n'est plus censé engager le sort de l'ordre social tout entier. Jadis, il s'agissait d'une institution autoritaire qui monopolisait la sexualité légitime. Ceux qui osaient la défier pouvaient encourir de lourdes sanctions, aussi bien juridiques que morales. Ce changement du statut du mariage se manifeste par une série de mesures qui ont dépénalisé les comportements sexuels mutuellement consentis (tels que l'adultère ou l'homosexualité), facilité les divorces, supprimé les sanctions indirectes qu'on réservait aux enfants nés en dehors du mariage...

Ce n'est qu'en 1975 qu'on a dépénalisé en France l'adultère et admis le divorce pour consentement mutuel. L'adultère est une relation entre personnes consentantes et ne devrait donc faire l'objet d'aucune sanction. Ce n'est pourtant pas encore tout à fait le cas. Le devoir de fidélité s'exprime de nos jours à travers les sanctions *civiles* que peut prononcer un juge au moment d'un divorce, en attribuant au conjoint infidèle la responsabilité de la rupture, avec toutes les conséquences économiques que cela peut entraîner. L'adultère est désormais considéré comme l'inexécution d'un contrat.

› *A-t-on vraiment le droit de divorcer ?*

Il en va de même pour le divorce. Les époux qui arrivent du moins à s'unir pour se séparer n'ont certes plus besoin, eux, de simuler des fautes imaginaires pour qu'un juge accepte de prononcer leur divorce. Mais on ne saurait parler en France d'un *droit* au divorce que détiendrait chaque individu et qui lui permettrait de rompre unilatéralement une union, comme il existe dans les pays scandinaves. Il faut *soit* que les deux conjoints soient d'accord, *soit* que celui qui veut divorcer prouve la faute de l'autre. Il existe, il est vrai, une troisième possibilité, qui est la « cessation de vie commune », mais cela demande encore du temps[35]. Le mariage reste donc un engagement lourd, même s'il est assez probable que, dans un avenir proche, on introduise le droit de chacun à le rompre, et qu'on le rapproche ainsi de cette nouvelle forme d'union civile qu'est le pacs.

Cela vous choque ? Vous pensez que ce serait comme une forme de « répudiation » qui permettrait à chacun d'abandonner l'autre à tout moment de sa vie sans avoir aucun compte à rendre ? En réalité, on peut très bien distinguer la question de savoir si on est obligé de rester marié à une personne dont on ne veut plus, et celle des réparations qu'on peut lui devoir pour avoir brisé un lien de solidarité sur lequel elle comptait et dont on a peut-être soi-même profité. On peut très bien penser par exemple qu'un homme a contracté une dette en acceptant de se marier avec une femme qui n'est pas autonome financièrement, et ne pas la considérer cependant comme une dette à vie, ni même à long terme. D'autant que ce système est pervers pour les femmes, qui continuent souvent à penser que la meilleure profession pour elles est de faire un bon mariage. Il serait tout de même dommage qu'on se montre moins progressiste en la matière que les soviétiques de 1917[36]...

---

[35] Depuis une loi de 2003, la cessation de vie commune doit avoir duré au moins deux ans avant qu'on puisse demander le divorce.

[36] 97 % des bénéficiaires d'une prestation compensatoire au moment d'un divorce sont des femmes. Depuis la récente réforme du divorce (2003), il n'est plus nécessaire de ne pas avoir commis de « faute » pour bénéficier de la prestation compensatoire.

› *Le mariage est-il le seul rapport sexuel légitime dont peuvent naître des enfants ?*

L'idée qu'une sexualité consentie ne saurait faire l'objet d'aucune sanction s'est manifestée dans un autre changement plus radical encore que les précédents : l'égalité des enfants légitimes et naturels. Les Français se souviennent bien mieux des lois sur la contraception et l'avortement, que de la grande loi de 1972 qui a réformé le droit de la famille en posant le principe de l'égalité des enfants naturels et légitimes – mieux : qui a autorisé enfin à reconnaître les enfants adultérins. C'est pourtant avec cette réforme que s'effondre l'ancien ordre sexuel. Il était atteint dans son cœur et dans sa clef de voûte, le mariage. Celui-ci n'était plus considéré comme le cadre idéal et exclusif pour faire naître des enfants, mais un cadre concomitant aux unions libres. Avec cette loi, le droit renonçait à s'immiscer en quelque sorte dans la sexualité des adultes en traitant de manière inégale leurs enfants. Il effaçait ce partage entre la sexualité licite et la sexualité illicite qui passait jadis sur les bords du lit conjugal.

L'homosexualité n'est pas un crime

La dépénalisation de l'homosexualité fait partie du même mouvement. Après tout, si la sexualité n'est plus une affaire d'État, mais au contraire la dimension la plus intime de la vie des personnes, si son but n'est plus de définir le cadre dans lequel un ordre social légitime se reproduit, mais simplement de donner à qui le souhaite une occasion d'épanouissement personnel, pourquoi faudrait-il distinguer entre des rapports sexuels virtuellement féconds, comme les rapports hétérosexuels, et des rapports structurellement inféconds ? Tous les plaisirs, pour autant qu'ils ne s'obtiennent pas au détriment d'autrui, ne se valent-ils pas ?

Cette idée s'est imposée à tous les pays occidentaux à des rythmes plus ou moins rapides. On sait que le crime de « sodomie » était considéré sous l'Ancien Régime comme un crime « contre-nature » qui pouvait conduire au bûcher. On a encore en mémoire les procès retentissants de l'Angleterre victorienne qui, de la fin du XIXe siècle jusqu'aux années 1950, brisèrent la vie d'Oscar Wilde et poussèrent au suicide le mathématicien Alan Turing, l'un des inventeurs de nos ordinateurs. On sait aussi que des milliers de personnes (environ quinze mille, estime-t-on) furent déportées par les nazis dans des camps, avec, cousu sur leur uniforme, un « triangle rose » de sinistre mémoire, et y trouvèrent la mort.

École de Fontainebleau, *Gabrielle d'Estrée et sa sœur au bain*, vers 1594.

La France a, de ce point de vue, une histoire étrange et bien mal connue. Une des grandes gloires de la Révolution française fut d'abolir le crime de « sodomie », par trop lié à la morale religieuse (comme celui d'inceste soit dit en passant, pour ceux qui ne savent pas que cet « interdit majeur » n'appelle aucune sanction pénale s'il est réalisé entre adultes). Il n'a jamais été rétabli par la suite. On mesurera la force de ce geste si on se rappelle que la Grande-Bretagne n'a dépénalisé l'homosexualité qu'en 1967, l'Allemagne en 1969, et que, aux États-Unis, ce n'est qu'en 2003 que la Cour suprême a considéré comme inconstitutionnelles les lois de certains États qui pénalisaient la sodomie...

Cependant, sous le régime de Vichy furent mises en place des règles pénalisant de nouveau spécifiquement les actes homosexuels. Elles établissaient deux minorités sexuelles : alors qu'il suffisait d'avoir treize ans pour être réputé capable de consentir à un rapport hétérosexuel, il fallait en avoir vingt et un s'il s'agissait d'un rapport homosexuel. Faute de quoi, l'adulte avec qui on couchait risquait jusqu'à trois ans de prison. On pourrait croire que cette mesure était propre au gouvernement de Vichy, qui s'est illustré par ses infamies dans tant d'autres domaines. Mais en 1960 fut votée une loi qui pénalisait plus sévèrement les « outrages publics à la pudeur » lorsqu'ils étaient commis par deux personnes du même sexe – ce qui pouvait ne pas aller beaucoup plus loin, pour deux hommes ou deux femmes, que de s'embrasser en public. Dans ses attendus, la loi qualifiait l'homosexualité de « fléau social » et la comparait à l'alcool, aux drogues et aux maladies contagieuses... C'est de ces lois que vient l'idée fausse que l'homosexualité aurait été considérée comme un crime en France jusqu'aux années 1980. C'est aussi autour de leur abrogation qu'au cours des années 1970, dans le climat d'effervescence de la révolution sexuelle, se sont constituées en France les premières associations « gays et lesbiennes » à vocation militante. Elles obtinrent finalement gain de cause en 1982.

Il est vrai qu'encore aujourd'hui nombreux sont ceux qui pensent que l'homosexualité est une « déviation » : on ne la condamne plus au nom de la morale, mais au nom de la santé sexuelle elle-même. Elle n'est plus une forme de délinquance, mais elle reste une forme de déviance. Elle n'est plus illégale, mais continue d'être anormale. Elle serait la conséquence d'un égarement du désir, d'une difficulté à affronter les relations avec l'autre sexe, de l'impossibilité à reconnaître la différence des sexes. Beaucoup de « libérateurs du sexe » eux-mêmes, qui voyaient dans le désir une chose bien naturelle brimée par les corsets de la morale, n'étaient pas très favorables à l'homosexualité.

Mais contrairement à d'autres groupes qui n'ont pas survécu à la fin du climat de contestation des années 1970, le mouvement gay s'est au contraire renforcé et constitue désormais une véritable force politique et sociale, dont le succès retentissant de la *Gay Pride* témoigne chaque année davantage. Aux États-Unis les « études gays et lesbiennes » sont un domaine bien constitué de la recherche universitaire et la question des identités sexuelles agite beaucoup les campus[37]. En France, le vote du pacs (en 1999) est venu donner une légitimité nouvelle aux unions de même sexe, avec la prétention, de surcroît, de ne pas instaurer une sorte de ghetto juridique, mais au contraire de créer une formule commune à tous les couples, montrant

37 Mais c'est en France que fut écrit un des plus beaux ouvrages de cette littérature : Didier Éribon, *Réflexions sur la question gay*, Fayard, 1999. Il s'agit à la fois d'une introduction à ce domaine de recherche, d'une histoire des cultures homosexuelles et d'une réflexion subtile sur l'expérience gay. On peut se reporter aussi au *Dictionnaire des cultures gays et lesbiennes* (sous la direction de Didier Éribon), Larousse, 2003.

Xavier Veilhan, *La Manifestation*, 1998.

ainsi qu'ils partagent également les mêmes aspirations : un cadre juridique indifférent à la sexualité des partenaires, point trop contraignant et cependant officiel.

Certes le pacs donne pour l'instant beaucoup moins de droits que le mariage. De plus, rien n'est encore prévu pour permettre aux couples de même sexe d'adopter ou d'avoir accès aux nouvelles techniques médicales de procréation. Mais la relative ouverture avec laquelle ces dernières revendications, notamment celle du « mariage gay », ont été accueillies, montre que les « mentalités » évoluent beaucoup plus vite qu'on ne l'imagine – et d'autant plus vite, d'ailleurs, que la loi les « anticipe »... D'ores et déjà, de nombreuses législations, comme celles du Danemark, de la Norvège, de la Belgique, de la Finlande, du Canada, des Pays-Bas, de l'Espagne et de certains États américains, sont résolument engagées dans un processus qui a déjà abouti ou aboutira bientôt à la reconnaissance des couples homosexuels par le mariage et l'homoparentalité.

Cela se comprend : si d'un côté le mariage, comme c'est le cas aujourd'hui, ne se fonde que sur la volonté de couples de vivre ensemble (de même que le fait d'avoir un enfant se fonde sur la volonté des parents, qui ont le droit d'éviter la grossesse ou de l'interrompre), et si de l'autre on croit vraiment à l'égalité des sexualités, comment percevoir autrement que comme une discrimination légale le fait d'attribuer des droits inégaux à certains couples en fonction de

Hervé Guibert, *Le Fiancé*, 1982.

leur sexualité ? L'État prétend de nos jours lutter contre les discriminations et vient de créer un nouveau délit, celui d'homophobie. Mais la meilleure manière de lutter contre ces penchants n'est pas d'enlever des droits (comme celui de dire des bêtises) à certains, mais plutôt d'en donner aux couples homosexuels eux-mêmes, et d'achever ainsi la reconnaissance de l'égale dignité de toutes les sexualités.

– Et l'autre problème, mon amour, c'est que tu es également un mâle.

Le droit de dire « non »

Est-on obligé de coucher avec son conjoint ?

« Les personnes mariées se doivent une espèce de servitude mutuelle pour se secourir l'un l'autre dans leur faiblesse, en se donnant le moyen de ne point tomber dans des actions honteuses et illicites, en sorte que, quand bien même l'une des deux aurait envie de garder une continence perpétuelle, elle ne le peut qu'avec le consentement de l'autre. »

Saint Augustin, *Le Bonheur conjugal*.

Les historiens de la révolution sexuelle vous diront qu'autrefois non seulement on condamnait des rapports sexuels pourtant consentis, mais qu'en plus on autorisait les hommes à forcer les femmes. Il est vrai que si certains actes sexuels, qui étaient jadis illicites, sont devenus licites, d'autres au contraire, de licites, sont devenus illicites. C'est en particulier le cas du viol conjugal. Car le sexe conjugal, jadis, n'était pas seulement un droit ; c'était aussi un devoir. On pouvait donc en demander l'exécution « en nature » – en d'autres termes : les époux pouvaient se forcer l'un l'autre pour obtenir des rapports sexuels « normaux ». Le « viol entre époux » était aussi inconcevable qu'un cercle carré ou un corps sans dimension.

On croit parfois que cette vieille institution était l'expression caractéristique d'une morale qui ne tolérait les rapports sexuels que pour autant qu'ils servaient à faire des enfants, et jamais pour eux-mêmes. Mais c'est faux : la dette conjugale persistait même si le couple était notoirement stérile ou trop âgé pour faire des enfants. En vérité, elle s'expliquait par le fait que le mariage avait précisément pour fonction d'introduire l'ordre public dans la morale sexuelle : la sexualité entre époux était la sexualité officielle, autorisée donc, mais aussi contrôlée. Les tribunaux eux-mêmes se sont prononcés sur sa fréquence légitime, la manière même dont elle devait être réalisée, les actes permis et les interdits... La vie sexuelle des époux était quelque chose de cérémoniel.

Ce n'est qu'en 1992 que fut reconnue en France la notion de viol entre époux, à la plus grande satisfaction des gens « modernes ». Cette révolution ne passa pas par la loi, mais par une évolution de la jurisprudence qui prétendit tirer les conséquences de la redéfinition du viol par la loi de 1980 sur laquelle on reviendra bientôt. La Cour de cassation posa que « la présomption de consentement des époux aux actes sexuels accomplis dans l'intimité de la vie conjugale ne vaut que jusqu'à preuve du contraire[38] ». Comme le disait un célèbre slogan féministe de l'époque : « Non, c'est non, dans la rue comme à la maison »...

Le devoir conjugal a-t-il pour autant disparu de notre univers juridique ? Eh bien non. En vous mariant, si choquant que cela vous paraisse peut-être, vous devez savoir que vous prenez devant le maire l'engagement d'avoir des rapports sexuels avec la personne qui se trouve à côté de vous, et que ne pas le faire est une faute aussi grave que de le faire avec un autre. Des juges peuvent la sanctionner à l'occasion d'une rupture, en imposant un divorce aux torts exclusifs du conjoint trop froid, ainsi éventuellement que des compensations pécuniaires pour le malheureux trop souvent éconduit. La chose n'est pas si rare qu'on pourrait l'imaginer, puisqu'en vingt ans, de 1980 à 2000, on compte pas moins de cent vingt-quatre procédures de divorce dans lesquelles ce motif a été invoqué, un tiers d'entre elles se concluant par un divorce prononcé pour ce motif[39]. Qu'on se rassure cependant ; il est de nombreuses excuses qu'on peut faire valoir pour justifier ses refus : l'adultère, l'inconduite, la violence, voire l'homosexualité de son partenaire, ou bien sa propre santé et son âge...

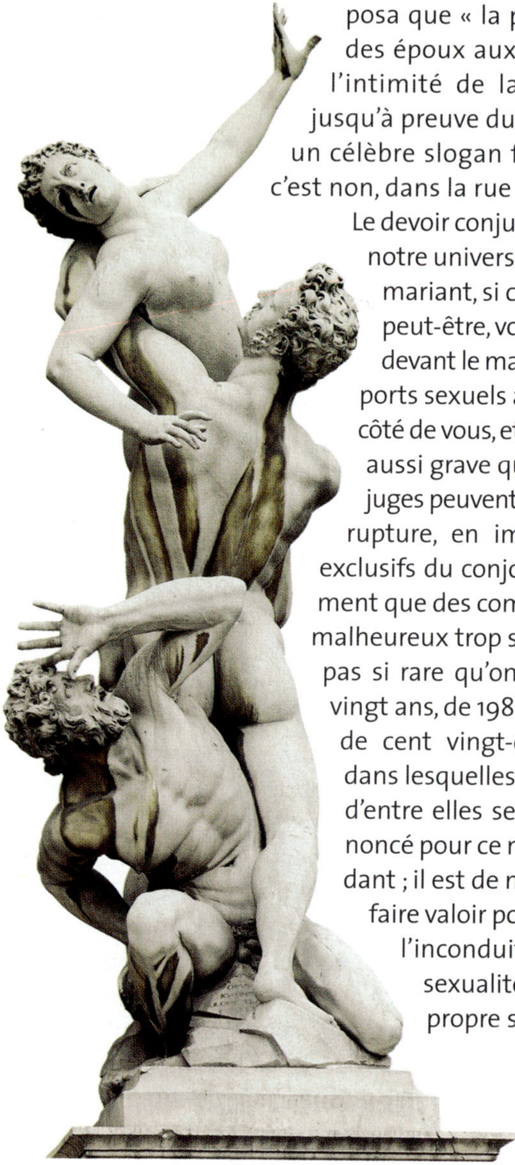

Jean de Boulogne (Giambologna), *L'Enlèvement d'une Sabine*, 1581-1583.

[38] Cass. Crim., 11 juin 1992, D. 1993, Somm. P. 13, obs. G. Azibert et Jur. P. 13, note M.-L. Rassat.

[39] Jean-Michel Bruguière, « Le devoir conjugal. Philosophie du Code et morale du juge », *Le Dalloz*, n° 1, 6 janvier 2000, p. 10-18.

Tu ne violeras point [40]

En 1980 fut votée une grande loi qui réformait le viol. Vous entendrez parfois que, avant elle, le viol n'était pas puni en France. C'est tout à fait faux. Le viol est un crime très ancien que le Code de 1810 sanctionnait d'une peine de travaux forcés. Il ne s'agissait pas de *créer* l'infraction de viol ; il s'agissait de la redéfinir, en lui donnant de nouveaux fondements. Car l'ancien crime de viol était étroitement lié à la morale matrimoniale avec laquelle on voulait précisément rompre.

› *Les hommes avaient-ils jadis le droit de violer les femmes ?*

Le terme de « viol » en effet, s'il n'avait pas été défini par le Code pénal de 1810, avait été explicité par la suite par les plus éminents juristes de la manière suivante : « coït illicite avec une femme qu'on sait ne point consentir ». Ici, tous les mots comptent. Détaillons.

« Coït » : il ne pouvait s'agir que d'une pénétration de l'organe génital masculin dans l'organe génital féminin. Seules les femmes, donc, pouvaient être violées. Point de viol homosexuel non plus, ni pour ceux

Malcolm McDowell dans *Orange mécanique*, film de Stanley Kubrick, 1971.

[40] Pour un développement plus détaillé sur ces questions, voir Marcela Iacub, *Le crime était presque sexuel et autres essais de casuistique juridique*, EPEL, 2002 et Flammarion, « Champs », 2003.

qui auraient utilisé un instrument. Ainsi ces parents qui, jugés en 1857 pour avoir défloré leur fille à l'aide d'un bâton, furent condamnés non pour « viol », mais pour « attentat à la pudeur ».

« Illicite » : il devait s'agir d'une relation entre un homme et une femme *non mariés*. On voit donc bien que les actes susceptibles d'être qualifiés de viols étaient le négatif, au sens photographique, de tous ceux que recouvre le devoir conjugal, donc le coït vaginal entre un homme et une femme non mariés.

D'où la troisième condition : que la femme n'y ait pas consenti. Précisément parce que ces rapports n'avaient pas lieu entre gens mariés, ils étaient considérés en eux-mêmes comme illégitimes. Et puisque les femmes qui s'y risquaient étaient susceptibles d'être sanctionnées de manière directe ou indirecte, il fallait s'assurer qu'elles avaient agi « en connaissance de cause ». Un peu comme on veut s'assurer qu'une personne qui prend le risque de s'adonner à un sport violent sait exactement quel danger elle court. Voilà qui ne paraissait pas follement moderne. Voilà ce qu'il fallait revoir.

› *Fallait-il en plus s'être fait tabasser pour prouver qu'on avait été violée ?*

Il n'est pas vrai non plus, contrairement à ce que certains discours féministes prétendent aujourd'hui, que les femmes devaient résister de toutes leurs forces, exhiber des bleus comme autant de trophées de leur vertu lésée, pour pouvoir dire qu'elles avaient été violées. Telle a bien été la doctrine sous l'Ancien Régime, mais un célèbre arrêt de 1857, prononcé par la Cour de cassation, avait déjà complètement renversé cette position. Le cas jugé était celui d'un certain Dubas, qui s'était introduit dans le lit d'une femme récemment mariée à un de ses camarades de travail, et qui, profitant de l'absence de ce dernier, s'était fait passer pour le mari et avait abusé du demi-sommeil de la jeune épouse pour obtenir d'elle « tout ce qu'il voulut ». Mais bientôt, saisie d'un doute subit, celle-ci se mit à crier qu'il n'était pas son mari ; son père accourut et le coupable s'enfuit précipitamment. Alors qu'un premier tribunal ne l'avait pas condamné pour viol, la Cour de cassation jugea que : « le fait d'abuser d'une personne contre sa volonté, soit que le défaut de consentement résulte de la violence physique ou morale exercée à son égard, soit qu'il réside dans tout autre moyen de contrainte ou de surprise pour atteindre, en dehors de la volonté de la victime, le but que se propose l'auteur de l'action » était un viol.

Il ne s'agissait donc ni de créer l'infraction de viol, ni de changer le régime des preuves. Il ne s'agissait même pas d'allonger les peines : au contraire, en 1980 on a précisément voulu les *diminuer*. Elles étaient alors aussi considérables qu'elles le sont redevenues aujourd'hui, mais les juges de l'époque avaient tendance à ne pas les appliquer tant ils les trouvaient disproportionnées. Il arrivait souvent qu'ils procèdent à ce que l'on dénomme une correctionnalisation judiciaire, c'est-à-dire qu'on qualifiait les actes non comme des viols, mais comme des délits (attentat à la pudeur, etc.), afin de leur appliquer des peines moins sévères. C'est en raison de ces pratiques judiciaires qu'est demeurée l'erreur si répandue que le viol n'était point considéré comme un crime.

Mais alors qu'a donc fait cette fameuse loi ? Elle a redéfini le viol comme *« tout acte de pénétration sexuelle, de quelque nature qu'il soit, commis sur la personne d'autrui par violence, contrainte, menace ou surprise »*.

Désormais deux personnes de même sexe peuvent se violer, une femme peut même violer un homme : l'égalité passe aussi par le crime. On ne se limitera plus au vieux coït hétérosexuel : on reconnaîtra l'égale dignité de toutes les pratiques sexuelles, en réprimant également toute manière de les imposer de force. On pourra considérer le fait de forcer autrui avec un bâton comme un viol. En s'élargissant pour englober toutes les « pénétrations sexuelles », et en perdant sa référence à la sexualité hors mariage, cette nouvelle définition semble bien vouloir protéger désormais la liberté sexuelle dans son sens le plus général. Mais elle se trouve face à un problème qui ne fera que s'amplifier : comment définir une pénétration qui aurait un caractère sexuel, si ce n'est plus par le bon vieux coït hétérosexuel ? Nous verrons qu'il n'y a pas de solution à ce problème.

Lillian Gish dans *Le Vent*, film de Victor Sjöström, 1928.

Cette réforme du viol a donc donné à la pénalisation des comportements sexuels un nouveau fondement qui aura une grande fortune dans l'avenir : la nécessité de protéger non plus l'ordre social qui se dégageait du mariage (celui-ci paraissant décidément obsolète), mais le consentement de chacun aux rapports sexuels.

Mais si la nature de ce qui était atteint jadis par un viol était clair (l'ordre familial); elle devient désormais plus obscure. Car qu'est-ce qui est atteint exactement quand le consentement à un rapport sexuel n'est pas respecté ? Pourquoi cette atteinte devrait-elle être différente de n'importe quelle sorte de violence faite sur mon corps ? Pourquoi faut-il une qualification spéciale ? À cela, les tribunaux répondront rapidement. Ce n'est plus la grossesse forcée, la virginité atteinte ou l'honneur des familles que la définition du viol « nouvelle formule » vise à défendre, mais plutôt, comme le diront les juges, « l'aspect psychique de la meurtrissure infligée à la personne [41] ».

C'est de cette époque que date l'assimilation du viol à un meurtre, « le pire des meurtres », disait déjà *Le Quotidien des femmes* en juin 1976, « la destruction à l'intérieur de l'individu de ce qui est le plus précieux, de la féminité, de l'humain [42] ». De fait, la mobilisation des féministes autour de cette loi fut au moins aussi importante pour l'identité du mouvement que les débats accompagnant la loi sur l'avortement. Sauf qu'elles se trouvaient désormais dans une position inversée : elles troquaient le banc des accusées pour celui des accusatrices...

C'est en cette toute fin des années 1970 que le droit reprend pour son compte l'idée que le « sexe », c'est une réalité psychique un peu mystérieuse et surtout très dangereuse que nous portons en nous et dont nous ne pouvons mesurer les effets. Cette théorie du « meurtre psychique » ne pouvait évidemment qu'inciter à une inflation des peines de plus en plus impressionnante. C'est chose faite en 1992, non seulement pour le viol, mais pour toutes les autres infractions sexuelles. Cette réforme a de plus supprimé toutes les expressions concernant les « mœurs » et la « pudeur » dans la loi, pour ne laisser en place que le mot « sexe ». Les « mœurs » désignaient, selon Montesquieu, « la manière dont on doit jouir des plaisirs attachés à l'usage des sens et à l'union des corps » [43]. Désormais, on prétend ne plus rien prescrire de ce

---

[41] Tribunal correctionnel de Marmande, 3 mai 1984, *Gazette du palais*, 4-6 novembre 1984, sommaire.

[42] Cité par Françoise Picq, *Libération des femmes. Les années-mouvement*, Seuil, 1993, p. 240.

[43] Montesquieu, *De l'esprit des lois* (1748), Gallimard, « Bibliothèque de la Pléiade », t. II, 1951, p. 434.

genre, mais seulement s'intéresser à la question de savoir si le consentement de chacun a été respecté. Pouvait-on mieux dire que la modernité entend protéger non pas une conception moralisatrice d'un certain idéal sexuel collectif, mais seulement le libre épanouissement du désir des personnes ? Sauf que le « sexe », n'étant pas défini par les *organes* sexuels, se confond bientôt avec l'intégrité « psychique » des personnes, donc avec leur santé mentale...

La réforme du Code pénal de 1992 a aussi introduit un nouveau délit, le harcèlement sexuel, qui permet de punir celui qui profite de la situation de pouvoir qu'il exerce sur un autre, du fait de sa position professionnelle notamment, pour exiger ses faveurs sexuelles. Plus tard, en 2002, on a changé la définition du harcèlement sexuel, qui ne requiert même plus désormais une position d'autorité sur la « victime ». Il suffit à quelqu'un de devenir un peu trop insistant pour se mettre en situation d'illégalité. Les esprits progressistes pensent qu'à travers la création de nouveaux délits de ce genre se prolonge et se confirme le processus qui fait désormais de la plus absolue liberté sexuelle le critère exclusif de tout jugement.

La loi, avec son glaive rigoureux mais juste, veillerait donc sur notre liberté : elle serait douce envers les amants, mais intraitable envers les violents, permissive à l'égard de tous les désirs, mais répressive à l'égard de tous les satyres. Ne dirait-on pas qu'on vit dans un monde parfait ?

Killoffer,
676 apparitions de Killoffer,
L'Association, 2002.

La liberté procréative : choisir

Si on cherche à vous convaincre que vous vivez dans une société qui reconnaît votre liberté sexuelle, ce n'est pas seulement parce qu'on a levé toute sanction contre ceux qui se désirent mutuellement et puni plus sévèrement ceux qui forcent le consentement d'autrui. C'est aussi, dit-on, parce qu'on vous reconnaît le droit de consentir à des rapports sexuels sans nécessairement consentir à faire des enfants. Autrement dit, vous pouvez avoir envie de faire l'amour pour le faire, et vous dispenser de certaines des conséquences biologiques que cet acte peut avoir parfois. C'est là le deuxième grand principe de la « libération sexuelle », la séparation de la sexualité et de la procréation, qui se serait exprimé lui aussi à travers plusieurs réformes concrètes.

Est-on obligé d'avoir des enfants quand on a des rapports sexuels ?

« Me voilà fixé, en tout cas, sur mes origines, en tant que sujet de conversation s'entend, il n'y a que ça qui compte. »
Samuel Beckett, *L'Innommable.*

La légalisation de la contraception et de l'avortement a accompagné, dans presque tous les pays occidentaux, la « révolution des mœurs ». En ce qui concerne la contraception, les pays protestants furent là aussi plus précoces que les pays de tradition catholique. Dès 1930, la conférence de Lambeth de l'assemblée des évêques anglicans a laissé à la conscience de chacun l'emploi de moyens anticonceptionnels. Si les clergés protestants acceptent la contraception, ce n'est pas seulement au nom d'une certaine liberté sexuelle, c'est aussi parce que, comme le diront les Églises luthériennes d'Amérique, « n'être pas désiré par ses parents est en soi un sort plus cruel que la pauvreté ou tout autre handicap[44] ».

En France, il a fallu attendre 1967 pour qu'on autorise les contraceptifs, ou plus précisément les contraceptifs féminins, car le préservatif n'avait pour sa part jamais été interdit. On avait proscrit en 1920 toute publicité pour la contraception, voire le simple fait pour un médecin de conseiller

44 Citées par Sylvie Chaperon, *Les Années Beauvoir (1945-1970)*, Fayard, 2000, p. 243.

à une femme la méthode Ogino [45]. La banalisation rapide de la célèbre « pilule », mise au point par le docteur Pincus (1903-1967) aux États-Unis en 1958, devenue le symbole de la liberté sexuelle des femmes, se fit au grand dam bien sûr des catholiques, mais aussi des communistes : « Depuis quand les femmes travailleuses réclameraient le droit d'accéder aux vices de la bourgeoisie ? », s'indignait à l'époque une députée communiste [46]...

Ogino ! connais pas..., carte postale, vers 1960.

Même si le Planning familial a été un des hauts lieux de la sociabilité féministe, ce n'est pas la revendication du droit d'accéder à la contraception qui a le plus marqué le mouvement féministe, mais l'avortement. En France, où les préoccupations natalistes se mélangeaient avec la morale catholique, on sait que ce n'est qu'en 1975, à la suite d'un combat homérique, qui est la véritable *Iliade* du féminisme français, qu'a été promulguée la loi Veil, qui dépénalisait enfin l'avortement – quarante ans après la Suède, sept ans après la Grande-Bretagne, deux ans après les États-Unis, mais neuf ans avant le Portugal et l'Espagne par exemple... De nos jours, ceux qui sont contre l'avortement mettent surtout en avant le « droit à la vie » de l'embryon (▸ TEXTE P. 107). À l'époque, le problème de l'avortement était aussi encore indissolublement lié à celui de la contraception, puisque natalistes et catholiques étaient opposés au principe même du contrôle des naissances, soit à cause des incidences démographiques qu'on lui attribuait, soit à cause d'une morale sexuelle explicite (à savoir qu'il favoriserait la débauche).

45 Cette méthode se fonde sur l'idée que la fécondation n'est possible qu'à certains moments réguliers du cycle menstruel, qui commenceraient trois jours avant la date d'ovulation et cesseraient un jour après. Le problème est précisément de connaître cette période d'ovulation. Plus récemment, on a montré qu'on pouvait la déterminer en fonction des variations de température. Mais le caractère contraignant et franchement aléatoire de la méthode Ogino l'a fait tomber en désuétude.

46 Citée par Sylvie Chaperon, *ibid., op. cit.*

L'avortement : un droit des femmes sur leur propre corps ?

On invoque en général deux types d'arguments pour justifier l'avortement. Le premier se confond avec un célèbre slogan féministe : « Mon corps est à moi. » Puisque l'embryon est dans mon corps, il n'en est qu'une partie. De même que nul ne vient obliger un homme à subir pendant neuf mois dans son estomac une tumeur bénigne apparue, imaginons, à la suite d'un repas trop arrosé, de même on ne voit pas pourquoi les femmes devraient subir pendant neuf mois cette invasion de leur propre corps, qui leur donne des nausées, limite leur mobilité et éventuellement leur capacité de travail, les conduit aux douleurs notoirement sévères de l'accouchement et n'est même pas sans danger pour leur vie – tout cela pour avoir eu un rapport sexuel mal protégé. L'avortement aurait donc égalisé la situation des hommes et des femmes relativement à leur propre corps et à la sexualité. La répression de l'avortement était associée à toute une police du corps des femmes, qui allait de la virginité au devoir conjugal, et avec laquelle on tardait d'en finir.

Cette liberté des femmes à disposer de leur propre corps rejoint bien sûr les intérêts de la révolution sexuelle et familiale. Présenter le droit à l'avortement dans la continuité de celui à la contraception [47], c'est

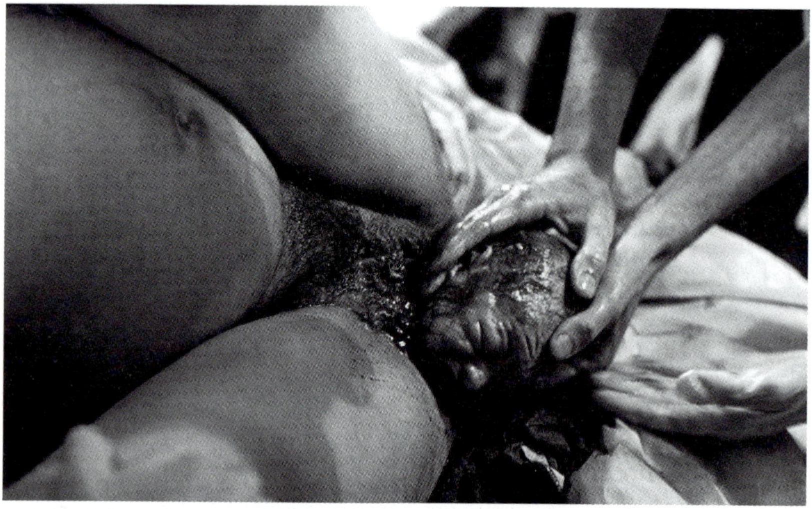

Eugene Richards, *Naissance d'Henry Harry*, Jamaica Plain, Massachusetts, 1979.

[47] Comme le faisait par exemple le célèbre Manifeste des 343 salopes, signé par de nombreuses personnalités, célèbres et moins célèbres : « Un million de femmes se font

clairement affirmer la légitimité des activités sexuelles en elles-mêmes. C'est revendiquer le droit pour les femmes de se livrer à une sexualité qui n'ait pas une vocation procréative. Mais ce n'est pas pour autant que le féminisme français, contrairement à ce qu'on entend parfois, aurait cru inconciliables le statut de femme émancipée et celui de mère de famille. C'est tout l'inverse : il a prétendu fournir les conditions d'une vie familiale vraiment libre et épanouie. Car, après tout, c'est aussi rendre hommage à la grossesse, à sa valeur précieuse et intime pour les femmes, que de tout faire pour qu'elles ne vivent pas leur propre enfant comme un intrus et un indésirable. Cette liberté, elles l'ont d'ailleurs gagnée, dit-on, pour tous. Les couples peuvent désormais négocier la venue au monde de leur enfant comme ils le souhaitent, et les hommes ne s'en trouvent donc pas plus mal. « Un enfant, si je veux, quand je veux », disait-on alors : quel enfant se plaindrait d'avoir été désiré ?

› *L'avortement : une exception au droit à la vie de l'embryon ?*

Mais ce n'est pas cet argument qu'a retenu, officiellement, le législateur français qui a dépénalisé l'avortement. Prenant acte du caractère massif de cette pratique, et donc du changement inéluctable des mentalités qu'il traduisait, on a voulu éviter les conséquences sanitaires désastreuses des avortements clandestins, en le dépénalisant et en le médicalisant. Un État peut-il laisser mourir ses citoyens uniquement pour défendre une conception après tout plus ou moins arbitraire de la moralité sexuelle ? Bref, dépénaliser l'avortement ne serait qu'une mesure de santé publique.

Ainsi, on dit souvent que la loi Veil n'a été qu'un compromis, et n'a pas instauré un véritable droit à l'avortement : elle continue à le présenter comme un acte illégitime, mais elle aurait seulement suspendu, par pitié, la sévérité de la loi contre ceux qui y ont recours dans des situations extrêmes. De fait, la loi dans son article premier proclame qu'elle

---

avorter chaque année en France. Elles le font dans des conditions dangereuses en raison de la clandestinité à laquelle elles sont condamnées alors que cette opération, pratiquée sous contrôle médical, est des plus simples. On fait le silence sur ces millions de femmes. Je déclare que je suis l'une d'elles. Je déclare avoir avorté. De même que nous réclamons le libre accès aux moyens anticonceptionnels, nous réclamons l'avortement libre. » (*Le Nouvel Observateur,* 5 avril 1971). On sait que les signataires, qui avouaient pourtant ainsi publiquement un crime, ne furent pas poursuivies, et que ce texte contribua de manière significative à la dépénalisation de l'avortement (voir Jean-Yves Le Naour et Catherine Valenti, *Histoire de l'avortement, XIXe-XXe siècle*, Seuil, 2003, p. 229 *sq.*).

« garantit le respect de tout être humain dès le commencement de la vie. Il ne saurait être porté atteinte à ce principe qu'en cas de nécessité et selon les conditions définies par la présente loi ». Chaque avortement serait donc une *exception* à un principe par ailleurs nettement réaffirmé. Il ne serait pas justifié par un quelconque « droit à disposer de son corps », mais par ce que la loi appelle « l'état de détresse » de la femme enceinte, qu'elle ne peut faire valoir d'ailleurs que dans un délai limité, qui est de nos jours de *douze semaines* après la conception. L'avortement serait donc toujours considéré comme un acte à la limite de la légalité, mais toléré.

Voilà bien une de ces idées fausses qui font que le débat public se focalise sur des problèmes imaginaires et laisse de côté les problèmes réels. On pense la France envahie de groupes « *pro-life* » et de lobbys antiavortement, qui sont toujours à un doigt de nous faire « revenir en arrière », parce qu'on ignore tout simplement la réalité juridique dans laquelle on vit. Car nous ne sommes plus en 1975.

D'abord, aucune femme ne peut être punie pour avoir fait un avortement illégal, c'est-à-dire en dehors des délais. Seuls peuvent être poursuivis ceux qui l'ont aidée, et uniquement parce qu'ils ont mis sa santé et peut-être sa vie en danger. Le délit le plus grave concerne d'ailleurs l'IVG forcée. Rien n'est donc mieux protégé que le *consentement* de la femme. De plus, l'avortement est directement remboursé par l'assurance-maladie depuis 1982. Certains contribuables ont bien refusé de payer une partie de leurs impôts qui correspondait, selon eux, à une « contribution forcée » à l'avortement, mais leur motif fut jugé illégitime par les tribunaux. Par ailleurs, si les médecins peuvent invoquer la « clause de conscience » pour refuser de procéder à un avortement, ils sont cependant obligés de le faire dans les délais suffisants pour que la femme puisse en chercher d'autres, plus compréhensifs. Et comme les hôpitaux publics ont été progressivement contraints par la loi d'avoir des centres qui procèdent aux interruptions volontaires de grossesse, elle est assurée d'y parvenir. Faire entrave à l'avortement, comme l'ont fait certains groupes « pro-life » en envahissant des cliniques et en terrorisant les services, est même devenu depuis 1993 un délit puni par la loi pénale [48].

---

[48] Pour plus de détails sur tout cela, voir Marcela Iacub, *Penser les droits de la naissance,* PUF, 2002.

Enfin, si, à l'origine, les femmes devaient passer par un entretien psychosocial devant un médecin (qui leur remettait un dossier guide, dans lequel on pouvait attirer leur attention sur la gravité de leur acte et les autres possibilités qui s'offraient à elles : grossesse heureuse, allocations familiales, abandon à la naissance...), on a récemment (en 2001) rendu cet entretien facultatif, précisément parce qu'on l'accusait d'exercer encore une pression indue sur la liberté des femmes, et que l'État n'avait pas à se prononcer sur ce choix personnel. On se contente désormais d'obliger une femme à réitérer sa demande au moins une semaine après la première, afin de vérifier son consentement. L'entretien reste obligatoire pour les mineures, mais celles-ci ne sont plus obligées d'obtenir le consentement d'un de leurs parents : il leur suffit d'être accompagnées d'une personne majeure de leur choix. Les femmes sont donc seules juges de leur « détresse ». On n'a pas troqué le mépris contre la pitié, qui n'est souvent qu'une forme édulcorée du mépris. On a par ailleurs allongé les délais de l'avortement (de dix à douze semaines), autorisé l'avortement à domicile, la pilule du lendemain... Aucune force politique, de Christine Boutin à Arlette Laguiller, ne s'oppose désormais à l'avortement « contraceptif ».

Manifestation contre l'avortement, Washington, 21 janvier 1994 (photographie de Mark Peterson).

On pratique en France environ deux cent vingt mille avortements par an[49]. C'est beaucoup : deux fois plus, par exemple, qu'aux Pays-Bas, proportionnellement à la

49 À titre de comparaison, il y a en moyenne sept cent cinquante mille naissances par an en France.

population. Il est assez curieux de dire qu'il s'agirait d'un crime malheureux sur lequel la loi, dans sa mansuétude superbe, fermerait les yeux pudiquement pour ne pas ajouter aux misères de pauvres femmes déjà éperdues une sanction juridique. Les femmes françaises semblent au contraire témoigner d'un certain enthousiasme à l'égard de l'avortement, ce qui n'est pas très surprenant si on se souvient que le mouvement féministe en a fait une question d'identité.

Il semble donc, dans le fond, que ce soit bien l'idée de libre disposition de son corps qui se soit peu à peu imposée en matière d'avortement. Ainsi, les femmes ont non seulement le droit de ne pas tomber enceintes, mais aussi celui de ne pas accoucher. Elles ont même le droit de ne pas être mères même si elles accouchent, grâce à l'« accouchement sous X », par lequel l'État garantit à six ou sept cents femmes par an que non seulement il conservera le secret de leur identité, mais qu'en plus il s'opposera à toute tentative de la part de l'enfant pour la faire reconnaître légalement comme sa mère si jamais il la retrouve. Les femmes ont ainsi une entière liberté procréative. On verra en revanche que ce n'est pas le cas pour les hommes et que, du fait de cette inégalité, il n'est pas sûr que ce « privilège » des femmes leur soit aussi profitable qu'on l'imagine...

Est-on obligé d'avoir des rapports sexuels quand on veut avoir des enfants ?

Jusqu'à récemment, l'humanité, comme beaucoup d'espèces vivantes, ne connaissait qu'un seul moyen pour faire venir au monde des enfants : l'accouplement de deux individus de sexe différent.

Pourtant, cette technique n'est pas toujours efficace. On estime que, dans les pays développés, la proportion de personnes stériles est de 3 % à 5 %. On s'imagine mal aujourd'hui l'opprobre qui pouvait autrefois tomber sur la personne stérile, privée de descendance pour rendre un culte à sa mémoire ou hériter du fruit de son travail. Il reste encore, paraît-il, beaucoup de gens qui ont honte de leur stérilité.

Mais depuis quelques décennies, nous disposons d'une large palette de moyens pour sinon la guérir, du moins la contourner. En 1978 naissait en Grande-Bretagne Louise Brown, premier bébé conçu non plus dans le ventre d'une femme, mais dans celui, plus froid et plus transparent, d'une éprouvette. En 1984, on a réussi à congeler les embryons pour les implanter ensuite. On a désormais les moyens de pallier la plupart des stérilités masculines, notamment grâce à l'« ICSI » (*Intra Cytoplasmic Sperm Injection*, en français injection intracytoplasmique de spermatozoïde), qui permet d'introduire directement un spermatozoïde dans l'ovule. Plus récemment encore, en 2004, un enfant est né grâce à une technique qui pourrait avoir un usage révolutionnaire sur les âges de la procréation. On avait greffé sur une femme qui ne pouvait plus ovuler pour des raisons pathologiques ses propres tissus ovariens, qui avaient été prélevés et congelés à une époque où elle était encore en mesure d'ovuler.

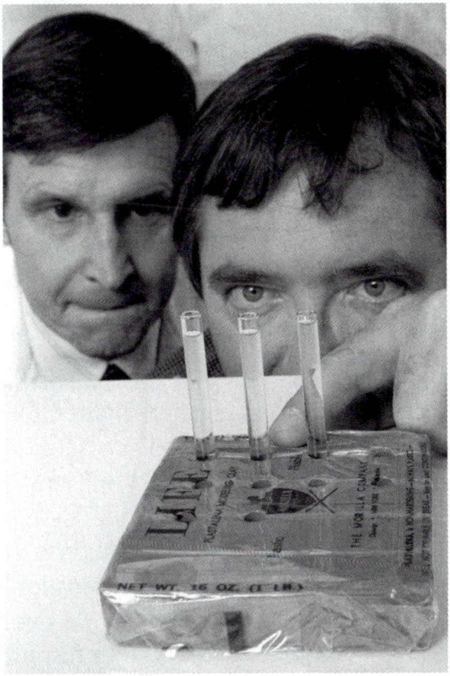

Deux scientifiques examinent des tubes à essai contenant du sperme avant une insémination artificielle, Dallas, 20 juin 1984 (photographie de Roger Ressmeyer).

Mais ce n'est pas seulement grâce au progrès médical que les couples stériles ont pu profiter de ces nouvelles techniques ; c'est aussi grâce à une évolution des mentalités. L'insémination artificielle existe en effet depuis la fin du XVIIIe siècle. Elle a même contribué à établir la fonction du sperme et de ses « animalcules » dans la fécondation. Le naturaliste italien Lazzaro Spallanzani (1729-1799) avait montré qu'une toute petite dose de sperme, introduite dans l'utérus d'une chienne à l'aide d'une seringue, suffisait à la fécondation. La même technique fut bientôt utilisée par un certain docteur Thouret pour permettre à une femme de vingt-cinq ans, mariée depuis cinq ans, mais qui n'avait pas eu de rapports sexuels « normaux » avec son époux, de tomber finalement enceinte. Il proposait de la mettre au service de couples mariés confrontés à des problèmes d'incompatibilité « physique ou morale ». Plus tard, à la fin du XIXe siècle, aux États-Unis, des femmes chez qui un rétrécissement du canal cervical

Insémination artificielle d'une truie, Royaume-Uni (photographie de Eric et David Hosking).

empêchait l'entrée de la semence dans l'utérus purent aussi devenir mères par ce moyen. On sait donc « guérir » certaines formes de stérilité depuis bien longtemps.

On aurait pu croire que l'Église allait s'enthousiasmer pour ces techniques. N'était-ce pas la perspective d'assurer la reproduction de l'espèce humaine, tout en satisfaisant à l'idéal d'abstinence et de chasteté qu'avait toujours prôné l'Église ? Saint Paul lui-même aurait pu avoir des enfants et, qui sait, peut-être la sainteté est-elle héréditaire ?... Hélas, c'était oublier que ces techniques devaient passer par un acte qui est un péché pour la doctrine chrétienne, la masturbation : « Il n'est pas permis de se procurer directement une pollution afin d'obtenir du sperme », disait Pie XII en 1949 [50]. Il arrive encore aujourd'hui que certains esprits chagrins s'indignent de ce que l'État français réserve, dans les services d'assistance médicale à la procréation de ses hôpitaux, de petites pièces où, tous les jours, des hommes inquiets de la qualité fécondante de leur sperme s'efforcent d'obtenir un peu de leur semence pour la verser dans un tube à essai, trouvant parfois, discrètement mises à leur disposition, quelques revues susceptibles de les aider à faire abstraction du cadre passablement décourageant de l'hôpital. La masturbation peut-elle être une respectable technique de procréation ? Telle est la question.

Ce n'est pas la seule. Depuis 1973, pour pallier la stérilité masculine, les médecins français ont organisé, sur le modèle du don de sang, le don de sperme anonyme. Celui-ci permet à un couple de substituer au sperme défaillant du mari celui d'un généreux concitoyen qui contribue ainsi à l'accroissement de la population nationale. Cette fois, l'Église y vit un adultère, organisé par des pouvoirs publics décidément dévoyés.

[50] *Acta Apostolica Sedis*, XLI n° 13 (21 novembre 1949), p. 557-561.

Mais surtout, ces techniques sont condamnées pour la même raison que la contraception et l'avortement, comme le résuma clairement en 1987 l'instruction *Donum vitae* de la Congrégation pour la doctrine de la foi, qui fut approuvée par Jean-Paul II. La vie étant un don de Dieu, il n'appartient pas à l'humanité d'en disposer, soit pour la créer, soit pour l'abréger. Le sexe est la voie que Dieu a choisie pour créer la vie. Le seul contrôle humain qui importe est celui de la légitimité du coït lui-même, c'est-à-dire l'exigence du mariage. Toute dissociation du sexe et de l'enfantement, soit pour l'éviter, soit pour le provoquer, est condamnable. Les couples stériles sont donc invités à comprendre que l'enfant n'est pas un dû mais un don, à attendre que la médecine découvre éventuellement des solutions thérapeutiques à la stérilité sexuelle elle-même, sans recourir à ces substituts infâmes. « Les époux qui se trouvent dans une situation douloureuse sont appelés à y découvrir l'occasion d'une participation particulière à la Croix du Seigneur, source de fécondité spirituelle. »

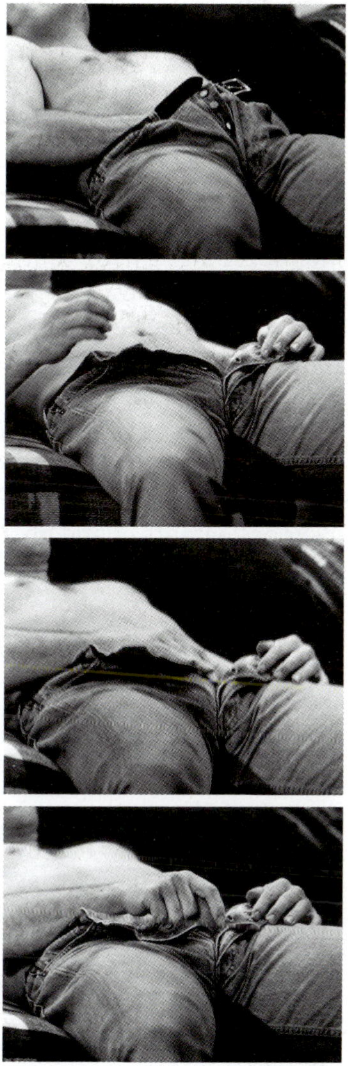

Ariane Lopez-Huici, *Solo Absolu*, 1992.

Ces discours ont grevé pour longtemps le développement de l'assistance médicale à la procréation dans les pays catholiques. Leur influence fut cependant compensée en France par l'inquiétude des pouvoirs publics envers la natalité des Français. Mais de nombreux psychologues et psychanalystes reprennent aujourd'hui ces discours religieux terme à terme : la stérilité serait le symptôme d'un désir d'enfant ambivalent, signe d'une sorte de providence non plus divine mais psychique, qu'il faudrait « assumer » ; la thérapie, comme le calvaire, permet de surmonter la souffrance et de se découvrir vraiment soi-même ; l'enfant ne saurait être considéré comme un « produit », mais comme une sorte d'événement miraculeux, qui arrive ou n'arrive pas, mais dont on ne peut forcer la venue sans mettre en danger sa propre santé mentale et celle de l'enfant lui-même, etc. Ces psychanalystes sont simplement moins cohérents que l'Église, qui elle, au moins, est clairement contre la contraception et l'avortement pour ces raisons mêmes. Car pourquoi les couples féconds auraient-ils seuls le droit de décider librement de la venue au monde d'un enfant, comme ils décident de l'achat de leur nouvel appartement ? Si on pense que la naissance des enfants ne doit pas être un terrain où s'exerce la liberté humaine, pourquoi ne supprime-t-on pas toutes les libertés qu'on s'est données dans ce domaine ?

C'est donc pour la même raison qu'une vieille morale nous oblige à avoir des enfants quand on a des rapports sexuels, mais aussi à *avoir des rapports sexuels si on veut avoir des enfants*. En ce sens, on peut penser que les procréations médicalement assistées relèvent des droits sexuels, c'est-à-dire aussi du droit à *ne pas* avoir des rapports sexuels pour enfanter.

La sexualité a donc depuis peu changé de nature : elle n'est pas seulement devenue une manière légitime de se faire plaisir et de s'épanouir dans son corps, elle est aussi une *technique*, parmi d'autres, pour faire des enfants. Une technique ? s'indignera-t-on peut-être. Mais oui ! Dans la mesure où il existe d'autres moyens artificiels pour obtenir le même résultat, on peut dire que les moyens naturels sont des techniques.

Christiane Geoffroy, *Colonne Spermatic*, 1995.

TEXTES CHOISIS

Saint Paul (vers 5-15 – vers 62-64)

Il vaut mieux se marier que de brûler de désir… mais le mariage est encore moins bon que l'abstinence.

Ne savez-vous pas que vos corps sont des membres de Christ ? Prendrai-je donc les membres de Christ, pour en faire les membres d'une prostituée ? Loin de là !

Ne savez-vous pas que celui qui s'attache à la prostituée est un seul corps avec elle ? Car, est-il dit, les deux deviendront une seule chair.

Mais celui qui s'attache au Seigneur est avec lui un seul esprit.

Fuyez l'impudicité. Quelque autre péché qu'un homme commette, ce péché est hors du corps ; mais celui qui se livre à l'impudicité pèche contre son propre corps.

Ne savez-vous pas que votre corps est le temple du Saint-Esprit qui est en vous, que vous avez reçu de Dieu, et que vous ne vous appartenez point à vous-mêmes ?

Car vous avez été rachetés à un grand prix. Glorifiez donc Dieu dans votre corps et dans votre esprit, qui appartiennent à Dieu.

Pour ce qui concerne les choses dont vous m'avez écrit, je pense qu'il est bon pour l'homme de ne point toucher de femme.

Toutefois, pour éviter l'impudicité, que chacun ait sa femme, et que chaque femme ait son mari.

Que le mari rende à sa femme ce qu'il lui doit, et que la femme agisse de même envers son mari.

La femme n'a pas autorité sur son propre corps, mais c'est le mari ; et pareillement, le mari n'a pas autorité sur son propre corps, mais c'est la femme.

Ne vous privez point l'un de l'autre, si ce n'est d'un commun accord pour un temps, afin de vaquer à la prière ; puis retournez ensemble, de peur que Satan ne vous tente par votre incontinence.

Je dis cela par condescendance, je n'en fais pas un ordre.

Je voudrais que tous les hommes fussent comme moi ; mais chacun tient de Dieu un don particulier, l'un d'une manière, l'autre d'une autre.

À ceux qui ne sont pas mariés et aux veuves, je dis qu'il leur est bon de rester comme moi.

Mais s'ils manquent de continence, qu'ils se marient ; car il vaut mieux se marier que de brûler.

Première Épître aux Corinthiens, 6-7, trad. Louis Segond (1880, révisée en 1910).

Le Greco, *Saint Sébastien*, vers 1579, huile sur toile.

Guy de Maupassant (1850-1893)

Le constat d'adultère

Comment se passait jadis un constat d'adultère.

C'était une chambre de maison garnie, aux meubles communs, où flottait cette odeur odieuse et fade des appartements d'hôtel, odeur émanée des rideaux, des matelas, des murs, des sièges, odeur de toutes les personnes qui avaient couché ou vécu, un jour ou six mois, dans ce logis public, et laissé là un peu de leur senteur, de cette senteur humaine qui, s'ajoutant à celle des devanciers, formait à la longue une puanteur confuse, douce et intolérable, la même dans tous ces lieux.

Une assiette à gâteaux, une bouteille de chartreuse et deux petits verres encore à moitié pleins encombraient la cheminée. Le sujet de la pendule de bronze était caché par un grand chapeau d'homme.

Le commissaire se retourna vivement, et regardant Madeleine dans les yeux :

– Vous êtes bien Mme Claire-Madeleine Du Roy, épouse légitime de M. Prosper-Georges Du Roy, publiciste, ici présent ? Elle articula, d'une voix étranglée :

– Oui, monsieur.

– Que faites-vous ici ?

Elle ne répondit pas.

Le magistrat reprit : – Que faites-vous ici ? Je vous trouve hors de chez vous, presque dévêtue, dans un appartement meublé. Qu'êtes-vous venue y faire ?

Il attendit quelques instants. Puis, comme elle gardait toujours le silence : – Du moment que vous ne voulez pas l'avouer, madame, je vais être contraint de le constater.

On voyait dans le lit la forme d'un corps caché sous le drap.

Le commissaire s'approcha et appela : – Monsieur ?

L'homme couché ne remua pas. Il paraissait tourner le dos, la tête enfoncée sous un oreiller.

L'officier toucha ce qui semblait être l'épaule, et répéta : – Monsieur, ne me forcez pas, je vous prie, à des actes.

Mais le corps voilé demeurait aussi immobile que s'il eût été mort.

Du Roy, qui s'était avancé vivement, saisit la couverture, la tira et, arrachant l'oreiller, découvrit la figure livide de M. Laroche-Mathieu. Il se pencha vers lui et, frémissant de l'envie de le saisir au cou pour l'étrangler, il lui dit, les dents serrées :

– Ayez donc au moins le courage de votre infamie.

Le magistrat demanda encore : – Qui êtes-vous ?

L'amant, éperdu, ne répondant pas, il reprit : – Je suis commissaire de police et je vous somme de me dire votre nom !

Georges, qu'une colère bestiale faisait trembler, cria : – Mais répondez donc, lâche, ou je vais vous nommer, moi.

Alors l'homme couché balbutia :

– Monsieur le commissaire, vous ne devez pas me laisser insulter par cet individu. Est-ce à vous ou à lui que j'ai affaire ? Est-ce à vous ou à lui que je dois répondre ?

Il paraissait n'avoir plus de salive dans la bouche.

L'officier répondit : – C'est à moi, monsieur, à moi seul. Je vous demande qui vous êtes ?

L'autre se tut. Il tenait le drap serré contre son cou et roulait des yeux effarés. Ses petites moustaches retroussées semblaient toutes noires sur sa figure blême.

Le commissaire reprit : – Vous ne voulez pas répondre ? Alors je serai forcé de vous arrêter. Dans tous les cas, levez-vous. Je vous interrogerai lorsque vous serez vêtu.

Le corps s'agita dans le lit, et la tête murmura : – Mais je ne peux pas, devant vous.

Le magistrat demanda : – Pourquoi ça ?

L'autre balbutia : – C'est que je suis... je suis... je suis tout nu.

Du Roy se mit à ricaner, et ramassant une chemise tombée à terre, il la jeta sur la couche en criant : – Allons donc... levez-vous... Puisque vous vous êtes déshabillé devant ma femme, vous pouvez bien vous habiller devant moi.

Puis il tourna le dos et revint vers la cheminée.

Madeleine avait retrouvé son sang-froid, et voyant tout perdu, elle était prête à tout oser. Une audace de bravade faisait briller son œil ; et, roulant un morceau de papier, elle alluma, comme pour une réception, les dix bougies des vilains candélabres posés aux coins de la cheminée. Puis elle s'adossa au marbre et tendant au feu mourant un de ses pieds nus, qui soulevait par derrière son jupon à peine arrêté sur les hanches, elle prit une cigarette dans un étui de papier rose, l'enflamma et se mit à fumer.

Le commissaire était revenu vers elle, attendant que son complice fût debout.

Elle demanda avec insolence : – Vous faites souvent ce métier-là, monsieur ?

Il répondit gravement : – Le moins possible, madame.

Elle lui souriait sous le nez : – Je vous en félicite, ça n'est pas propre.

Elle affectait de ne pas regarder, de ne pas voir son mari.

Mais le monsieur du lit s'habillait. Il avait passé son pantalon, chaussé ses bottines et il se rapprocha, en endossant son gilet.

L'officier de police se tourna vers lui :

– Maintenant, monsieur, voulez-vous me dire qui vous êtes ?

L'autre ne répondit pas.

Le commissaire prononça : – Je me vois forcé de vous arrêter.

Alors l'homme s'écria brusquement : – Ne me touchez pas. Je suis inviolable !

Du Roy s'élança vers lui, comme pour le terrasser, et il lui grogna dans la figure : – Il y a flagrant délit... flagrant délit. Je peux vous faire arrêter, si je veux... oui, je le peux.

Puis, d'un ton vibrant : – Cet homme s'appelle Laroche-Mathieu, ministre des affaires étrangères.

Le commissaire de police recula stupéfait, et balbutiant : – En vérité, monsieur, voulez-vous me dire qui vous êtes, à la fin ?

L'homme se décida, et avec force : – Pour une fois, ce misérable-là n'a point menti. Je me nomme, en effet, Laroche-Mathieu, ministre.

Puis tendant le bras vers la poitrine de Georges, où apparaissait comme une lueur, un petit point rouge, il ajouta : – Et le gredin que voici porte sur son habit la croix d'honneur que je lui ai donnée.

Du Roy était devenu livide. D'un geste rapide, il arracha de sa boutonnière la courte flamme de ruban, et, la jetant dans la cheminée : – Voilà ce que vaut une décoration qui vient de salops de votre espèce.

Ils étaient face à face, les dents près des dents, exaspérés, les poings serrés, l'un maigre et la moustache au vent, l'autre gras et la moustache en croc.

Le commissaire passa vivement entre les deux et, les écartant avec ses mains : – Messieurs, vous vous oubliez, vous manquez de dignité !

Ils se turent et se tournèrent les talons. Madeleine, immobile, fumait toujours, en souriant.

L'officier de police reprit : – Monsieur le ministre, je vous ai surpris, seul avec Mme Du Roy, que voici, vous couché, elle presque nue. Vos vêtements étant jetés pêle-mêle à travers l'appartement, cela constitue un flagrant délit d'adultère. Vous ne pouvez nier l'évidence. Qu'avez-vous à répondre ?

Laroche-Mathieu murmura : – Je n'ai rien à dire, faites votre devoir.

Le commissaire s'adressa à Madeleine : – Avouez-vous, madame, que monsieur soit votre amant ?

Elle prononça crânement : – Je ne le nie pas, il est mon amant !

– Cela suffit.

Puis le magistrat prit quelques notes sur l'état et la disposition du logis. Comme il finissait d'écrire, le ministre qui avait achevé de s'habiller, et qui attendait, le paletot sur le bras, le chapeau à la main, demanda :

– Avez-vous encore besoin de moi, monsieur ? Que dois-je faire ? Puis-je me retirer ?

Du Roy se retourna vers lui et souriant avec insolence : – Pourquoi donc ? Nous avons fini. Vous pouvez vous recoucher, monsieur ; nous allons vous laisser seuls.

Bel-Ami (1885).

Marguerite Yourcenar (1903-1987)

L'éthique contre la morale

Un homme homosexuel marié à une femme qu'il apprécie lui dit adieu. Le conflit entre des règles morales arbitraires et les sentiments personnels ne nous laisse que deux issues également tristes : transgresser ou trahir…

N'ayant pas su vivre selon la morale ordinaire, je tâche, du moins, d'être d'accord avec la mienne : c'est au moment où l'on rejette tous les principes qu'il convient de se munir de scrupules. J'avais pris envers vous d'imprudents engagements que devait protester la vie : je vous demande pardon, le plus humblement possible, non pas de vous quitter, mais d'être resté si longtemps.

Alexis ou le Traité du vain combat (1929 et 1952), Gallimard, « Folio », 1991.

Masaccio, *Adam et Eve chassés du paradis terrestre* (détail), vers 1425.

William Shakespeare (1564-1616)

Les jeux de l'innocence et de la sensualité

Roméo et Juliette *passe aujourd'hui pour la tragédie d'un amour authentique et innocent rendu impossible par une époque où on devait se plier aux ordres de sa famille. Chez nous, se félicite-t-on en se frottant les mains, ces deux-là seraient heureux. On oublie un peu vite combien les jeunes héros semblent en même temps possédés par une passion de la mort... Mais voici comment Roméo obtint son premier baiser. Ou comment l'idée qu'on se souille en s'embrassant devient une raison pour s'embrasser un peu plus. Roméo vient de prendre la main de Juliette...*

ROMÉO, *à Juliette.*

Si j'ai pu profaner, de ma main indigne,
Cette châsse bénie, voici ma douce pénitence :
Mes lèvres sont toutes prêtes, deux rougissants pèlerins,
À guérir d'un baiser votre souffrance.

JULIETTE

Bon pèlerin, vous êtes trop cruel pour votre main
Qui n'a fait que montrer sa piété courtoise.
Les mains des pèlerins touchent celles des saintes,
Et leur baiser dévot, c'est paume contre paume.

ROMÉO

Saintes et pèlerins ont aussi des lèvres ?

JULIETTE

Oui, pèlerin, qu'il faut qu'ils gardent pour prier.

ROMÉO

Oh, fassent, chère sainte, les lèvres comme les mains !
Elles qui prient, exauce-les, de crainte
Que leur foi ne devienne du désespoir.

JULIETTE

Les saints ne bougent pas, même s'ils exaucent les vœux.

ROMÉO

Alors ne bouge pas, tandis que je recueille
Le fruit de mes prières. Et que mon péché
S'efface de mes lèvres grâce aux tiennes.

Il l'embrasse.

JULIETTE

Il s'ensuit que ce sont mes lèvres
Qui portent le péché qu'elles vous ont pris.

ROMÉO

Le péché, de mes lèvres ? Ô charmante façon
De pousser à la faute ! Rends-le-moi !

Il l'embrasse à nouveau.

JULIETTE

Il y a de la religion dans vos baisers.

Roméo et Juliette (1597), acte I, scène V, trad. de l'anglais par Y. Bonnefoy, Mercure de France, 1968 et 1992.

Jan Vermeer, *La Jeune Fille au chapeau rouge* (détail), 1667.

Judith Jarvis Thomson (née en 1929)

Le droit à la vie de l'embryon ?

Je propose ainsi que nous admettions que le fœtus est une personne dès l'instant de sa conception. Comment l'argumentation procède-t-elle alors ? Je crois qu'elle procède à peu près de la manière suivante. Toute personne a droit à la vie. Donc le fœtus a droit à la vie. Sans doute la mère a-t-elle le droit de décider ce qui doit advenir de et dans son propre corps. Tout le monde admettrait cela. Mais le droit à la vie d'une personne est certainement plus fort et plus urgent que le droit de la mère à décider ce qui doit advenir de et dans son corps, et il l'emporte donc sur ce dernier droit. Ainsi le fœtus ne peut pas être tué ; nul avortement ne peut être pratiqué.

Cela paraît plausible. Mais permettez-moi à présent de vous demander d'imaginer ceci. Vous vous réveillez un matin et vous vous trouvez dos à dos dans votre lit avec un violoniste inconscient. Un violoniste inconscient célèbre. On a diagnostiqué sur lui une maladie rénale fatale et la Société des Amis de la Musique (SAM) a exploité toutes les données médicales disponibles et a trouvé que vous êtes le seul à posséder le type sanguin adéquat pour le sauver. Ils vous ont donc kidnappé et, la nuit dernière, le système de drainage du violoniste a été relié au vôtre de manière à ce que vos reins puissent être utilisés pour extraire les poisons de son sang et du vôtre. Le directeur de l'hôpital s'adresse maintenant à vous en vous disant : « Écoutez, nous sommes désolés que la Société des Amis de la Musique vous ait fait cela - nous ne l'aurions jamais autorisé si nous avions été au courant. Mais maintenant c'est fait et le violoniste est branché sur vous. Vous débrancher reviendrait à le tuer. Mais ce n'est pas très grave, cela ne durera que neuf mois. Il sera alors guéri de sa maladie et l'on pourra le débrancher sans danger. » Peut-on moralement exiger de vous d'accepter cette situation ? Il ne fait pas de doute que ce serait extrêmement gentil, vraiment délicat de votre part. Mais *devez*-vous l'accepter ? Et si ce n'était pas neuf mois mais neuf ans ? Ou encore plus de temps ? Que se passerait-il si le directeur de l'hôpital disait : « Ce n'est pas de chance j'en conviens, mais vous devez à présent rester au lit avec le violoniste branché sur vous pour le reste de votre vie. Parce que vous ne devez pas oublier ceci. Toutes les personnes ont un droit à la vie, et les violonistes sont des personnes. Bien sûr, vous avez le droit de décider ce qu'il advient de et dans votre corps, mais le droit d'une personne à la vie l'emporte sur ce droit. Vous ne pourrez donc jamais être débranché. » J'imagine que vous considéreriez ce discours comme outrageant, ce qui suggère que quelque chose ne va vraiment pas dans l'argumentation en apparence plausible que j'ai mentionnée il y a un instant.

« Une défense de l'avortement », trad. de l'américain par B. Guillarme et A. Jaunait, dans *Raisons politiques*, n° 12, novembre 2003.

Emmanuel Kant (1724-1804)

Voulez-vous acheter les organes sexuels de votre partenaire ? La recette de Kant : vous marier !

La *communauté sexuelle (commercium sexuale)* est l'usage réciproque qu'un homme peut faire des organes et des facultés sexuels d'une autre personne *(usus membrorum et facultatum sexualium alterius)* et cet usage ou bien est *naturel* (c'est celui par lequel on peut procréer son semblable) ou bien est *contraire à la nature*, et ce dernier peut avoir lieu, soit avec une personne du même sexe soit avec un animal d'une autre espèce [...].

Quant au commerce naturel des sexes il a lieu ou bien suivant la simple *nature* animale *(vaga libido, venus vulgivaga, fornicatio)*, ou bien suivant la *loi*. – Dans le dernier cas il s'agit du mariage *(matrimonium)*, c'est-à-dire de la liaison de deux personnes de sexe différent, qui veulent, pour toute leur vie, la possession réciproque de leurs facultés sexuelles. [...]

Dans la supposition même où le plaisir par l'usage réciproque des facultés sexuelles en serait l'unique fin, le contrat de mariage ne serait pas chose arbitraire, mais tout au contraire un contrat nécessaire selon la loi de l'humanité [...].

En effet l'usage naturel qu'un sexe fait des organes sexuels de l'autre est une *jouissance*, pour laquelle chaque partie se livre à l'autre. En cet acte l'homme fait de lui-même une chose, ce qui contredit au droit de l'humanité en sa propre personne[51]. Cela n'est donc possible qu'à *une* condition : à savoir que tandis qu'une personne est acquise par l'autre *comme une chose*, la première acquière aussi l'autre à son tour réciproquement ; en effet elle se reconquiert ainsi elle-même et rétablit sa personnalité. Mais l'acquisition d'un membre en l'homme est en même temps acquisition de la personne tout entière, car celle-ci est une unité absolue ; il s'ensuit que l'offre et l'acceptation d'un sexe pour la jouissance d'un autre ne sont pas seulement admissibles sous la condition du mariage, mais qu'elles ne sont possibles que sous cette *unique* condition.

Métaphysique des mœurs (1797), I, « Doctrine du droit », §24-25, trad. de l'allemand par A. Philonenko, Vrin, 1979.

---

[51] En effet, Kant insiste sur le fait que l'homme est un être moral dans la mesure où il ne se traite pas lui-même et ne traite pas non plus les autres hommes comme des moyens, mais comme des fins en soi. Or, utiliser son propre corps ou celui d'autrui pour obtenir un plaisir consiste à le traiter comme un moyen, c'est-à-dire comme une chose. Le mariage doit venir résoudre ce problème. Pour la même raison, la masturbation est mise par Kant au plus haut degré de l'échelle des fautes morales envers soi-même : « l'homme renonce avec dédain à sa personnalité en se servant de lui-même comme d'un pur moyen pour satisfaire ses tendances animales. » (*Métaphysique des mœurs*, II, 7, dans *Œuvres complètes*, t. III, Gallimard, « Bibliothèque de la Pléiade », 1986, p. 710.)

Arthur Rimbaud (1854-1891) et Paul Verlaine (1844-1896)

Une ode à la sodomie

Les amours de Verlaine et Rimbaud se mêlent à leur légende de poètes maudits. Ce sonnet, parodie de ceux que les écrivains de mauvaise qualité écrivaient pour leurs belles dames, a été rédigé par les deux amis.

Obscur et froncé comme un œillet violet
Il respire, humblement tapi parmi la mousse
Humide encor d'amour qui suit la pente douce
Des fesses blanches jusqu'au bord de son ourlet

Des filaments pareils à des larmes de lait
Ont pleuré, sous l'autan cruel qui les repousse,
À travers de petits caillots de marne rousse,
Pour s'en aller où la pente les appelait.

Mon rêve s'abouche souvent à sa ventouse,
Mon âme, du coït matériel jalouse,
En fit son larmier fauve et son nid de sanglots

C'est l'olive pâmée et la flûte câline
C'est le tube où descend la céleste praline
Chanaan féminin dans les moiteurs éclos !

« Le sonnet du trou du cul » (1871).

François Boucher, *L'Odalisque brune*, 1752.

Intermède à lire absolument

Pourquoi la révolution sexuelle n'est pas la cause du sida mais au contraire la prévention la plus efficace contre lui

On a tant multiplié les dangers imaginaires autour de la sexualité qu'on finit presque par oublier que la seule chose vraiment dangereuse qui peut arriver avec le sexe, la seule chose pour laquelle cette activité peut s'avérer terrifiante, et qui mérite donc une mise en garde précise et insistante, est la possibilité d'être contaminé par le virus du sida. On peut remédier à une grossesse involontaire : l'avortement est peut-être pénible pour certaines, mais il passe. On peut même se remettre d'un accouchement non désiré : c'est sans doute une expérience douloureuse, mais on peut penser qu'un enfant qui naît fera le bonheur d'un parmi les milliers de couples qui souhaitent adopter. On peut souffrir de ses frustrations, de la violence de son désir ou au contraire de son absence, de doutes sur son identité sexuelle ou de la honte pour les ressorts de son plaisir, mais, outre que ce sont là des choses qu'on peut éventuellement dépasser en faisant un effort sur soi pour se débarrasser de ses préjugés, il y a bien d'autres buts qu'on peut se donner dans la vie, en dehors du bonheur sexuel... Tandis que cette terrible maladie, qui a déjà fait des millions et des millions de morts, est inguérissable : on ne peut ni l'oublier quand elle vous assaille, ni lui donner du sens d'une manière positive de quelque façon que ce soit, et la mort vous prive même du luxe d'avoir des soucis psychologiques et des scrupules moraux.

Comme on le sait, le sida (syndrome immunodéficitaire acquis) est une maladie due à un virus (le VIH) qui détruit le système immunitaire, qui accroît donc la fragilité devant toutes les maladies, qui épuise l'organisme et finit par avoir raison de lui. Et c'est une maladie sexuellement transmissible, la plus terrible de toutes, car c'est la seule qui soit strictement incurable. On l'attrape soit par la voie sanguine, notamment en se droguant avec des seringues utilisées par des gens qui ont le virus, soit par la voie sexuelle. On connaît désormais avec précision les modes de contamination sexuelle du sida : ce sont la pénétration vaginale, la pénétration anale et, dans une moindre mesure, la fellation. Le contact, la caresse, le baiser ne sont pas dangereux. Il existe donc un

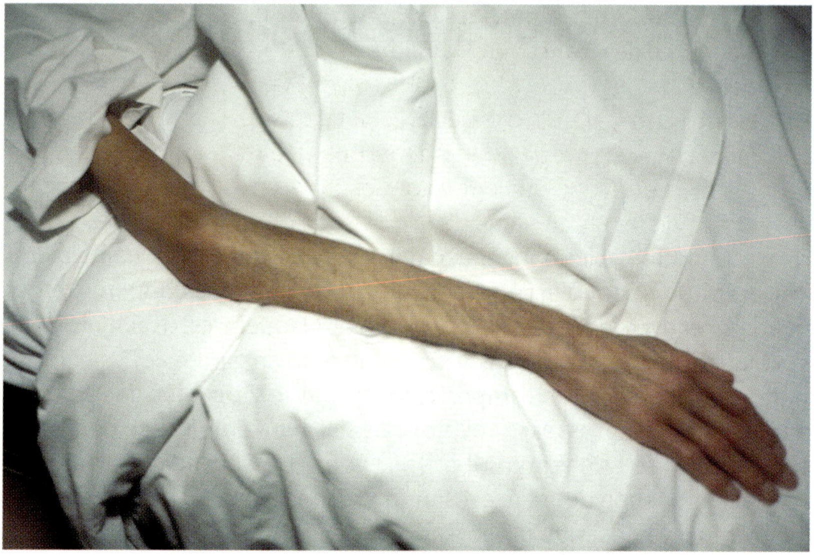

Nan Goldin, *Le Bras de Gilles*, Paris, 1993.

moyen simple et sûr de se protéger, c'est d'utiliser systématiquement le préservatif chaque fois que la verge doit entrer en contact avec la bouche, le vagin ou l'anus (en se servant éventuellement de gel, afin de faciliter la pénétration et d'éviter qu'il ne se déchire).

Pour cela, il vaut mieux avoir un rapport relativement décomplexé à ses organes sexuels et ne pas vivre sa sexualité, quelle qu'elle soit, comme une part d'ombre dans sa vie, à laquelle on ne se livre qu'en fermant les yeux et en pensant que notre corps en rut n'a rien à voir, vraiment, avec la personne sereine et présentable que connaissent nos amis et notre famille. On pourra ainsi plus facilement intégrer l'usage qu'on fait de ces organes dans la rationalité ordinaire de la vie, et éviter tout contact non protégé comme on se garde de traverser en courant une autoroute, même si on a l'urgent désir de passer de l'autre côté...

Quand sont apparus les premiers cas de sida, au début des années 1980, certains y ont vu un châtiment qui s'abattait sur un ordre sexuel dévoyé, une sorte de colère divine, comme aux temps de la peste et du choléra. Les stigmates liés aux maladies sexuellement transmissibles (syphilis, blennorragie...), qui associent la maladie au vice, furent repris et amplifiés. D'autant qu'elle ne semblait toucher que les populations marginales et déjà stigmatisées, en particulier les homosexuels. On la qualifia même de « cancer gay ». Cela aurait pu très mal tourner. Car les maladies sexuellement transmissibles avaient fait dans les sociétés occidentales, depuis la fin du XIXe siècle, l'objet d'une législation d'exception, prévoyant par exemple des traitements obligatoires sous peine de sanction pénale. Certains prônaient volontiers une sorte de déportation des malades du sida, séparés du reste de la société, pendant que celle-ci reviendrait à des mœurs sexuelles plus traditionnelles.

Certaines particularités de la maladie cependant, ainsi sans doute que le climat de la « libération sexuelle », qui permettait de parler du sexe de manière plus directe, de l'intégrer dans une gestion rationnelle des risques et des comportements, ont permis d'éviter le recours à ces solutions barbares.

Le sida passe en effet par une longue période de latence, qui peut durer onze ans, pendant laquelle on peut être séropositif sans avoir les symptômes de la maladie. Aujourd'hui encore, près de la moitié (47 %) des personnes qui découvrent qu'elles sont contaminées, l'apprennent parce qu'elles ont développé les symptômes de la maladie, c'est-à-dire qu'elles ont pu être séropositives de nombreuses années sans le soupçonner (ou sans vouloir le savoir).

Pire, on peut être contaminé sans que les tests de séropositivité ne le détectent : il faut plusieurs semaines entre le moment où on l'a été, et celui où l'état sérologique peut apparaître lors du test. S'il est donc possible de savoir avec certitude qui est malade, on ne peut savoir, même avec la meilleure volonté, qui est sain.

Par ailleurs, outre que traiter avec brutalité des malades qui n'ont aucune perspective de guérison est particulièrement barbare, c'est aussi dangereusement bête. Car on risque de provoquer chez eux des réactions antisociales et de favoriser une clandestinité qui rendra la prévention encore plus difficile.

Enfin rien n'est plus risqué que d'accréditer le sentiment de sécurité qu'ont ceux qui se croient sains de corps et d'esprit, et qui pensent que la maladie ne peut toucher que ceux qui le « méritent ». On sait maintenant qu'un des vecteurs de contamination du sida n'est pas la débauche, mais au contraire l'amour. Car la décision de ne pas se protéger est associée à un acte de confiance envers un partenaire avec qui on imagine une relation durable. Et la maladie n'étant précisément pas la conséquence du caractère vicieux d'une personne, mais au contraire d'un accident malheureux, on peut aussi se contaminer avec les gens les plus aimables. C'est pourquoi certaines campagnes de prévention disaient : « Le préservatif protège de tout, sauf de l'amour. » C'est en particulier le cas chez les hétérosexuels, qui trop longtemps se sont crus à l'abri. Il faut mettre fin à ce mythe : près de 80 % des personnes contaminées chaque année sont hétérosexuelles. Si les hétérosexuels ne prennent pas enfin conscience que le sida les menace aussi, on peut craindre une terrible reprise de l'épidémie en France même.

Ainsi, faisant preuve de pragmatisme, les pouvoirs publics en France comme dans les autres pays occidentaux ont préféré conseiller à chacun non pas de s'abstenir de toute relation sexuelle, mais de se protéger, sans se demander si le partenaire est contaminé ou non, en utilisant systématiquement un préservatif. Chacun d'entre nous doit donc faire comme si tout le monde était contaminé. Absolument tout le monde.

Certains penseront peut-être que cette dramatisation du risque n'est pas très convaincante, vu le nombre réel de personnes effectivement contaminées en France (un peu plus de cent mille). Ils se diront plus ou moins consciemment qu'il est tout de même moins dangereux d'avoir des rapports sexuels non protégés que de traverser l'autoroute en courant. À cela, il faut répondre de manière rationnelle. D'abord, le risque est réel : plus d'un homosexuel sur dix est contaminé en France,

Glen Baxter, *Le Livre de l'amour*, Hoëbeke, 1997.

et cette proportion est sans doute beaucoup plus importante dans la capitale. De plus, même si le risque était faible, il serait absurde de le prendre pour ne pas faire une chose aussi simple que de mettre un préservatif : pensez à ce que vous ressentirez si effectivement cela vous arrive. Ce sera irréversible ; c'était évitable... Il y a sans doute des cas où il est difficile de prendre en compte un risque : on ne peut pas se dispenser d'utiliser sa voiture, même si on sait que c'est dangereux, et cela malgré toutes les précautions que nous pouvons prendre. Mais avec le sida, il est possible de prévenir ce risque sans en sentir la moindre nuisance. Enfin et surtout, il faut comprendre que si ce risque paraît faible à certains aujourd'hui, c'est que l'épidémie a été relativement contenue. Or elle l'a été précisément parce qu'on a réussi à convaincre une grande partie de la population d'utiliser des préservatifs. Pensez, chaque fois que vous êtes tenté de l'oublier, que si chacun raisonnait comme vous, le risque deviendrait considérable, et qu'il faudrait donc que vous en veniez vous-même à la solution de vous protéger, si vous n'êtes pas déjà contaminé. Sauf que cela aura été au prix de centaines de milliers de morts et d'une quantité considérable de souffrances. Autant s'épargner cette macabre leçon.

Il y a un autre principe qu'ont adopté les politiques publiques, cohérent avec le précédent. C'est que, si on en vient à être contaminé, on ne pourra chercher d'autre responsable de sa maladie que soi-même. Dans la gestion de cette terrible épidémie, on a donc adopté jusqu'à présent l'idée que la personne contaminée s'était « consciemment auto-exposée ». Dans tous les cas. C'est ainsi que la Cour de cassation a décidé, en 1998, de ne pas retenir l'accusation d'« empoisonnement » contre un homme qui a eu des rapports sexuels avec sa compagne, qu'il savait séronégative, sans lui dire qu'il se savait séropositif – et qui l'a contaminée. La Cour affirma en effet que, pour qu'il y ait empoisonnement, il aurait fallu prouver que l'homme avait eu, en agissant ainsi, la volonté délibérée de la tuer. Or, non seulement cela est presque indémontrable, mais le fait d'avoir des rapports avec sa compagne obéissait probablement à de tout autres motifs.

On trouvera peut-être cette décision un peu forte. Cependant, ces politiques ont eu des effets remarquables sur la prévention du sida en France : l'épidémie a été contenue, le nombre de contaminations stabilisé. Elles ont ainsi, peut-être pour la première fois dans l'histoire des grandes épidémies, réussi à concilier les droits individuels des malades avec l'efficacité prophylactique pour la société tout entière. Pour une raison bien simple : on peut considérer comme des « salauds » ceux qui n'ont pas le courage d'avouer une infidélité, et plus encore ceux qui n'ont même pas, envers un partenaire occasionnel, cette humanité minimale qui devrait les conduire à mettre un préservatif sans avoir besoin de rien dire de leur état sérologique ; mais il reste qu'il est plus dangereux d'accréditer auprès des personnes non contaminées l'idée qu'il y a certaines circonstances où elles ont raison de ne pas se protéger, que de punir ces quelques personnages, quand bien même on imaginerait (à tort probablement) avoir un effet dissuasif sur eux. Car, qu'on le veuille ou non, il y aura toujours plus de gens de bonne foi qui ne se savent pas séropositifs, et d'autant plus qu'ils croient n'avoir jamais eu de relations qu'avec des personnes saines et sûres de l'être, que d'individus malveillants cherchant à nuire sciemment à autrui. À l'inverse, si tout le monde mettait un préservatif en toutes circonstances, la maladie disparaîtrait quasiment. Tel est donc le but vers lequel il faut tendre à toute force, et pour cela, il y n'a qu'un seul principe qu'une gestion rationnelle de l'épidémie par les pouvoirs publics doit tenir ferme : c'est de graver dans la tête de chacun d'entre nous, par des campagnes vigoureuses, que le risque est réel, que le moindre relâchement de la vigilance peut entraîner des conséquences catastrophiques pour tous, et que le préservatif doit être un réflexe aussi mécaniquement associé à l'acte sexuel que le fait de regarder sa montre l'est au désir de savoir l'heure.

Malheureusement, ce principe de la responsabilisation des personnes pour le soin de leur propre santé est en train de se relâcher. Le succès même des politiques de prévention, la découverte en 1996 des médicaments pour maîtriser le virus (les fameuses « trithérapies »), qui retardent l'évolution de la maladie et font diminuer la mortalité, ont contribué à provoquer une recrudescence des comportements à risque. Ainsi, beaucoup de jeunes homosexuels, qui vivent encore trop souvent leur sexualité dans la clandestinité et la honte et qui n'ont pas connu l'hécatombe des années 1980, ont tendance à minimiser la gravité de la maladie et à baisser la garde. Dans les saunas gays et les *back-rooms*, l'usage du préservatif est bien loin d'être systématique. Il faut donc rappeler que, en France, 22 % des personnes contaminées en 2003 étaient homosexuelles.

Il faut surtout redire très clairement que le sida n'est toujours pas une maladie qu'on sache guérir. On ignore trop souvent combien il est

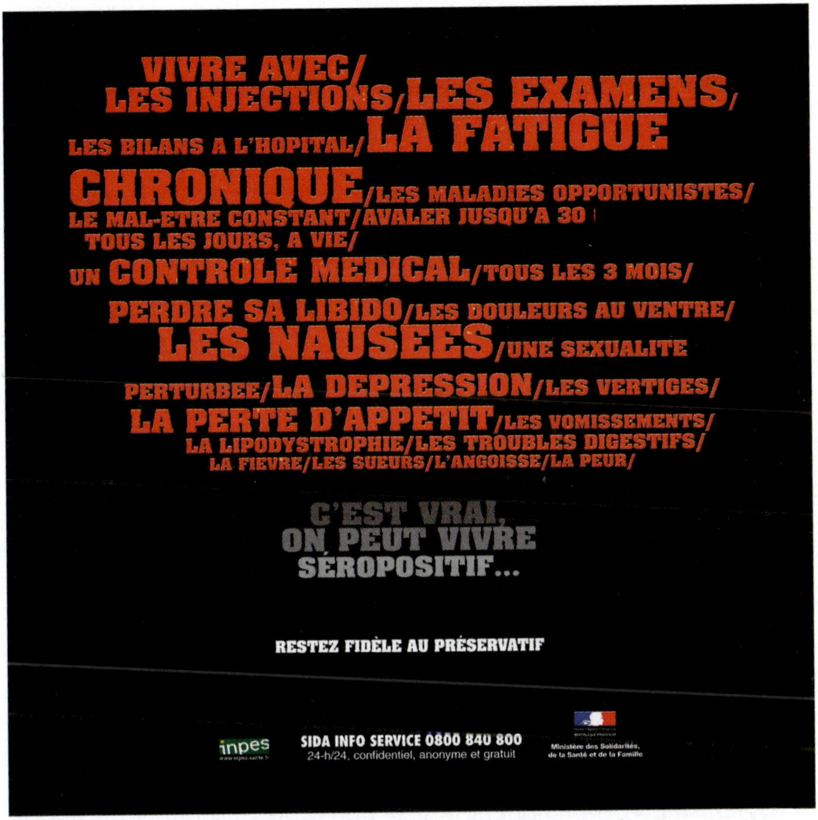

Campagne de l'Institut national de prévention et d'éducation pour la santé, de Sida Info Service et du ministère de la Santé, 2005.

pénible de vivre avec les « trithérapies ». Celles-ci ont des effets secondaires très lourds, handicapent fortement l'existence au quotidien (plus d'un quart des personnes atteintes sont reconnues comme invalides), accroissent les risques d'apparition d'autres maladies (un grand nombre de malades du sida ont aussi une hépatite), et sont surtout loin d'être toujours efficaces. On meurt encore aujourd'hui en France du sida. D'une manière générale, vivre avec le sida est extrêmement difficile : 55 % des personnes malades perdent leur emploi ; beaucoup d'entre elles vivent seules (un homme sur deux et une femme sur quatre)[52].

[52] « Comment vit-on en France avec le VIH/sida ? », *Population et sociétés*, n° 406, 5 novembre 2004.

Cette précarisation de l'existence est encore bien plus dure chez les immigrés : 15 % des hommes et 23 % des femmes n'ont pas de logement à eux, vivent chez des amis, dans un foyer, ou se retrouvent sans domicile fixe.

Il faut enfin attirer l'attention sur le fait qu'on constate ces dernières années une reprise de l'épidémie : il y a eu en France, au cours de l'année 2003, six mille cas de contamination (ce qui fait mille de plus que les années précédentes), 43 % concernant des femmes (la moitié d'entre elles étant d'origine subsaharienne). Le nombre de personnes contaminées ne cesse d'augmenter.

Face à cette situation, on ne peut que s'inquiéter de la tendance à la fois des tribunaux et de l'opinion publique à revenir sur les choix pragmatiques qui avaient été faits, pour condamner ceux qui ont contaminé sciemment autrui. Ainsi, en juin 2004, un jeune homme prénommé Christophe a été condamné par un tribunal de Strasbourg à six ans de prison, condamnation confirmée en appel en janvier 2005, pour avoir contaminé deux de ses anciennes maîtresses. Beaucoup de journalistes sont en train d'être gagnés à la cause de la pénalisation et une association de « femmes positives » s'est créée sur cette revendication. Les associations gays elles-mêmes, qui firent tant pour la réussite de ces politiques publiques (Aides, Act Up, etc.), semblent embarrassées face à certains cas de contamination volontaire. Elles sont en effet confrontées au phénomène des *bare-backers*, ces gays qui s'insurgent contre l'« hygiénisme », revendiquent le sexe non protégé, glorifient le risque et même parfois la maladie comme une sorte de choc éthique bénéfique, reprenant ainsi le bien vieux culte romantique des noces du sexe et de la mort, de la chair et de la nuit.

Mais tout cela ne devrait pas conduire à la pénalisation, tout au contraire. Car si nous avons le sentiment que c'est l'État qui nous protège, on aura tendance à diminuer notre vigilance. De plus, la pénalisation de la contamination risque d'inciter certains à ne pas faire de test et à ne pas se soigner. Faudrait-il donc rendre les tests aussi obligatoires pour tous ceux qui ont eu des comportements « à risque » ? C'est précisément ce type de gestion politique des épidémies qu'on a voulu éviter. L'histoire de Christophe elle-même permet de comprendre l'écueil de cette manière d'envisager les problèmes. Le jeune homme a couché avec les deux femmes qui l'ont accusé. Dès la première relation sexuelle, ils n'avaient pas utilisé de préservatif, apparemment sur sa demande. Il se trouve qu'il se savait séropositif. Mais il aurait très bien pu ne pas le savoir (comme la moitié des personnes chez qui un diagnostic du sida a été posé), et même avoir fait un test négatif tout en s'étant contaminé dans les semaines précédentes. Ce qui est grave dans ce qui s'est passé, c'est de n'avoir pas utilisé de préservatif, et non pas, comme le laisse penser la condamnation du jeune homme, qu'il se soit su séropositif. Comme si, en d'autres circonstances, ce comportement n'était pas de toute manière à risque... C'est là une très mauvaise leçon à donner en particulier aux jeunes.

Il est certain que les couples hétérosexuels ont tendance au bout d'un temps assez bref à ne pas utiliser de préservatif et qu'il est difficile dans les relations de longue durée de continuer à se protéger ainsi. Aussi faut-il avoir bien conscience que, de nos jours, lorsque deux individus cessent d'utiliser le préservatif au bout d'un certain temps, ils se donnent l'un à l'autre un pouvoir considérable sur leur santé et sur leur vie, que ce doit être un acte volontaire de confiance et que par la suite ils ne pourront se le reprocher autrement que sur le terrain de la morale[53]. Il suffit que l'un d'entre eux ait une relation sexuelle non protégée avec un tiers pour contaminer son partenaire stable, et on sait combien ces choses sont imprévisibles. C'est pour cette raison qu'il s'agit d'une décision très grave qu'il faut assumer comme telle.

Ces affaires de contamination volontaire devraient donc servir à une chose : à réaliser que le risque n'est pas un vain fantôme que des personnes rébarbatives agitent sous votre nez, mais une chose bien réelle contre laquelle il est pourtant très simple de se prémunir. Le sida n'a certes pas donné un coup d'arrêt à la « libération sexuelle », bien au contraire. Les relations sexuelles continuent à être de plus en plus nombreuses, le préservatif rentre un peu mieux dans les mœurs, l'homosexualité a acquis une nouvelle visibilité ainsi qu'une légitimité accrue du fait de sa remarquable mobilisation contre l'épidémie. Néanmoins, la relative liberté de parole publique acquise grâce à la « révolution des mœurs » n'a pas toujours permis aux campagnes de prévention d'éviter

53 Il n'y a en effet ni morale ni confiance quand l'État est là pour garantir certains engagements. Ainsi, on ne peut pas dire que nous faisons confiance à notre pharmacien pour qu'il ne nous vende pas des aspirines empoisonnées. C'est son devoir juridique de ne pas le faire, et l'État nous garantit que, dans le cas contraire, il sera sanctionné. On ne peut parler de confiance, ne serait-ce que trahie, que lorsque les promesses ou les engagements appartiennent au seul domaine de la morale.

James Welling, *Sans titre # 46*, 20 mai 1981.

de tomber dans les pièges du moralisme. En France, on est encore très réticent envers les campagnes de prévention « explicites » (leur contenu restant toujours très allusif), comme à la mise en place de distributeurs de préservatifs dans les établissements scolaires, au prétexte qu'on favoriserait ainsi la « débauche », notamment chez les jeunes. L'ex-ministre de la Famille, Ségolène Royal, a ainsi bloqué une campagne de sensibilisation en direction des jeunes gays où l'on voyait deux garçons dans une situation « embarrassante » pour sa sensibilité. Les Anglais et les Allemands sont, eux, beaucoup plus directs et ciblés. En France, une information complète et non allusive à propos des comportements contaminants est donc loin d'être atteinte.

Sans elle, pourtant, « l'autoexposition consciente » risque d'être décidément moins consciente qu'on ne l'imagine. Dans ce sens, on peut tenir les pouvoirs publics, et non pas les contaminateurs, pour les principaux responsables de l'extension de l'épidémie. D'abord parce que cette théorie de la responsabilisation de chacun a besoin de campagnes de prévention qui enflamment l'imagination et les soupçons. Mais aussi parce que, comme nous le verrons dans les parties suivantes, ils ont depuis les années 1990 de plus en plus tendance à faire de nouveau de la sexualité une chose dramatique et obscure, voire quelque chose qui n'est vraiment bon que dans la mesure où elle est associée à l'« affectivité », à l'« amour », etc. Or ce n'est qu'en banalisant la sexualité, en assouplissant cette barrière si forte qui sépare les choses du sexe du reste des comportements de notre vie, en rompant cette association sinistre qui les lie à l'amour et parfois à la mort, qu'on facilitera les comportements rationnels dans la gestion des risques qui lui sont liés, comme on le fait dans d'autres domaines de la vie. Il ne faut pas seulement terroriser. Il faut aussi raisonner. Le sida ne doit pas être le prétexte pour renforcer l'idée que le sexe est dangereux ; il doit nous inciter à avoir envers celui-ci une attitude plus positive et plus rationnelle.

Il est impossible de terminer ce chapitre sans dire que le sida est aujourd'hui sans doute l'un des plus graves problèmes auxquels l'humanité soit confrontée. Peut-être pas en France, mais dans le monde. En Europe de l'Est, par exemple, où l'épidémie progresse très vite, mais surtout en Afrique, où, dans certaines régions, près de la moitié de la population est contaminée. Trois millions cent mille personnes sont mortes du sida dans le monde au cours de la seule année 2003. Près de quarante millions vivent avec le VIH. Il est probable que, là, les solutions de la « libération sexuelle » n'aient pas beaucoup de sens. Celles-ci exigent des États forts, des moyens de communication efficaces, une mobilisation collective dans les campagnes de prévention, toutes choses qui réclament un niveau de développement économique important. Entre-temps, il n'est qu'une chose à faire : permettre à ces populations pauvres de disposer gratuitement des traitements existants. Les raisons économiques qu'on invoque pour ne pas le faire sont un des plus grands scandales de notre temps. Il suffirait de ne dépenser ne serait-ce qu'un peu de l'argent qu'on consacre aux « guerres contre le terrorisme » pour sauver des millions de vies humaines. Et si on y mettait ne serait-ce qu'un peu de la capacité d'indignation, de révolte et de mobilisation que suscitent chez certains ces « guerres impérialistes », on arriverait sans doute à forcer nos gouvernements à s'y résoudre. Tant que durera ce règne de la mort rationalisée et comptable, le monde dans lequel nous vivons sera, à la racine, marqué par l'infamie.

TEXTE CHOISI

Hervé Guibert (1955-1991)

L'expérience du sida

Une nuit, à quatre heures du matin, Jules entra chez moi avec sa clef et déposa au pied de mon lit, où endormi je pris à peine conscience de sa présence, un sac en plastique bourré à ras bord de sachets de DDI, ce nouveau médicament dont j'attendais en vain la délivrance depuis un mois et demi, à bout de forces physiques et morales, ayant dû arrêter l'AZT que je ne tolérais plus hématologiquement et qui n'avait jamais eu sur moi l'effet escompté, perdant chaque jour un geste que j'étais encore capable de produire la veille, souffrant à lever le bras pour me coiffer, éteindre le plafonnier de la salle de bains, mettre ou enlever la manche d'un habit, ne pouvant plus courir depuis déjà longtemps pour attraper un autobus, ça devenait une hantise de monter la marche en m'agrippant à la barre puis de me relever du siège pour descendre à la station, impossible d'ouvrir la vitre d'un taxi et la portière en grand sinon par un coup de pied pour y monter ou en descendre (un chauffeur s'était exclamé : « Une femme encore je comprendrais, mais alors vous ! »), puis douloureux de m'en extraire, plus assez de force dans les doigts pour ouvrir ou fermer ma porte à double tour, déboucher une bouteille de champagne, décapsuler un Coca-Cola, faire passer l'air par pression sous un couvercle pour qu'il cède, j'étais désormais incapable de faire aucun de ces gestes sinon au prix de gesticulations et d'efforts grimaçants, un corps de vieillard avait pris possession de mon corps d'homme de trente-cinq ans, il était probable que dans la déperdition de mes forces j'avais largement dépassé mon père qui vient d'en avoir soixante-dix, j'ai quatre-vingt-quinze ans, comme ma grand-tante Suzanne qui est impotente, je ne prends plus de bains parce que je ne pourrais pas me relever de la baignoire et je ne m'accroupis plus sous la douche comme j'aimais à le faire pour me réchauffer au réveil car la tension de mes jambes même un peu croisées et de mes bras sur les rebords de la baignoire ne suffit plus à m'en extirper, je me lave les cheveux à l'extérieur de la baignoire, penché vers le jet d'eau que je règle indigent pour ne pas en mettre partout, et prenant garde de ne pas m'éborgner à la poignée les yeux fermés et savonneux en vérifiant du bout des doigts comme un aveugle la distance qui m'en sépare, puis escaladant jusqu'à quand la baignoire pour me laver debout, en grelottant à cause du tourbillon d'air qui s'engouffre sous la fenêtre, le sexe, le dessous des bras et l'anus, me rinçant de façon malcommode à petit jet, je n'avais plus ce bienfait de l'eau très chaude, une entreprise était venue pour adapter ma salle de bains à la raréfaction de mes mouvements mais j'attendais encore la barre et le rideau de douche, en fait il aurait fallu mettre des barres partout, des systèmes de poulie, et un siège à l'intérieur de la baignoire pour que je n'aie pas à me relever d'aussi bas, je ne pouvais plus m'asseoir par terre, je l'ai oublié à la fête d'Eufisio à la Villa en m'asseyant sur la pelouse comme tous les autres et j'ai dû appeler David à la rescousse pour qu'il me tende la main, j'ai passé le reste de la soirée debout, je somnole toute la journée dans un fauteuil d'où il est devenu pénible de me relever, je n'aspirais plus qu'au sommeil, je me laissais tomber sur mon lit car je ne peux plus y entrer ou en sortir par l'effort de mes muscles, ou j'agrippe mes mains sous mes cuisses pour faire levier ou je me retourne sur le côté pour me retrouver assis après avoir laissé tomber mes jambes, le sommeil était la dernière chose voluptueuse maintenant que j'ai un mal fou à déglutir et que chaque bouchée est devenue une torture et une hantise, et voici depuis trois jours que le seul fait d'être couché dans mon lit est douloureux parce que je ne peux plus m'y retourner, mes bras sont trop faibles, mes jambes sont trop faibles, j'ai l'impression que ce sont des trompes, j'ai l'impression d'être un éléphant ligoté, j'ai l'impression que le duvet m'écrase et que mes membres sont en acier, même le repos est devenu un cauchemar, et je n'ai plus d'autre expérience de vie que ce cauchemar-là, je ne baise plus, je n'ai plus aucune idée sexuelle, je ne me branle plus, la dernière fois que j'ai réessayé un seul poignet n'y suffisait plus, j'ai dû mettre les deux mains, ça faisait des semaines et des semaines que je n'avais pas joui et j'ai été étonné de l'abondance séminale qui redonnait soudain à mon corps une pulsion juvénile, les rapports avec les amis sont presque tous devenus des corvées, je n'écrivais plus jusqu'à ce jour, je ne peux presque plus lire, et ce que vous trouverez de plus étonnant est que je dispose du moyen de me suicider, les deux petits flacons de Digitaline sont là dans ma valise ouverte, sous mes sous-vêtements.

[...]

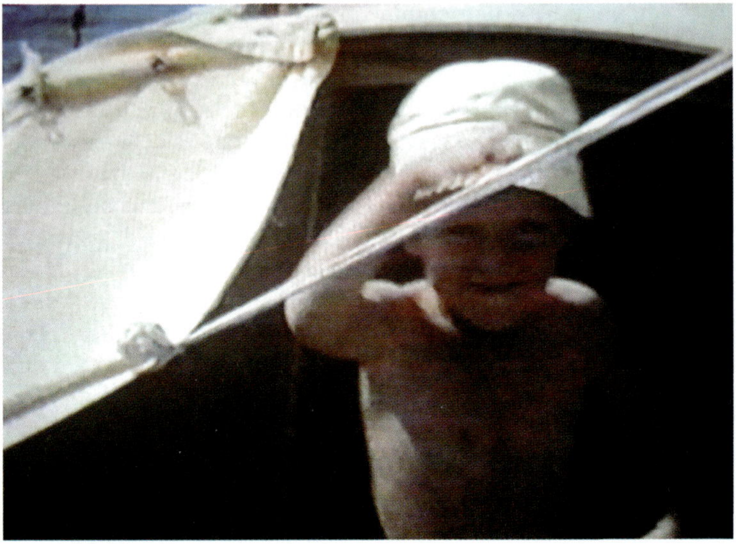

Image extraite de *La Pudeur ou l'Impudeur*, film d'Hervé Guibert, 1991.

Le sida m'a fait accomplir un voyage dans le temps, comme dans les contes que je lisais quand j'étais enfant. Par l'état de mon corps, décharné et affaibli comme celui d'un vieillard, je me suis projeté, sans que le monde bouge si vite autour de moi, en l'an 2050. En 1990 j'ai quatre-vingt-quinze ans, alors que je suis né en 1955. Une rotation s'est effectuée, un mouvement giratoire en accéléré, qui m'a plaqué comme une centrifugeuse de foire, et a broyé mes membres dans un mixer. Ça me rapproche de Suzanne, qui a elle-même quatre-vingt-quinze ans, ce serait comme un sort qu'elle m'aurait jeté pour que nous continuions à nous aimer malgré nos soixante ans de différence, et le point de décrochage de l'amitié causé par l'impotence et la défaillance cérébrale. Maintenant nous pouvons de nouveau nous comprendre et communiquer. Nous sommes presque pareils dans nos corps et dans nos pensées dans l'expérience du très grand âge. Nous sommes enfin devenus mari et femme. Et j'ai dépassé mes parents, ils sont devenus mes enfants. Je suis à la fois malheureux et heureux de connaître à l'intérieur de mon corps la condition du vieillard. Heureux de marcher comme un vieillard, de sortir d'un taxi comme un vieillard sous les regards des consommateurs de *La Coupole* en terrasse, de monter une marche comme un vieillard, de continuer à traverser la vie plus fragile que jamais, au bord de la chute dont on ne peut se relever

Image extraite de *La Pudeur ou l'Impudeur*, film d'Hervé Guibert, 1991.

seul. Chaque pas, chaque instant de solitude est un coup de dé sur le tableau du hasard. Je fonce la tête haute, le dos le plus droit possible malgré la fonte des muscles dorsaux qui a provoqué avec le tassement dû à l'écriture ce point à droite, je vacille dans les rues avec mes lunettes noires devenues trop grandes pour mon visage émacié, et je sens plein de bonté dans le regard des gens. Depuis le vendredi 13 juillet, le jour de la renaissance, où je me suis remis à vivre, grâce au DDI du danseur mort, tout en restant moi-même le cadavre ambulant que j'ai mis des mois à devenir, je ne pourrais pas dire que je suis devenu bon, mais j'ai cru comprendre le sens de la bonté, et sa nécessité absolue dans la vie.

Le Protocole compassionnel, Gallimard, 1991.

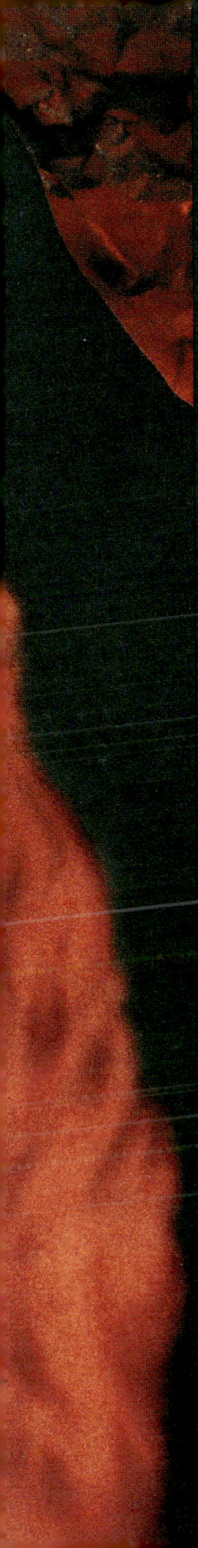

Peines de sexe perdues

PARTIE 2

Pages précédentes :
Pierre et Gilles, *Le Purgatoire*, 1990.
Galerie Jérome de Noirmont.

La révolution des mœurs devrait nous laisser contents et satisfaits. Il ne nous resterait qu'à contempler ses réussites, à les comptabiliser, et à veiller à ce que le passé ne revienne comme un cauchemar troubler ce monde dans lequel les rouages de la société travaillent enfin pour notre bonheur. Pourtant, très vite, on sent dans l'air comme un parfum un peu indescriptible, un pressentiment que quelque chose ne va pas. On ne saurait dire immédiatement de quoi il est question. Mais en lisant les journaux, en regardant la télévision, en écoutant tout ce discours anonyme qui circule par différents canaux, il ressort que cette sexualité qu'on dit enfin libérée des carcans qui l'oppressaient, la condamnaient au silence, à la souffrance et à l'illégalité, apparaît aussi comme une menace sourde mais terrible, comme la source de dangers innommables, comme un fantôme omniprésent contre lequel notre société s'est décidée à nous protéger, en employant manifestement les grands moyens.

Le plus grand paradoxe de la « libération sexuelle » est que le nombre de personnes qui se trouvent en prison après avoir été condamnées pour des infractions sexuelles n'a cessé d'augmenter à mesure que la société était censée se libérer. Alors qu'ils étaient à peine un peu plus de mille en 1973, ils étaient déjà plus de six mille en 1996 et sont aujourd'hui près de neuf mille... De 1973 à aujourd'hui, la part de la population carcérale constituée de ce type de condamnés est passée de 5 % à 23 %, et ne cesse d'augmenter. Les choses se sont d'ailleurs accélérées ces dernières années, puisqu'en 1996 ils ne représentaient encore que 12,8 % de la population carcérale. Vous avez peut-être déjà entendu parler des prisons surpeuplées, des conditions terribles dans lesquelles doivent vivre en conséquence les détenus, de l'indignation récente de certains de nos députés lorsqu'ils firent mine de le découvrir. Mais vous ne vous doutiez sans doute pas que la répression du crime sexuel est le *principal facteur d'inflation carcérale*. Les crimes sexuels représentent désormais *plus de la moitié* des condamnations pour crime. Cela signifie que la principale tâche qu'ont à remplir nos tribunaux d'assises et nos prisons est de réprimer la criminalité sexuelle. Il est tout de même *a priori* un peu étonnant qu'une société qui se veut sexuellement libre en fasse la preuve en mettant derrière les barreaux un nombre toujours plus considérable de personnes...

Pierre et Gilles, *Le Prisonnier*, 1990.
Galerie Jérome de Noirmont.

C H A P 3 I T R E

Faut-il brûler les délinquants sexuels ?

« Lorsque le châtiment est si sévère, alors que le mal causé par le crime est tellement faible, voire douteux, on ne peut que soupçonner que les motifs déterminants ne sont pas ceux que l'on avoue. »

Jeremy Bentham, *Essai sur la pédérastie*.

Vous pensez que l'inflation considérable de la pénalité sexuelle est la preuve que la liberté est désormais respectée par notre société, puisqu'on punit enfin ceux qui forcent le consentement d'autrui ? Vous pensez que c'est la preuve aussi que ceux qui ont été victimes n'ont plus honte comme avant de porter plainte ? J'essaierai de vous convaincre que avez tort. Mais, avant tout, avez-vous vraiment pris la *mesure* de l'ampleur et de l'intensité de la répression de la délinquance sexuelle en France ? Pour donner un ordre d'idée, la part de la population carcérale constituée de délinquants sexuels est aujourd'hui de 4 % aux Pays-Bas, 5 % au Royaume-Uni, 8 % en Espagne, et même de 9 % en Belgique, qui a pourtant connu la terrible affaire Dutroux... La France fait donc figure d'exception. Elle est, avec les États-Unis, l'un des pays les plus répressifs du monde en la matière.

Doit-elle s'en flatter ? Doit-on penser que, comme au bon vieux temps de Robespierre et de Danton, nous sommes en train d'apporter les Lumières à la Terre ? Faut-il dire que dans ces autres pays la liberté sexuelle n'est pas aussi bien protégée qu'en France ? Déjà en 1973, à l'époque où, dit-on, la France n'avait pas encore connu sa libération sexuelle, la part de la population carcérale constituée par des criminels sexuels y était plus importante que celle des Pays-Bas aujourd'hui. Les Pays-Bas ne sont pourtant pas réputés pour être un pays où la liberté sexuelle est particulièrement mal vue...

Il y a une autre chose qui surprend quand on regarde les statistiques de la criminalité sexuelle. C'est que de nos jours *le viol est autant voire plus puni que les atteintes à la vie*. En 1997, les violeurs étaient condamnés, en moyenne, à neuf ans et quatre mois de privation de liberté, les meurtriers et les assassins à dix ans et cinq mois ; aujourd'hui, la moyenne d'emprisonnement pour les criminels sexuels est de dix ans. Selon les statistiques du ministère de la Justice pour les condamnations à infractions multiples, en 2001, la durée moyenne qu'un condamné aura passée en détention, en cas de meurtre sur mineur de quinze ans, était de *147,9 mois* d'emprisonnement ; contre *167 mois* en cas de viol sur mineur de quinze ans[54]...

Il y a des cas où le simple fait de dire « on exagère » peut paraître scandaleusement exagéré. Et pourtant, en matière de punition des criminels sexuels, je crois bien qu'on exagère. Je ne veux pas dire par là qu'on ne devrait pas punir les crimes et délits sexuels, je veux dire d'abord que je trouve étrange qu'ils soient si gravement punis. C'est un problème de proportion, et donc à la fois de bon sens et de droit.

De bon sens d'abord : quel que soit le prix qu'on accorde à la liberté sexuelle, croyons-nous vraiment qu'elle vaut autant pour nous que la vie elle-même ? Est-il normal que celui qui viole notre consentement en matière sexuelle soit bien plus lourdement puni que celui qui nous blesse si gravement que nous restons handicapé à vie ? Qu'y a-t-il de plus grave que de perdre la vie ou son intégrité physique ?

---

54 D'une manière globale, l'analyse du temps de détention des personnes libérées pendant l'année 2000 montre que les détenus impliqués dans des crimes ou délits sexuels ont passé en moyenne plus de temps en détention que les autres : vingt-trois mois en moyenne, contre neuf mois pour l'ensemble des autres infractions. Pour un panorama très complet de la criminalité sexuelle, on se reportera à l'excellent petit livre du magistrat Xavier Lameyre, *La Criminalité sexuelle,* Flammarion, 2000. Je remercie Xavier Lameyre de m'avoir communiqué les statistiques les plus récentes sur la question.

Oleg Kulik, *Je mords l'Amérique et l'Amérique me mord*,
performance avec Mila Bredikhina, New York, 1997.

Récemment encore, des jeunes qui conduisaient leur voiture à grande allure en zigzaguant et en slalomant pour s'amuser ont tué trois adolescents. Ils ont été condamnés à trois ans de prison. Devant ce verdict qu'elle trouvait sévère, la famille des coupables a insulté les juges. Un peu penaude, une mère de victime a dit qu'elle avait eu le sentiment que justice était faite à la simple vue de ces jeunes irresponsables arrivant menottés dans le box des accusés. On a bien moins de pitié pour ceux qui sont accusés de « tournante », parfois dans des conditions où le non-consentement des filles du point de vue de la loi pénale est plus que douteux...

Mais cela n'est pas seulement un problème de bon sens. C'est aussi un problème de droit. Il existe en droit pénal un principe qui a été formulé à l'époque qu'on appelle les « Lumières » et qui, depuis la Révolution française, est censé caractériser un ordre pénal éclairé : le principe de « proportionnalité des peines ». Si donc il s'avérait que la punition des criminels sexuels était disproportionnée, cela voudrait dire que sur la question sexuelle, loin d'être devenue « moderne », notre société effectuerait un retour aux âges les plus archaïques et les plus sombres de son histoire, les règles de l'État de droit n'étant pas respectées.

Certains d'entre vous penseront peut-être en toute bonne foi qu'ils préfèrent encore être assassinés, découpés en morceaux et mangés à petit feu, plutôt que d'être violés, et me diront que je n'ai toujours pas montré que ce n'était pas si grave. Mais imaginons un instant que ces peines soient bien proportionnées à la gravité des actes commis, qu'il soit effectivement aussi répréhensible de violer quelqu'un que de le tuer. *Du moins doit-on être sûr que ceux qu'on punit ainsi sont effectivement coupables.* Cela ne justifie donc pas que les principes généraux du droit pénal, qui sont censés assurer aux accusés un juste procès, ne s'appliquent pas à cette catégorie particulière d'infracteurs. Or notre société a développé depuis quelques années autour de la pénalité sexuelle toute une législation d'exception dont on ne parle pas assez, et qui se trouve être une véritable machine à fabriquer des faux coupables.

Outreau ou trop peu ?
Comment on fabrique des faux coupables

« Demande aussi à ta conscience si tu es vraiment innocent. Tu trouveras que, si tu es peut-être innocent d'une chose que le monde te reproche, tu es coupable de mille autres manières. »

Paul-Louis Landsberg, *Essai sur l'expérience de la mort* suivi du *Problème moral du suicide*.

Vous souvenez-vous de l'affaire d'Outreau ? Ce devait être « l'affaire du siècle » selon le juge d'instruction ; ça a été un « drame absolu » selon le garde des Sceaux. Dix-sept personnes, suspectées d'appartenir à un vaste réseau pédophile, ont comparu devant les assises pour viols et actes de barbarie sur mineurs en mai 2004. En juillet, sept d'entre elles étaient acquittées, après que le procès eut montré l'invraisemblance des accusations qui pesaient sur elles, que le juge d'instruction et les experts psychologues se furent presque ridiculisés au cours de l'audience et que la principale accusatrice, elle-même accusée, fut revenue sur ses déclarations et revenue sur ses retours… La France découvrait, atterrée, l'ampleur des atteintes au droit des accusés, et tout simplement au bon sens, que notre société se permet quand il est question de crime sexuel.

› *Que s'est-il passé à Outreau ?*

Rappelons brièvement l'histoire. Les enfants d'un couple d'une banlieue misérable du Nord - Pas-de-Calais, Thierry et Myriam Delay, sont placés chez des assistantes maternelles à la demande de leurs parents parce que ceux-ci déclarent ne plus arriver à assumer leur éducation. En décembre 2000, la famille d'accueil apprend d'un d'entre eux que son papa « lui fait des manières » (dans « manières », il y a « main », expliquera plus tard l'experte psychologue au cas où vous ne l'auriez pas compris). Le cas est signalé aux services de la protection de l'enfance, qui en informent la justice. Les interrogatoires commencent, la mère avoue le jour même, parle bientôt d'un réseau, les enfants aussi. Rapidement une cinquantaine de personnes (les fameux « notables » qu'on voit souvent apparaître dans ce genre d'affaires) sont accusées de viols et d'actes de barbarie sur un nombre d'enfants sans cesse croissant. Pourtant, les contradictions et les obscurités s'accumulent : les charges contre deux tiers des accusés s'effondrent rapidement ; une prétendue filière belge pour laquelle travaillerait le réseau demeure introuvable. Un policier chargé de l'enquête écrit en mars 2002 que celle-ci « se trouve dans une impasse étant donné que les enfants se mettent à inventer toutes sortes de choses, vu le nombre élevé d'auditions qu'ils ont déjà dû subir ». Un accusé avoue le meurtre d'une petite fille belge ; Myriam Delay confirme ; les enfants le décrivent avec un grand luxe de détails (« il y avait du sang partout », etc.). Mais aucune petite fille de cet âge n'a disparu en Belgique, et c'est en vain qu'on retourne toute la terre dans la cité d'Outreau, le petit cadavre étant supposé y être enterré. On apprend bientôt qu'il s'agissait d'une affabulation, lancée par un accusé, croyant avoir compris qu'il allégerait sa peine s'il alourdissait celle des autres, puis reprise par tous les autres, sans doute pour la même raison. Et que penser de cette accusation qui nous représente une boulangère sodomisant des enfants avec une baguette, un taxi transportant dans son véhicule ses victimes, chacun devant, semble-t-il, comparaître avec son attribut professionnel, un peu comme Neptune a un triton ou Jupiter un éclair à la main ? Que penser de cette accusation, proférée en pleine audience par un enfant, qui voulait que l'une des accusées ait assassiné son mari à coups de pelle devant les yeux de la jeune victime, alors même que le cadavre supposé se trouvait dans le tribunal à côté de son épouse, suffisamment vaillant pour démentir sa propre mort ? Ce sont ces voix qui ont pourtant été estimées « crédibles »[55]...

L'affaire souleva une vague d'indignation nationale. Les parquets, jusqu'alors habitués à mettre directement toute personne accusée de crime ou délit sexuel en détention provisoire, arguant que l'opinion publique ne comprendrait pas qu'on laisse en liberté des gens accusés de faits « aussi graves » alors qu'on n'a pas montré qu'ils étaient innocents, auraient relâché depuis plus de mille personnes... Le verdict reste cependant incompréhensible. Cinq parmi les treize qui ont toujours clamé leur innocence restent en prison, alors que pèsent sur eux les mêmes témoignages que ceux qui ont été jugés invalides pour les autres. Au passage, certains auront passé plusieurs années derrière les barreaux, perdu leur emploi, été séparés de leurs enfants, pris dans un engrenage dont on imagine l'horreur. Et un homme, François Mourmand, n'a pas été jugé : il s'est suicidé.

Paul McCarthy, *Pinocchio Pipenose Householddilemma*, 1994.

55 Le journaliste du *Monde* chargé de couvrir le procès en a rassemblé le récit dans un livre récent : Acacio Pereira, *Justice injuste. Le scandale de l'affaire d'Outreau,* éditions Philippe Rey, 2004.

› *Outreau n'est pas une exception, c'est la norme*

Comment a-t-on pu arriver à cautionner tant de délires ? Certains ont parlé d'ovni judiciaire, incriminé le jeune juge d'instruction et souligné les fautes qu'il avait commises, accusé la justice de classe. La vérité est que cette affaire n'est que la partie émergée d'un redoutable iceberg. Il y a des centaines d'affaires de ce genre. Les avocats ont constaté depuis longtemps qu'en matière sexuelle, il y a une inversion de la charge de la preuve. Ce n'est plus à l'État de montrer que la personne accusée est coupable, mais à l'accusé d'exhiber les preuves irréfutables de son non-acte. Au diable la présomption d'innocence !

Il est vrai que les infractions sexuelles, contrairement aux autres, ne sont pas toujours susceptibles d'être prouvées par des faits matériels. Il y a bien sûr des viols brutaux, qui sont commis dans le fond d'un garage par un inconnu qui violente et tente même parfois d'assassiner ses victimes. Ceux-là ne posent pas énormément de problèmes de preuve, bien que cela ne veuille pas dire qu'il faille s'en dispenser. On lit parfois qu'il serait indécent de demander à une femme violée de se livrer à des interrogatoires et à des examens gynécologiques qui permettent d'enregistrer rigoureusement les preuves, comme si c'était une manière de la mettre, elle, à la place de l'accusée. Mais enfin, réfléchissons : c'est la liberté d'une personne qui est en jeu. C'est tout de même la moindre des choses qu'on cherche à établir les faits de manière indiscutable.

Le moins qu'on puisse dire est que, dans un nombre considérable d'affaires de crime sexuel, cela n'est pas possible. Tout repose alors sur des témoignages, censés déterminer non seulement l'auteur de l'infraction mais aussi l'existence de l'infraction elle-même. Cela est déjà en soi un cas exceptionnel dans notre arsenal pénal. C'est d'autant plus gênant que les peines sont si longues. Des centaines de gens sont condamnés à des années et des années de prison sur de simples phrases. Ce n'est certes pas une raison pour ne pas enquêter. Mais du moins cela devrait en être une pour se montrer encore plus exigeant avec les éléments dont on dispose et un peu moins débridé avec les peines qu'on applique. Or c'est bien loin d'être le cas.

Le seul témoignage est-il une preuve suffisante ?

On suppose en effet qu'une personne qui accuse une autre de crimes sexuels a forcément de bonnes raisons de le faire. On dit même que le vrai problème est que les victimes ont encore trop souvent honte de dénoncer leurs agresseurs, et que, en mettant « en doute » leur parole, on risque précisément de les décourager de le faire, au risque de laisser des « monstres » circuler dans la nature. Quelle femme viendrait parler ainsi de son intimité brutalisée s'il n'y avait pas quelque chose de vrai dans ce qu'elle dit ? Quant aux enfants, on les imagine si purs sexuellement qu'on ne voit pas comment ils en viendraient à inventer des choses pareilles. Bref, pas de fumée sans feu...

› *La confiance abusive en la parole de l'accusateur*

C'est faire exagérément confiance à la nature humaine. Ainsi, il y eut récemment une épidémie de pères divorcés pédophiles. On s'est rendu compte depuis que l'accusation provenait souvent de mères qui, parfois parce qu'elles veulent sciemment se débarrasser d'une résidence alternée encombrante et avec le conseil même d'un avocat cynique, parfois parce qu'elles sont sincèrement déstabilisées par la soudaine transformation de l'homme avec qui elles ont connu une telle intimité en un étranger et même un ennemi, finissent par convaincre leur enfant d'accuser son père. L'American Psychological Association évalue à 50 % les fausses allégations dans ces circonstances, certains disent 75 %... Quant aux enfants, est-ce vraiment faire preuve de complicité avec les sombres réseaux satanistes qui, paraît-il, recouvrent le territoire des États civilisés, que de faire remarquer qu'ils sont éminemment influençables ? Un exemple entre mille autres[56]. Récemment, une grand-mère a été accusée d'attouchements sexuels sur la fille de son fils, qui venait de se séparer de sa femme. La petite fille de cinq ans détaille les actes, raconte à la police tout ce qu'il faut, la police arrête la vieille dame, lui fait subir plusieurs interrogatoires, tente de lui faire avouer. En vain.

[56] On en trouvera d'autres dans Paul Bensussan et Florence Rault, *La Dictature de l'émotion. La protection de l'enfant et ses dérives*, Belfond, 2002, ainsi que les évaluations concernant les accusations mensongères. On ne peut que recommander à ceux qui souhaitent se faire une idée concrète de la manière dont la justice fonctionne en ce genre d'affaires de lire ce livre écrit par un psychiatre et une avocate qui en ont chacun une pratique quotidienne.

Paula Rego,
La Famille,
1988.

On comprendra bientôt que c'est la mère qui avait manipulé sa fille pour se venger de son ex-mari en faisant du mal à sa belle-mère. Or on ne punit jamais ceux dont on aurait prouvé qu'ils ont sciemment monté une telle machination. Lorsque exceptionnellement on se décide à le faire, le responsable d'une fausse accusation n'est puni que d'une amende. Au contraire, on encourage la délation, on incrimine la « loi du silence », et on accuse de complicités odieuses ceux qui demandent plus de prudence à l'égard du témoignage de l'enfant...

› *Le témoignage sous influence*

Dans ce genre d'affaires, il y a quelques règles minimales que la police et la justice devraient respecter, et qu'elles ne respectent pas souvent. Ainsi, précisément parce que la parole est si cruciale, on ne doit pas suggérer au témoin les réponses qu'on imagine. Mais voici par exemple, dans l'affaire d'Outreau, comment le juge d'instruction a interrogé Myriam Delay le 27 août 2001 : « Qu'est-ce que la femme de l'huissier a fait subir aux enfants ? – Un peu de tout. » En voilà une dont le compte est réglé. Un peu plus tard, il demande : « Qui est l'abbé Wiel ? » Réponse décevante : « Il n'a rien fait en ma présence, je ne savais pas qu'il participait. » Mais, après avoir évoqué d'autres responsabilités, il revient à la charge : « Êtes-vous certaine qu'il n'y a rien eu avec l'abbé Wiel ? » Et cette fois, elle répond : « Si, en fait, l'abbé Wiel participait au réseau de pédophilie. Il a fait plein de choses avec les gosses, etc. » (*Le Monde*, 25 mai 2004)...

Un autre exemple révélé à l'audience : le juge d'instruction prétend que des indices graves et concordants laissaient penser que Mme Marécaux pouvait avoir participé aux orgies organisées par les Delay. Myriam Delay connaissait en effet le *prénom* de cette femme. Hélas, une relecture de l'interrogatoire montre que c'est le juge d'instruction qui, inconsciemment, au détour d'une phrase, lui a fourni ce prénom... Voilà comment on obtient des « témoignages ». Là-dessus, on va vers les autres accusés, on les informe des déclarations que les autres ont faites, et on leur demande : Mais pourquoi diantre porterait-on contre vous des accusations aussi graves si elles étaient sans objet ? On crée soi-même la chaîne des validations, et on présente ensuite la « concordance » des témoignages comme une preuve. Cette manière de procéder est encore plus inacceptable avec des enfants. Depuis que la police a obligation de filmer les interrogatoires des enfants (obligation devenue légale en 1998 mais bien souvent contournée comme dans l'affaire d'Outreau), il n'est pas rare de voir des affaires s'effondrer au moment où l'on procède au visionnage de ces enregistrements. Encore faut-il que l'accusé ait un avocat consciencieux qui demande à les voir et obtienne de les montrer à l'audience.

De plus, il arrive souvent que, devant une dénonciation, la police et la justice ne prennent pas même la peine de vérifier les données les plus évidentes. Ainsi, dans une affaire rapportée par Florence Rault et Paul Bensussan, un instituteur est accusé d'attouchements. Avant même qu'il ait compris de quoi on l'accuse, la police saisit à son domicile des photos et des cassettes, et envoie au procureur une note de synthèse « insistant sur la saisie de pièces convaincantes ». Le juge d'instruction n'essaie pas de voir ces documents, rencontre une fois l'accusé mais sans l'interroger sur les faits eux-mêmes, et ce n'est que lorsque l'avocat exige de voir les pièces à conviction qu'on découvre qu'il s'agit d'une vidéo du spectacle de fin d'année de l'école et de photos de classe des enfants... Assez rapidement, l'accusation s'effondre. L'homme sort libre, mais brisé dans sa carrière et dans sa vie.

Le problème est qu'au fond on est convaincu *a priori* que notre société est pleine de gens qui ne songent qu'à une chose : violer leurs semblables et en particulier les enfants. On sait bien que les choses de ce genre sont cachées et que pourtant elles arrivent. On en déduit donc que lorsqu'une accusation est proférée, c'en est un de moins, en somme, qui passera entre les mailles du filet.

Les expertises psychologiques

Les affaires de pénalité sexuelle emploient une autre technique de preuve, assez renversante. Les experts psychologues ne se contentent pas d'évaluer la responsabilité de l'accusé. Ils ont leur mot à dire sur la « crédibilité de la parole de la victime ». Mais, dans un domaine où c'est en somme parole contre parole, les jurés confondent bien souvent, et on les comprend, cette crédibilité avec une preuve, de même que les psychiatres confondent l'expression d'une souffrance avec la preuve d'une agression traumatique. De plus, quand il s'agit d'un enfant, ils se fondent sur une interprétation du comportement de la victime supposée, pour y voir autant de symptômes d'un traumatisme passé qu'ils se croient parfois

Roger Mayne, *Enfant tentant un équilibre sur les mains*, Kensal Road, 1957.

capables de détailler avec une étonnante précision. Ainsi, à Outreau de nouveau, l'expert Marie-Christine Gryson-Dejehansart expliquait doctement que la petite Aurore B. avait été violée par trois hommes, dont son beau-père, « deux dans le devant et un dans le derrière » : « Elle a mimé la position. Il y a de la vraisemblance et de la cohérence dans son récit qui ne peuvent être le fait d'une enfant qui se serait contentée de regarder des cassettes pornographiques. » On voit avec quelle facilité le psychologue peut se croire autorisé, et sans doute requis pour cela, non seulement à évaluer la crédibilité d'une personne, mais à entrer dans l'argumentation des faits en fournissant ce qu'il fait passer pour des « indices ».

Mais ici l'expertise gynécologique avait au moins permis de s'assurer que la petite fille n'avait pas été déflorée « au plan vaginal » (on sait qu'une pénétration anale peut ne pas laisser de trace). L'observation du président de la cour d'assises en ce sens ne déconcerta guère notre championne : « Dois-je vous dire les indices de crédibilité ? [...] Aurore a de la douleur, elle a été pénétrée, d'ailleurs elle parle d'araignée. » Voilà. Car il faut savoir que ce sont, en fonction des modes qui traversent le milieu poreux des psychologues, tantôt les dessins d'enfants, tantôt leurs jeux, parfois la masturbation, ou la simple agitation, voire le fait de pleurer sur la table à langer, qui peuvent être considérés comme des symptômes d'un traumatisme psychique, et, partant, des indices d'un crime !

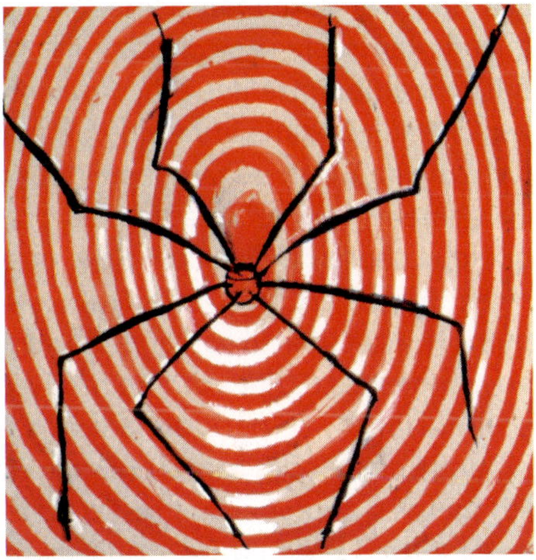

Louise Bourgeois, *Spider*, 1994.

La psychologie est sans doute une discipline très respectable, mais on nous permettra de considérer que, dans des affaires aussi graves, l'utiliser pour prétendre établir non seulement une interprétation sur le comportement avéré d'une personne, mais bien des faits qu'on n'a pas prouvés par ailleurs, est presque criminel. On nous permettra aussi de préférer l'autorité de Freud à celle de « psys » dévoyés dans l'appareil judiciaire et plus ou moins fanatisés. Car Freud s'est posé à plusieurs reprises la question de savoir quel pouvait être le rapport entre la psychanalyse et la justice. Dans un cas, il s'agissait d'un homme qui avait été condamné à tort pour parricide. La condamnation fut finalement annulée par la Cour de cassation de Vienne. Mais il se trouvait que les premiers juges avaient invoqué le complexe d'Œdipe pour arguer de la crédibilité de l'acte criminel. Freud répondit tout simplement que « précisément en raison de son omniprésence, le complexe d'Œdipe n'est pas approprié à la conclusion relative à la réalisation [57] ». En somme, si on pouvait utiliser la psychanalyse pour établir les faits, nous nous retrouverions tous en prison ! Cela veut dire que ce que la psychanalyse nous permet de découvrir, ce ne sont pas des faits, mais des *fantasmes*. Les fantasmes, ce ne sont pas des choses qui n'ont aucune vérité, bien au contraire. Ils ont une vérité subjective, une vérité qui concerne notre désir inconscient, notre manière de nous inscrire comme sujets dans le monde où nous naissons. Mais les psychanalystes ne pourront jamais depuis leur divan faire la différence entre des événements réels et imaginaires, précisément parce que la vérité est quelque chose de plus complexe que la réalité, et qu'elle concerne le sujet lui-même. Certes, écrit Freud, « s'il était objectivement démontré que P. H. avait abattu son père, on serait en effet en droit de faire appel au complexe d'Œdipe comme motivation d'un acte autrement incompréhensible ». Le père de la psychanalyse affirme donc que cette pratique peut servir à interpréter certains faits, mais pas à les prouver. Les preuves, donc, doivent rester dans le domaine matériel.

Les autres techniques utilisées ne sont pas plus convaincantes. Beaucoup d'experts français, soit parce qu'ils ne lisent pas les langues étrangères, soit parce qu'ils ne jugent pas utile de tenir compte de certains faits qui vont contre leurs préjugés, utilisent des techniques qui, après avoir été soumises à des expériences sérieuses, ont été invalidées dans d'autres pays, tout cela ayant pourtant fait l'objet de publications en bonne et due forme. L'exemple le plus éloquent est celui de la poupée anatomique. L'enfant est invité à raconter son récit à l'aide de poupées représentant des hommes, des femmes et des enfants, dotées d'organes génitaux explicites. Aux États-Unis, où l'on ne se caractérise pourtant pas par un excès de laxisme dans ces affaires, ces poupées ne sont plus admises comme moyen de preuve depuis la fin

57 Sigmund Freud, *Gesammelte Werke*, t. XIV, p. 541-542, cité par Paul-Laurent Assoun, « La criminologie à l'épreuve de la psychanalyse », dans *Criminologie et psychiatrie* (sous la direction de Thierry Albernhe), Ellipses, 1997, p. 427-441.

des années 1980. Une étude américaine a montré l'absence totale de fiabilité de cette technique : non seulement ces tests conduisent des enfants à qui il n'est rien arrivé à raconter une scène où on a touché leurs organes génitaux ou leur anus, mais en plus ils ont tendance à inhiber la parole chez ceux qui ont effectivement été agressés. Or cette procédure tend à se répandre dans nos commissariats.

Paul McCarthy, *Propo*, 1992.

Mais il y a mieux. Car vous, lecteur, qui ne croyez pas avoir été violé, l'avez peut-être été. Vous dites non ? Mais n'est-ce pas là une résistance, un refoulement ? Réfléchissez : ne sentez-vous pas de temps en temps une tristesse inexplicable ? N'avez-vous pas parfois le sentiment que vous êtes sale, que vous devez vous laver les mains plusieurs fois par jour ? Ne vous semble-t-il pas parfois, ô lectrices, que le sexe masculin est hideux et agressif ? Ne vous inspire-t-il pas parfois une répulsion incontrôlable, malgré tout l'amour que vous ressentez pour votre partenaire ? Votre vie familiale et même professionnelle semble sous le coup d'une fatalité inexplicable qui vous conduit d'échec en échec ? Ne doutez plus : cherchez dans l'annuaire le numéro d'un psychothérapeute, pour qu'il extirpe de votre inconscient les souvenirs traumatiques que vous refoulez. Prenez en même temps rendez-vous chez un avocat pour préparer une accusation contre la personne que l'Esprit dans son sommeil éclairé désignera à votre « thérapeute ».

Certains thérapeutes américains affirmèrent en effet que « si vous êtes incapables de vous souvenir d'un moment spécifique d'abus sexuel dans votre enfance, mais si vous gardez néanmoins le *sentiment* qu'une forme d'abus sexuel a été exercée sur vous, vous avez forcément raison. Et si vous pensez que vous en avez été réellement victime et que votre vie en montre les symptômes, alors vous l'avez réellement été[58] ». D'autres proposent carrément de recourir à l'hypnose pour vous permettre de vous souvenir de cet événement traumatique que vous auriez effacé de votre mémoire, mais qui ne cesserait de vous rendre malheureux, inhibé dans votre vie sexuelle ou au contraire tiraillé de désirs pervers et inconfortables.

L'ennui, c'est qu'aussi bien l'hypnose que les relations psychothérapeutiques ordinaires baignent dans l'élément de la suggestion. On voit donc la perversité du procédé : convaincus que les crimes sexuels les plus invraisemblables ne cessent d'être commis dans le silence et la honte, on finira par faire croire aux patients qu'ils ont été victimes de leur père, de leur oncle ou de leur arrière-grand-père. On leur inculquera en somme des faux souvenirs. Ces effets pervers ont été bien documentés aux États-Unis, qui ont connu des épidémies d'accusation d'abus sexuels de plus en plus invraisemblables, allant jusqu'à imaginer d'immenses sectes sataniques répandues à travers le monde entier, avant que l'État lui-même ne diligente un rapport pour montrer le caractère totalement infondé de ces soupçons[59]. On devine que l'allongement sans précédent des délais de prescription de l'action publique, qui permet, depuis mars 2004, de poursuivre vingt ans après la majorité les crimes sexuels les plus graves, ne peut qu'intensifier ces jeux troubles avec la mémoire.

Il faut oser poser la question : Ne doit-on pas protéger les enfants aussi de ces « faux docteurs » ? Ne sommes-nous pas emportés dans une vaste autosuggestion collective ? Faut-il suspendre la liberté d'un homme et parfois sa vie à de telles considérations et à de tels fanatiques ? N'y a-t-il pas urgence à retrouver des protocoles de preuve un peu moins déraisonnables et plus informés ?

---

58 Cité par Georges Vigarello, *Histoire du viol, XVIe-XXe siècle*, Seuil, 1998, p. 271.

59 Voir à ce sujet Debbie Nathan et Michael Snedeker, *Satan's Silence. Ritual Abuse and the Making of a Modern American Witch Hunt* (1996), Authors Choice Press, New York, 2001. ▸ TEXTE P. 164. Voir aussi Ian Hacking, *L'Âme réécrite. Étude sur la personnalité multiple et les sciences de la mémoire*, Les Empêcheurs de penser en rond, 1998.

Les criminels sexuels sont les moins récidivistes de tous les criminels

« Un des plus grands malheurs de la vérité, c'est d'être invraisemblable. »
Alexandre Dumas, *Herminie*.

Depuis 1998, on a prévu pour les seuls délinquants sexuels l'obligation de suivre un traitement psychiatrique à la sortie de la prison (suivi sociojudiciaire). Ce traitement ne se *substitue* pas à leur peine de prison ; il s'y *ajoute*. Il ne s'agit donc pas de prendre en compte leur spécificité, mais de les punir davantage. La durée de ce traitement est fixée par le juge et, depuis la dernière loi Perben (2004)[60], elle peut être portée à vingt ans en cas de délit, et à trente ans voire à perpétuité en cas de crimes faisant encourir des peines de réclusion de la même durée. Les criminels sexuels sont donc considérés comme des malades mentaux. Mais leurs maladies supposées ne sont pas une circonstance atténuante. Au contraire, elles sont le signe de leur dangerosité et permettent de justifier qu'on les punisse davantage. Par ailleurs, jusqu'à trente ans après la sortie de prison, ils sont obligés de se présenter deux fois par an au commissariat de police et un projet de loi (en cours de discussion) établit, en outre, un placement sous surveillance électronique mobile (le fameux « bracelet ») qui permettra de les repérer à deux mètres près grâce à l'utilisation d'un procédé GPS. Ces mesures d'exception ne s'appliquent qu'aux délinquants et criminels sexuels. Ainsi, si l'on en croit la loi française, un individu qui a tripoté un adolescent est plus dangereux qu'un *serial killer*.

Car le problème n'est pas de les guérir : on les suppose de toute manière « pervers » inguérissables. Il s'agit seulement d'éviter un nouveau « passage à l'acte », c'est-à-dire de les contrôler le plus longtemps possible, si possible tout au long de leur vie. Les criminels sexuels ont le rare privilège d'être considérés à la fois comme coupables et comme fous.

---

60 Pour les dernières réformes en matière d'infraction sexuelle, voir Xavier Lameyre, « L'incessant accroissement légal de la répression des infractions sexuelles », *Forensic*, n° 19, juillet-septembre 2004, p. 13-18.

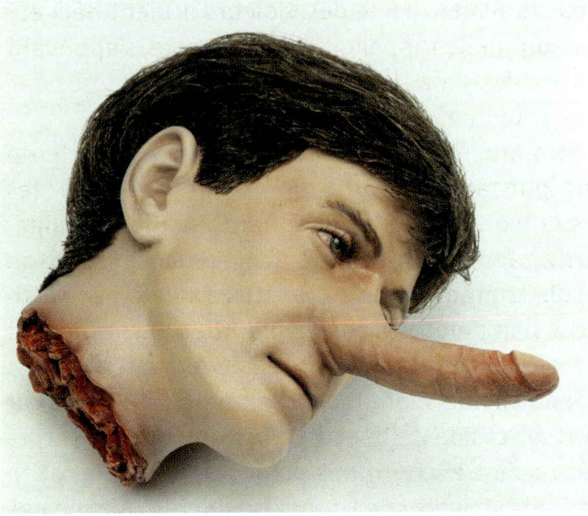
Jake et Dinos Chapman, *Bring me the head of Francotoselli*, 1995.

Dans d'autres pays que la France, on disposait auparavant d'une solution plus radicale : la castration chirurgicale. En Allemagne, elle cessa d'être contrainte en 1969 et devint volontaire. Elle fut appliquée à quatre cent quarante personnes entre 1970 et 1980. Mais la mort d'un condamné en cours d'intervention chirurgicale, en 1976, puis, en 1980, l'assassinat d'une fillette de sept ans par un ancien condamné pour agression sexuelle, castré cinq ans auparavant, a découragé le recours à cette technique. De nos jours, en France, on utilise des castrations chimiques réversibles. Entre la cure par la parole et celle par les hormones, il n'y a pas à choisir : tout est bon pour neutraliser les délinquants sexuels, pour débarrasser notre société parfaite du fléau qu'ils représentent.

Tout ce dispositif n'a bien sûr qu'une seule justification : empêcher que les coupables récidivent. La pulsion sexuelle passe pour être particulièrement compulsive. C'est pour cette raison que les lois Perben ont réintroduit le délit de zoophilie qui avait été aboli par la Révolution française, non pour protéger les animaux (une protection spéciale contre les mauvais traitements existait déjà), mais parce que ce comportement peut être un signe d'une sexualité perverse et transgressive. Mais la vérité est que *les criminels sexuels sont les moins récidivistes de tous les criminels*[61]. Alors que, en 2002, près de 15 % des condamnés pour vol

[61] C'est la conclusion à laquelle arrivent Claude Lecomte et Odile Timbart, dans « Les condamnés de 2001 en état de récidive », *Infostat Justice*, n° 68, juillet 2003, p. 3.

étaient des récidivistes, seulement 1,8 % des violeurs avaient déjà été condamnés pour viol. Comme le rappelle Xavier Lameyre, s'appuyant sur des statistiques officielles, « dans la très grande majorité des cas, les agresseurs sexuels ne sont pas récidivistes [62] ».

Il faut donc le dire fermement : la thèse de l'essence récidiviste du criminel sexuel est un pur fantasme, une simple projection sur les criminels sexuels de ce qu'on imagine être la nature de la sexualité. Elle est moins compulsive, apparemment, que bien des activités moins suspectes, comme le vol. Comment ne pas voir qu'il s'agit là de justifications *a posteriori* de ses propres fantasmes par une société qui a fait du sexe le danger des dangers ? Le pire est que les rédacteurs de ces lois connaissent les conclusions des rapports demandés sur la criminalité sexuelle où la récidive des criminels sexuels est ramenée à ses justes proportions. Mais ils n'en tiennent pas compte. La pénalité sexuelle est l'occasion de la démagogie la plus noire, celle qui n'a pas peur de sacrifier des innocents pour gagner quelques voix.

Sexuel, vous avez dit « sexuel » ?

« Les questions : ai que ce ? est que ce ? disaient : ai ou est quoi ici ? et créèrent le mot exe, le premier nom du sexe. [...] On questionna ensuite : ce exe, sais que ce ? = ce point, sais-tu quoi c'est ? ce qui devint : sexe. – Sais que c'est ? ce exe est, ce excès. Ce excès, c'est le sexe. – On voit que le sexe fut le premier excès. »

Jean-Pierre Brisset, *La Science de Dieu ou la Création de l'homme.*

Prendre le sexe d'un homme et le mettre dans sa propre bouche contre sa volonté, est-ce le violer ? Oui, répondit la Cour de cassation en 1997, à la surprise générale. Surprise, parce que le viol est défini comme « tout acte de pénétration sexuelle de quelque nature qu'il soit commis sur la personne d'autrui ». Or, en l'occurrence, ce n'était pas la victime qui était pénétrée, mais au contraire le coupable. Mais on voulait être moderne, et être moderne, c'est reconnaître que tous les actes sexuels se valent : une femme doit aussi pouvoir violer un homme en le forçant à lui faire l'amour.

Pourtant, la Cour se déjugera un an plus tard, en refusant de qualifier de viols les rapports sexuels « normaux » qu'une femme avait eus avec son beau-fils mineur de quinze ans. Cette hésitation est gênante. Car

62 Xavier Lameyre, *La Criminalité sexuelle*, *op. cit.*, p. 44.

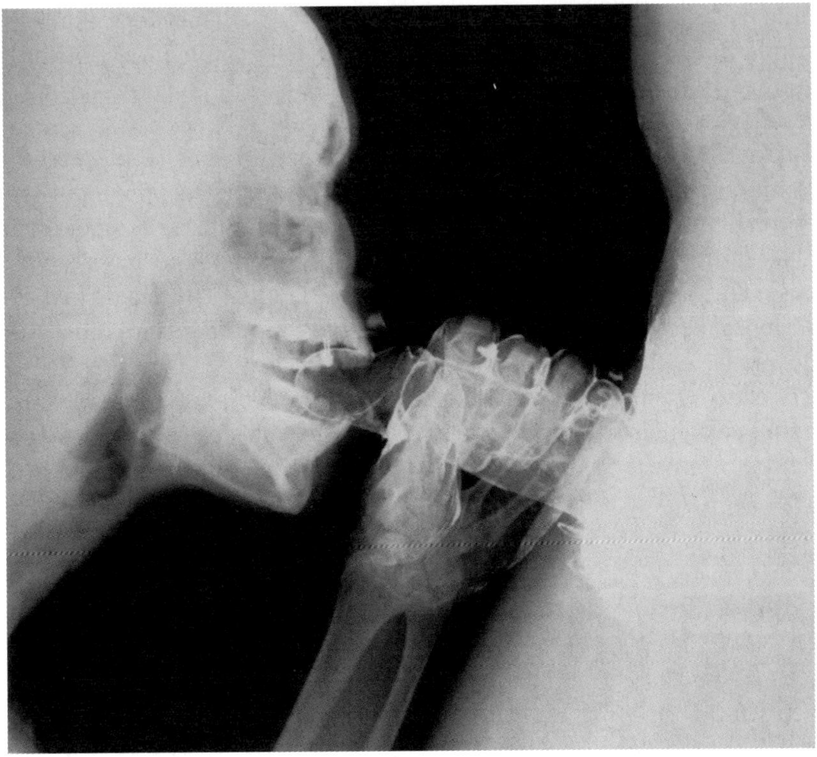

Wim Delvoye, *Pipe 2*, 2001.

elle introduit beaucoup d'arbitraire dans un domaine où les peines sont déjà considérables. Nul n'est censé ignorer la loi, soit. Mais la loi doit être claire. Sinon, il est inutile d'écrire des Codes.

C'est au demeurant un principe constitutionnel qui vise à protéger le citoyen contre ce que les régimes démocratiques ont l'habitude de considérer comme la chose la plus terrible qui puisse lui arriver : la violence arbitraire de l'État. La Déclaration des droits de l'homme et du citoyen de 1789 précise dans son article 8 que « nul ne peut être puni qu'en vertu d'une *loi* établie et promulguée antérieurement au délit ». Il en résulte que les infractions doivent être définies en termes « clairs et précis », qui évitent tout arbitraire au moment du jugement.

Mais ce n'est pas seulement le mot « pénétration » qui a fait l'objet d'interprétations plus ou moins métaphoriques. Le petit adjectif « sexuel » a posé bien des problèmes.

Parmi les nombreux dossiers sordides que doit s'infliger celui qui s'inquiète du sort de notre « modernité sexuelle » se trouve l'histoire de cette femme qui avait introduit une carotte dans l'anus de sa petite fille. La chose paraît assurément répréhensible, mais le problème n'est pas là. La question était de savoir s'il s'agissait d'un viol ou d'une autre infraction. Il n'y avait ici pénétration ni *dans* le sexe (puisqu'il s'agissait de l'anus), ni *par* le sexe (puisqu'il s'agissait d'une carotte). L'affaire arriva à la Cour de cassation, qui décida en 1994 qu'il s'agissait bien d'un viol. En effet, l'accusée avait expliqué qu'il s'agissait pour elle d'un acte d'initiation sexuelle de sa fille. Elle croyait sans doute se défendre en montrant qu'elle ne cherchait pas un plaisir personnel, mais une sorte d'édification... En réalité, elle se condamna, car il y avait donc bien un sens sexuel à l'acte qu'elle avait commis. Mais de nouveau, cela signifie qu'elle n'a pas été condamnée pour l'acte qu'elle a commis, mais pour l'interprétation qu'on pouvait en faire. Les mêmes actes pourraient donc ne pas être jugés de la même manière.

De fait, quelques mois auparavant, le 9 décembre 1993, la Cour avait refusé de qualifier de viol des faits similaires. Une bande de voyous avait contraint un jeune garçon à se déshabiller en le menaçant de mort, puis lui avait ligoté les pieds et les mains avant de lui introduire un bâton dans l'anus, dans le but de lui extorquer une somme d'argent. Le crime n'ayant pas un mobile sexuel mais économique, la Cour décida qu'il ne s'agissait pas d'un viol. En revanche, elle condamna pour viol une femme qui, aidée de plusieurs complices, avait introduit un manche de pioche dans l'anus d'un homme. Celle-ci en effet avait eu la mauvaise idée de couvrir l'arme du crime avec un préservatif, trahissant ainsi de manière métaphorique la « nature sexuelle » de son acte.

Et voilà une nouvelle porte ouverte à l'arbitraire. Car, en principe, le juge ne doit s'intéresser à ce que les auteurs des infractions ont en tête que pour savoir s'ils avaient bien *l'intention* de commettre tel ou tel acte, s'ils l'ont fait ou non exprès. Le fait qu'un acte soit un crime dépend de l'intention de le commettre, mais non pas du sens que l'auteur de l'infraction lui donne, c'est-à-dire du mobile. Que je vole des bijoux parce que j'envisage de les revendre, parce que j'ai envie de les porter moi-même, ou parce que je voulais faire de la peine en particulier à la personne à qui je les ai subtilisés, n'a rien à voir avec le fait que ce soit un vol. Ce ne sera pas plus un vol si je viens déguisé avec une cape et des lunettes noires à la manière d'Arsène Lupin.

Or dans l'affaire du bâton, tout dépend du sens sexuel que l'acte aurait eu. C'est particulièrement dangereux. Car dès lors, quelqu'un qui mettrait méchamment son doigt dans la bouche d'un autre en voulant mimer une fellation commettrait aussi un viol. Le dentiste qui aurait des fantasmes sexuels en introduisant sa fraise dans la bouche d'une belle patiente serait lui aussi un violeur. Il suffirait de laisser entendre qu'il existe une « connotation sexuelle » dans un acte de « pénétration » pour être condamné pour viol. Mais qui va juger de ce « sens sexuel » ? Le juge ? N'est-ce pas l'inciter à laisser libre cours à son imagination ?

L'ennui, avec le sexe, c'est qu'il est fait de connotations, d'allusions, de suggestions, et qu'en réalité, à ce compte-là tout peut être sexuel, si l'on veut. Ceux qui ne cessent de chercher le double sens des phrases des autres le savent bien. Une philosophe américaine s'est un jour demandé combien de relations sexuelles elle avait eues dans sa vie. Et elle s'est rendu compte que, de proche en proche, il fallait décidément inclure beaucoup de monde [63]. Fallait-il inclure toutes les personnes avec qui elle avait ressenti une excitation sexuelle ? Si c'était le cas, elle avait entretenu des relations sexuelles avec bien des hommes avec qui elle avait dansé, flirté, ou dont elle avait simplement pris la main. Peut-on dire qu'une relation *devient* sexuelle, ou doit-on penser qu'elle l'était depuis le début ? Peut-on ne pas être conscient du caractère en vérité sexuel d'une relation qu'on entretient de manière entêtée avec quelqu'un ? Est-il possible de concevoir une situation dans laquelle une relation est sexuelle pour l'un des partenaires et pas du tout pour l'autre ? Peut-on avoir une relation sexuelle avec une personne endormie ?... Les juges sont-ils vraiment mieux préparés que les philosophes pour résoudre ces étranges dilemmes ?

À quoi reconnaît-on le consentement à un acte sexuel ?

Mais admettons qu'on sache ce qui est sexuel. Il y aura donc violence sexuelle quand un des deux partenaires n'aura pas donné son consentement, et que l'autre, bien qu'il l'ait clairement perçu, n'en aura pas tenu compte. Les choses paraissent assez simples. Mais on se trouve très vite alors confronté à de redoutables problèmes de *preuve*. Les agresseurs

---

63 Greta Christina, « Are We Having Sex Now or What ? » (1992), dans *The Philosophy of Sex. Contemporary Readings* (sous la direction de Alan Soble), Rowman & Littlefield Publishers, Oxford, 1997 (3e éd.), p 3-8. ▸ TEXTE P. 170.

pourront essayer de prétendre qu'une personne qu'ils ont violée était en réalité consentante, mais aussi, inversement, une personne qui pouvait avoir l'air consentant pourra se dire ensuite violée. Surtout, on se trouvera face à des situations équivoques où certains rapports sexuels risquent de se transformer en viols, sans que la personne accusée n'ait eu les moyens de *savoir* qu'elle était en train de transgresser la loi.

Ainsi cette jeune fille qui rencontre un soir un beau *DJ* dans un bar, le ramène chez elle, prend son petit déjeuner avec lui : quelques jours plus tard, quand elle revient le voir dans le bar en lui apportant une petite pâtisserie, elle constate qu'il est entouré de jolies filles et qu'elle n'était pour lui qu'une aventure. Elle l'accusera finalement de viol, assurant qu'elle avait eu un premier rapport sexuel avec lui non seulement consenti mais heureux (au cours duquel, dira-t-elle, elle eut un orgasme), mais que, plus tard dans la nuit, il s'était réveillé et avait « profité de son sommeil » pour abuser d'elle. Après son dépit amoureux, elle s'était confiée à une amie, qui lui avait conseillé de prendre contact avec une association féministe, et c'est celle-ci qui l'avait alors encouragée à porter plainte pour viol en se constituant partie civile[64].

Juan Manuel Carrillo, 2004.

[64] Jacques Barillon et Paul Bensussan, *Le Désir criminel*, Odile Jacob, 2004, p. 50-52.

On aurait pu croire qu'une telle situation, du fait même de la franchise de la jeune fille, allait conduire à considérer la plainte comme irrecevable. Comme le dira l'accusé : Apporte-t-on des petits gâteaux à son violeur ? Cela n'a pas été le cas, l'affaire a bien été instruite, un expert a été nommé, le dossier doit suivre son cours. Après tout, du point de vue de la loi, il suffit qu'il y ait eu un seul rapport sexuel non consenti. Mais on voit bien que ce genre de situations soulève de nombreuses questions : d'abord, n'est-il pas évident en ce cas que les peines encourues sont disproportionnées ? Ensuite, comment va-t-on prouver le viol dans de telles conditions ? Mais aussi, la personne accusée disposait-elle vraiment des signes qui lui permettaient de savoir que l'autre n'était pas consentant ?

Cette question se trouve au cœur de toutes les situations où l'accusation de viol est émise par une femme à l'encontre d'un homme avec qui elle a par ailleurs un rapport amoureux. C'est ce que les Américains appellent le *date rape*, c'est-à-dire le fait qu'une fille, ayant accepté de flirter avec un garçon et consenti à un grand nombre de caresses, l'accuse finalement d'avoir outrepassé son non-consentement au coït lui-même. Ces situations ont donné lieu à des discussions passablement surréalistes aux États-Unis sur les critères du consentement[65]. Ainsi, on a réalisé des enquêtes pour savoir si, quand une femme dit non, l'homme doit le comprendre comme un refus. Elles ont conclu que presque 40 % des femmes, lorsqu'elles disent non, n'attendent pas du tout de leur partenaire qu'il s'interrompe, au contraire. Certaines disent qu'elles ne souhaitent pas apparaître comme « faciles » ; d'autres qu'elles aiment se faire un peu supplier par leurs partenaires ou qu'elles veulent que les hommes fassent preuve d'une force physique plus vive. Mais il reste 60 % qui, lorsqu'elles disent non, veulent effectivement dire non, littéralement. N'oublions pas, enfin, les femmes qui ne disent ni oui ni non et dont il faut aussi interpréter le silence...

De redoutables dilemmes s'ouvraient alors aux casuistes américains. Si, disaient certains, on condamne pour viol les hommes dont la partenaire dit non, les 40 % de femmes qui disent non lorsqu'elles veulent dire oui seraient victimes d'un dommage, car on leur interdirait indirectement la possibilité d'entretenir des rapports

---

65 Stephen J. Schulhofer, *Unwanted Sex. The Culture of Intimidation and the Failure of the Law*, Harvard University Press, Cambridge, 1998, p. 259 *sq*.

sexuels dont elles ont envie. D'autres auteurs ont répondu que si les femmes inhibées étaient victimes d'une sorte de frustration à cause de ces nouvelles règles du consentement, celles pour qui le « non » vaut bien un « non » seraient, elles, protégées en revanche contre une atteinte plus grave que la simple privation d'un rapport sexuel. D'autres prônaient un « oui » clair et précis, le silence ne valant pas consentement. On leur reprocha de vouloir rendre les rapports sexuels bien artificiels. De toute manière, même si l'on signait un contrat, il ne pourrait pas être invoqué, car le consentement est censé être graduel et immédiat, toujours prêt à être repris. Il faudrait donc répéter son consentement à chaque étape du rapport...

Il est assez amusant et inquiétant à la fois de constater que ces discussions prennent rarement en compte un petit problème pourtant central : la souffrance de ceux qui se découvrent soudain violeurs alors même qu'ils ne l'imaginaient pas une seconde et qui risquent pour cette raison plusieurs années derrière les barreaux (à se faire violer parfois eux-mêmes, d'ailleurs). Cette absence de conventions communes, claires et partagées fait que certaines personnes accusées de viol n'ont pas conscience d'être en train de transgresser une règle. Voilà donc une nouvelle porte ouverte à l'arbitraire, cette fois sur la notion de consentement.

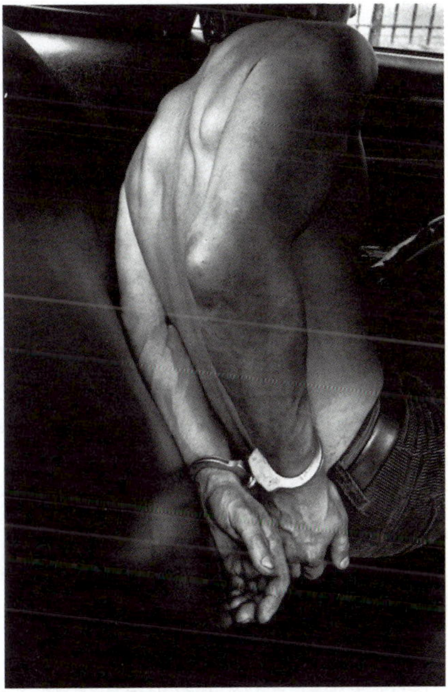

Leonard Freed, *Suspect dans une voiture de police*, New York, 1978.

Qu'on me comprenne bien : je ne cherche certes pas à dire que toutes les femmes qui se prétendent violées sont en réalité consentantes. Je cherche à attirer l'attention sur les conséquences néfastes, aussi bien pour le droit des accusés que pour la légitimité même de la notion de viol, de cette volonté extensive qui s'est emparée d'elle et qui fait qu'on traite de la même manière des hommes armés qui vous ont brutalisée dans une rue sombre la nuit et un petit ami qui s'est montré finalement un peu trop insistant et qui avait, surtout, le tort de ne pas être « vraiment amoureux ».

Mais il y a plus grave. Car non seulement le consentement est difficile à prouver, non seulement on ne dispose pas de conventions claires, mais en plus les tribunaux ne s'en tiennent même pas à ce critère du consentement et sont prêts à le déclarer invalide s'ils estiment que la personne n'était pas en pleine possession d'elle-même. Il faut en effet savoir que le consentement qu'on demande en matière sexuelle n'est pas simple : c'est un consentement « éclairé ». Le droit distingue entre différents types de consentement, en fonction de la gravité présumée pour la personne des conséquences de l'acte auquel elle consent. Ainsi, on ne réclame pas le même type de consentement pour aller acheter une baguette, vendre un appartement ou subir une opération de chirurgie esthétique.

Or les juristes comparent le consentement qu'on demande pour les rapports sexuels à celui qu'on exige pour une intervention chirurgicale ou la pratique des sports violents[66]. Cela est d'ailleurs cohérent avec la gravité des peines qu'on justifie par l'ampleur du dommage causé à la victime. C'est pour cette raison qu'on a considéré que coucher avec une femme ivre, dont le consentement est donc momentanément altéré, est une forme de viol. C'est pour cela aussi que de nombreux médecins ont été accusés de viol et que l'Ordre des médecins en est venu à considérer comme non déontologique tout rapport sexuel entre un praticien et ses patientes (ou patients).

Mais on voit combien cette théorie du consentement éclairé est paradoxale. Car on croit en général que la passion amoureuse est l'état idéal pour entretenir des rapports sexuels. Mais ne s'agit-il pas notoirement du genre d'état dans lequel notre jugement est, sans vouloir vexer personne, passablement altéré ? À la vérité, ce problème n'est pas purement théorique. Les tribunaux l'ont rencontré aux États-Unis. La Pennsylvanie, voulant assouplir le critère de la violence physique pour qualifier le viol, l'avait redéfini par le fait d'user de force « soit physique, soit morale, soit intellectuelle, soit psychologique ». Elle en découvrit les étranges conséquences, lorsque, en 1989, une jeune fille de quinze ans accusa de viol son petit ami de vingt-trois ans.

---

66 Luc-Michel Nivôse, « Les éléments constitutifs du viol. Rapport sur l'arrêt de la chambre criminelle du 9 décembre 1993 », *Droit pénal,* avril 1994, p. 1-3.

Surpris un jour en train de s'embrasser dans la maison de la jeune fille par la sœur aînée de cette dernière, ils allèrent continuer leurs caresses dans les bois. C'est alors qu'ils eurent une relation sexuelle. La jeune fille affirma par la suite qu'elle n'avait pas consenti. Aucun refus ne put être prouvé, aucun acte de force ni de menace. La cour jugea cependant qu'elle disposait d'indices suffisants pour statuer que la jeune fille avait « probablement dit non », et que le garçon était « probablement conscient » qu'elle n'était pas consentante. Jusque-là, rien que de très ordinaire, malheureusement. Cependant, l'affaire étant arrivée en appel, la cour cette fois précisa que, *même si la jeune fille avait exprimé son consentement,* cela n'aurait pas empêché cet acte sexuel d'être un viol, parce que « la victime était psychologiquement vulnérable à l'égard de l'accusé », du fait de leur différence d'âge et du fait qu'elle était amoureuse de lui *(« had an adolescent crush on him »)*... Même un consentement explicite, donc, était invalide parce qu'il était obtenu par une contrainte de type psychologique : l'amour. Le garçon fut condamné à cinq ans de prison.

Boris Mikhailov, *Sans titre*, extrait de la série *Cas social*, Kharkov, Ukraine, 1997-1998.

Cette décision se comprend assez bien : le non-consentement étant difficile à prouver dans ce genre de situations et d'une manière générale quand il n'y a pas trace de violence physique, on cherche des indices d'une sorte de violence structurelle propre à la relation elle-même. Elle était cependant assez choquante pour susciter une large réprobation, et contribuer à ce que la plupart des États américains qui souhaitaient élargir la notion de viol n'aient pas recours à cette notion de la « contrainte psychique ». La France, elle, n'a pas eu ces scrupules : ce critère y est particulièrement prisé – certes pas, jusqu'à présent, pour juger l'amour, mais plutôt pour des situations dans lesquelles il est manifestement absent. Et cela, contrairement aux États-Unis, sans qu'il y ait eu la moindre contestation...

Dans une affaire jugée en septembre 2002 (affaire dite des « tournantes d'Argenteuil »), une jeune fille de quinze ans fit condamner à des peines allant de *cinq à douze ans de prison*, dix-huit mineurs, dont deux filles, pour lui avoir imposé pendant tout un hiver fellations et sodomies dans des caves, les toilettes d'un train et celles d'un tribunal, dans les locaux d'une école primaire, bref, un peu partout. Pendant des semaines elle n'aurait rien dit, mais un jour, alors qu'elle rejoignait son collège, sale, sentant mauvais et à la suite de nombreuses absences, son cas fut signalé à la police. Les jeunes accusés ne nièrent pas les rapports sexuels, mais affirmèrent qu'elle était consentante. Le plus curieux, en effet, est que la jeune fille n'habitait pas à l'endroit où les faits ont eu lieu, qu'elle devait faire un long trajet pour s'y rendre, et qu'elle y revenait toujours bien qu'elle ait su « ce qui l'attendait ». Cette attitude aurait pu passer pour un indice de consentement. Mais on expliqua qu'il s'agissait en réalité d'une forme de « sidération psychique », qui fait que la victime a l'air consentante, alors qu'elle est en fait comme hypnotisée par ses agresseurs mêmes. On tint aussi rigueur aux jeunes d'avoir répondu, à la question de savoir ce qu'ils voulaient dire en prétendant qu'elle avait consenti : « elle a pas dit oui, elle a pas dit non, elle a fait, c'est tout », ou encore « ça se passe avec les yeux ». On leur a reproché en somme de ne pas avoir cherché si c'était *vraiment* ce qu'elle voulait.

De nombreuses affaires de « tournantes » sont bien entendu clairement des viols collectifs. Mais il faut reconnaître que les professionnels de la justice sont tentés d'utiliser dans ces situations des raisonnements qui renvoient à la contrainte purement psychologique : « ils se sont servis d'elle qui pensait que quand on engage son corps on engage son cœur », dit un représentant de l'État[67] ; « dans les tournantes, le refus de la jeune fille n'est pas forcément manifeste et les garçons se croient autorisés à aller jusqu'au bout », affirme une avocate de la défense[68] ; ou encore « dans les quartiers, les filles sont souvent considérées comme des choses qu'on possède. Malgré elles, elles *l'intériorisent* », dit une assistante sociale[69]. Ainsi, comme dans l'affaire de Pennsylvanie, que le refus soit explicite ou non n'est pas la question : la relation est telle que ces actes sexuels ne peuvent être que forcés.

En l'occurrence, sur quels indices se sont en somme fondés les jurés ? D'abord, bien sûr, sur la nature des actes sexuels eux-mêmes : une jeune fille ne peut pas vraiment vouloir cela ; si elle le fait, c'est contre son gré, et ses agresseurs devraient le savoir. Mais surtout, on a tenu compte des symptômes que la jeune fille avait développés par la suite : elle passait des heures cloîtrée dans son appartement, à vomir et à se laver sans cesse, à agresser ses proches, et a même tenté de se défenestrer. On aurait pu penser qu'il s'agissait de symptômes de sa propre culpabilité. Mais on les considéra comme des indices d'une contrainte extérieure. En somme, ces jeunes gens auraient abusé de la fragilité psychique de la jeune fille, de ses pulsions autodestructrices. Après tout, c'est possible. Il est fort possible que le fait même qu'elle se soit livrée à tout ce qu'ils souhaitaient ait été pour eux-mêmes une raison de la dégrader verbalement, et donc de valider son sentiment de culpabilité. Mais une telle affaire doit-elle relever du droit pénal ? Ils ont peut-être été immoraux, mais ont-ils été criminels ? Ne devrait-on pas plutôt mettre en place des médiations sociales, qui permettraient en somme à chacun de réfléchir à ce qui s'est passé : à elle de comprendre pourquoi elle s'est retrouvée à faire quelque chose qu'elle ne pouvait assumer ; à eux de comprendre pourquoi leur attitude même a pu renforcer chez elle le sentiment de dégradation personnelle ?

Surtout, peut-on considérer un sentiment de culpabilité comme la preuve du non-consentement à un acte ? Peut-on utiliser, comme on le fait, la sanction pénale pour soulager la jeune fille de sa culpabilité, en lui disant : « tu n'étais pas vraiment consentante » ? C'est presque le modèle inverse de celui que développait Dostoïevski dans *Crime et*

67 Cité par *Le Monde,* 23 juin 2003.

68 Citée par *Le Monde,* 26 avril 2001.

69 Citée par *Le Monde,* 24 avril 2001.

châtiment. Là, la culpabilité de Raskolnikov finissait par déborder sur la scène pénale, mais pour le conduire à s'accuser lui-même ; ici, la culpabilité déborde vers la responsabilisation d'autrui. Afin d'alléger les tribunaux de la conscience des jeunes filles, on leur suggère d'accuser des tiers. Si elle a le sentiment d'avoir fait quelque chose d'immoral, on ne tentera pas de la convaincre que ce n'est point le cas. On l'assurera au contraire qu'elle a raison de se sentir ainsi, car le conflit qu'elle vit à l'intérieur d'elle-même a bien lieu d'être, sauf qu'il doit se résoudre par la responsabilisation d'un tiers. Ainsi, on renforce la morale qui suscite ce conflit intérieur, tout en déchargeant la faute sur les garçons pour que le conflit disparaisse. Est-ce pour faire allusion à ce processus qu'on parle du caractère « thérapeutique » de ce genre de procès ?

Certes, ici comme dans l'œuvre de Dostoïevski, la culpabilité est toujours la trace d'une opacité de la liberté humaine à elle-même. Raskolnikov croyait qu'il savait pourquoi il avait tué la vieille usurière, il avait même toute une théorie pour se justifier. Il n'empêche qu'il a été sans cesse rattrapé par sa propre culpabilité et qu'il a découvert finalement que son crime ne traduisait pas sa « vraie liberté ». Mais les tribunaux ne sont pas là pour juger de la « vraie liberté ». Le consentement est une convention juridique, qui n'a pas à la traduire. Ce dont le droit a besoin, ce n'est pas d'être transparent à la liberté métaphysique, c'est de critères communs et extérieurs, afin de ne pas livrer la sécurité juridique des personnes tout simplement à l'arbitraire.

Certaines féministes disent que, dans une société comme la nôtre, les femmes ne sont jamais vraiment libres, que cette notion de consentement est une sorte de ruse machiste[70]. Elles la comparent à celle que dénonçait Marx dans la fiction de la « liberté de contracter » du prolétaire qui n'a rien d'autre pour vivre que la vente de sa force de travail et dont le consentement à la louer au capitaliste ne serait donc qu'un rideau de fumée cachant son exploitation réelle. Outre qu'on n'a pas vu Marx prôner comme solution à ce problème le fait de traîner les employeurs devant des tribunaux pénaux sous l'accusation d'« esclavage » (d'autant qu'il s'agit, dans l'affaire des « tournantes » d'Argenteuil, de moraliser les pauvres, les jeunes « issus de l'immigra-

70 Catharine A. MacKinnon, *Towards a Feminist Theory of the State*, Harvard University Press, Cambridge, 1989 ; Andrea Dworkin, *Intercourse*, Free Press, New York, 1987.

tion » maghrébine censés apporter dans la douce France tous leurs méfaits...), on doit remarquer que ces théories sont dupes de la fiction même qu'elles dénoncent, c'est-à-dire qu'elles veulent que le consentement soit un indice de la vraie liberté. L'abîme entre celle-ci et le consentement est certes un problème passionnant, mais nous devons craindre comme la peste une société qui traduirait ces profondes énigmes en peines d'autant plus incompréhensibles qu'elles sont énormes – jusqu'à douze ans de prison pour une très jeune personne, je le rappelle...

Larry Clark, *Sans titre (Kids)*, 1995.

TEXTES CHOISIS

Christian Guéry

Qui a envoyé tant d'innocents en prison dans l'affaire d'Outreau ?

Christian Guéry est magistrat. Dans cet article paru au moment où la France découvre la monstrueuse mascarade judiciaire et croit pouvoir s'en prendre à quelques fonctionnaires qui auraient mal fait leur travail, il établit le système qui a conduit tant d'innocents en prison.

Dans l'affaire d'Outreau, l'audience de la cour d'assises du Pas-de-Calais révèle bien plus qu'un dysfonctionnement judiciaire, même si c'est celui-ci qui passe au premier plan.

Si culpabilité il y a, et bien au-delà de cette affaire, elle ne concerne pas que les seuls acteurs judiciaires.

Coupables, certes et tout d'abord, des magistrats et des enquêteurs. D'oublier trop souvent, en matière d'abus sexuels commis contre les mineurs, qu'il existe des règles essentielles de preuve. Que pour mettre en examen, en détention, pour renvoyer quelqu'un devant une juridiction de jugement, pour condamner, il faut des indices, des charges, des preuves. Que le témoignage d'un enfant ou celui d'un adulte peut être fragile, manipulable, interprétable, humain.

Coupables de se donner bonne conscience en invoquant la pseudo-caution scientifique de l'expertise de crédibilité. De refuser systématiquement toute confrontation pour protéger l'enfant de la « victimisation secondaire », qui est aussi une réalité. Mais comment dire, au cas par cas, si une confrontation sera ou non néfaste pour l'enfant ? Et, si elle l'est, la protection de l'enfant doit-elle se faire au détriment des droits de la personne mise en cause ?

Coupables, des experts psychiatres et psychologues, de nous faire croire que la crédibilité de la parole de l'enfant induit la vérité d'une histoire. De voir trop souvent dans la souffrance de l'enfant les « stigmates » habituellement rencontrés chez les victimes d'abus sexuels, sans préciser qu'ils sont plus le signe d'une souffrance que le marqueur de son origine. De deviner très facilement dans les dessins d'enfants des sexes masculins qui pourraient être aussi des arbres...

D'« oublier » les travaux déjà anciens d'Hubert Van Gijseghem ou plus récents de Paul Bensussan sur la parole de l'enfant, qui peut vouloir conforter les angoisses de sa mère, acquiescer aux questions de cet enquêteur si intéressé, énoncer ce qui est devenu pour lui une « vérité intrapsychique » et qui ne ment pas sciemment en ne disant pas la vérité.

Coupables, des experts, de succomber à l'« effet Rosenthal », dit aussi biais du chercheur, selon lequel ce chercheur trouve beaucoup plus facilement à vérifier une hypothèse lorsqu'elle est déjà posée.

Coupables, des associations de victimes, de sacraliser la parole de l'enfant. Un enfant ne peut mentir. S'il est précis, c'est le signe que les faits sont vrais. S'il est imprécis, c'est qu'à son âge il est naturel de ne pas bien se repérer dans le temps et l'espace.

S'il confirme, voyez comme ses propos ont toujours été fidèles !

S'il se rétracte, sentez comme l'emprise de l'adulte est encore forte !

Coupables, des professionnels de la protection de l'enfance, d'abreuver les magistrats, même après le signalement, de tous ces « dires d'enfant » qui emplissent les dossiers d'instruction de ces recueils de « paroles » hors de tout cadre procédural, de ne voir qu'une seule explication à l'équation « papa-zizi-bobo ». Craintes réelles ou supposées de poursuites pénales ? Protection du professionnel ou protection de l'enfant ?

Coupables, des avocats, de reprendre ces arguments et de participer à la confusion dès lors qu'ils plaident en partie civile.

Coupables, des médias, de surfer sur la vague de l'émotion.

Coupables, des ministères, d'inciter au signalement rapide, précipité, en « temps réel », sans laisser le moindre temps d'évaluation.

Coupable, une société, de déshumaniser « le pédophile », « le père incestueux », les nouveaux monstres...

Et s'ils ne sont plus humains, pourquoi auraient-ils encore des droits ?

Tous coupables d'être submergés par cette émotion, de croire en des vertus magiques du procès pénal. De mettre de côté des principes fondamentaux pour crier la noblesse de la cause !

Innocents, certains des accusés d'Outreau. Comme d'autres ?

« Tous coupables », article paru dans *Le Monde*, 26 mai 2004.

– Pour les beaux-pères, j'ai trouvé le truc. Quand il y en a un qui me plaît pas, je dis juste à maman qu'il me regarde d'un air bizarre quand je mets mon maillot de bain et pfffft : au suivant.

Debbie Nathan et Michael Snedeker

Une « preuve » en matière de « pédocriminalité »

Les poupées mentent-elles ? Alors que les poupées anatomiques sont encore utilisées en France comme moyen de preuve d'abus sexuel sur enfants, Debbie Nathan, journaliste, et Michael Snedeker, avocat, expliquent comment elles ont été discréditées par les experts et les tribunaux américains. Leur livre, Satan's Silence, *déconstruit l'ensemble des mécanismes qui ont conduit à la folie judiciaire des abus sexuels et rituels sur enfants aux États-Unis. Un livre comme on aimerait en voir écrits en France.*

Une autre technique utilisée était celle des poupées anatomiques. Les avocats de ces poupées croient qu'elles permettent aux enfants de rejouer l'abus et ainsi déclenchent de nouveaux souvenirs et révélations. Ils pensent aussi que les poupées leur permettent de contourner la honte et la timidité. Enfin, même si un enfant ne dit rien quand il joue avec les poupées, on considère comme un indice d'abus sexuel le fait de les éviter, d'avoir l'air anxieux quand on les déshabille ou de montrer un intérêt « inhabituel » pour leurs organes génitaux.

Mais ce qui est « inhabituel » est largement sujet à spéculation, puisque les données à propos de ce que les enfants normaux, non abusés font avec les poupées anatomiques sont rudimentaires et difficiles à interpréter. Une étude cherchant à démontrer que des professionnels expérimentés peuvent conclure avec précision si un enfant a bien été abusé à partir de vidéos d'un jeu de poupées, a au contraire montré que non seulement les professionnels se trompaient plus souvent qu'ils ne tombaient juste, mais souvent se contredisaient les uns les autres sur le sens de ce qu'ils voyaient.

Ce qui semble clair, c'est que les poupées avec des seins et des organes génitaux encouragent les enfants à jouer avec eux d'une manière que beaucoup d'adultes considéreraient comme sexuelle. Des études récentes suggèrent que les enfants non encore scolarisés s'emparent d'un pénis simulé simplement parce qu'il dépasse, et mettront un doigt dans le vagin d'une poupée dans le même esprit qui les fait explorer le trou de n'importe quel objet creux. Dans le contexte d'une enquête criminelle, ce genre de « révélations » peut s'avérer explosif, surtout si on considère ce que d'autres études ont révélé : que les poupées n'aident pas les petits enfants à parler des choses embarrassantes.

Tout cela a été démontré dans une étude récente de Ceci et Bruck dans laquelle quarante jeunes enfants de trois ans rendaient visite à leur pédiatre pour une consultation annuelle. La moitié des enfants firent l'objet d'un examen au cours duquel le docteur toucha leurs fesses et leurs organes génitaux. L'autre moitié ne fut pas touchée. Immédiatement après l'examen, l'interviewer désigna les organes génitaux d'une poupée anatomique et demanda : « Est-ce que le docteur t'a touché là ? » Parmi ceux qui n'avaient pas subi l'examen, la moitié répondirent qu'il l'avait fait, et, quand on leur donna les poupées, décrivirent le toucher encore plus en détail. Cependant, moins de la moitié des enfants qui avaient effectivement subi l'examen mentionnèrent le fait qu'ils avaient été touchés. Et quand on leur demanda de montrer ce qui s'était passé au moyen des poupées, leur précision augmenta – en partie parce que beaucoup de filles mirent leurs doigts dans l'anus et le vagin des poupées.

Les auteurs de cette étude notent d'autres comportements que les enquêteurs considéreraient comme des preuves d'abus sexuel. Quand on donna aux enfants un stéthoscope en leur demandant de montrer ce que le docteur avait fait avec, certains manifestèrent qu'il l'avait utilisé sur leurs organes génitaux. Quand on leur donna une cuiller en leur demandant si le docteur l'avait utilisée, beaucoup d'entre eux répondirent à tort qu'il l'avait fait, pour leur donner un médicament. Alors, quand on demanda : « Comment aurait-il pu utiliser cette cuiller ? », un enfant sur cinq l'enfonça

Simen Johan, *Sans titre # 101*, 2001.

dans le vagin ou l'anus d'une poupée et certains d'entre eux frappèrent même les organes génitaux.

Ceci et Bruck ont aussi filmé un examen pédiatrique d'une petite fille qui avait correctement répondu à l'interviewer, juste après l'examen, que le docteur n'avait pas touché ses organes génitaux ni son anus. Quand on lui montra une poupée ordinaire en lui demandant de décrire comment elle avait été examinée, elle répondit de nouveau de manière appropriée. Mais trois jours plus tard, quand on lui donna une poupée anatomique, elle lui enfonça un bâton dans le vagin et déclara que c'était ce qui était arrivé chez le docteur. Quand on la pressa un peu de questions, elle se rétracta. Mais le même jeu fut répété trois jours plus tard, et elle inséra de nouveau le bâton, cette fois en frappant comme avec un marteau, et mit un stéthoscope-jouet dans l'anus de la poupée.

Quand on lui demanda si cela s'était vraiment produit, l'enfant répondit : « *Oui, c'est arrivé.* » Son père et l'expérimentateur protestèrent : « *Ton docteur ne fait pas ce genre de choses aux petites filles. C'était pour rire. Nous savons qu'il n'a pas fait cela.* » Mais la petite fille s'en tint cette fois avec ténacité à un récit que les adultes interpréteraient vraisemblablement comme un horrible abus sexuel.

Satan's Silence. Ritual Abuse and the Making of a Modern American Witch Hunt (Le Silence de Satan. L'abus rituel ou la fabrication d'une chasse aux sorcières dans l'Amérique d'aujourd'hui) (1996), Authors Choice Press, 2001 (trad. de l'américain par P. Maniglier).

Cesare Beccaria (1738-1794)

La loi pénale doit être claire et laisser le moins de marge possible à l'interprétation

En 1764, Beccaria, tout jeune économiste et criminaliste italien, révolutionna complètement la logique du droit pénal avec un traité qui eut un immense retentissement. Il battit en brèche le secret de la procédure pénale, la torture et l'atrocité des peines, l'inégalité des châtiments selon les personnes. De sains principes que la justice pénale française d'aujourd'hui semble avoir quelque peu oubliés en matière de criminalité sexuelle.

Les juges des crimes ne peuvent avoir le droit d'interpréter les lois pénales, par la raison même qu'ils ne sont pas législateurs. Les juges n'ont pas reçu les lois comme une tradition domestique, ou comme un testament de nos ancêtres, qui ne laisserait à leurs descendants que le soin d'obéir. Ils les reçoivent de la société vivante, ou du souverain, qui est le représentant de cette société, comme dépositaire légitime du résultat actuel de la volonté de tous.

[...]

Quel sera donc le légitime interprète des lois ? Le souverain, c'est-à-dire le dépositaire des volontés actuelles de tous ; mais non le juge, dont le devoir est seulement d'examiner si tel homme a fait ou n'a pas fait une action contraire aux lois.

Dans le jugement de tout délit, le juge doit agir d'après un raisonnement parfait. La première proposition est la loi générale ; la seconde exprime l'action conforme ou contraire à la loi ; la conséquence est l'absolution ou le châtiment de l'accusé. Si le juge est contraint de faire un raisonnement de plus, ou s'il le fait de son chef, tout devient incertitude et obscurité.

Rien n'est plus dangereux que l'axiome commun, qu'il faut consulter l'esprit de la loi. Adopter cet axiome, c'est rompre toutes les digues, et abandonner les lois au torrent des opinions. Cette vérité me paraît démontrée, quoiqu'elle semble un paradoxe à ces esprits vulgaires qui se frappent plus fortement d'un petit désordre actuel que des suites éloignées, mais mille fois plus funestes, d'un seul principe faux établi chez une nation.

Toutes nos connaissances, toutes nos idées se tiennent. Plus elles sont compliquées, plus elles ont de rapports et de résultats.

Chaque homme a sa manière de voir ; et un même homme, en différents temps, voit diversement les mêmes objets. L'esprit d'une loi serait donc le résultat de la logique bonne ou mauvaise d'un juge, d'une digestion aisée ou pénible, de la faiblesse de l'accusé, de la violence des passions du magistrat, de ses relations avec l'offensé, enfin de toutes les petites causes qui changent les apparences, et dénaturent les objets dans l'esprit inconstant de l'homme.

Ainsi, nous verrions le sort d'un citoyen changer de face, en passant à un autre tribunal, et la vie des malheureux serait à la merci d'un faux raisonnement, ou de la mauvaise humeur de son juge. Nous verrions le magistrat interpréter rapidement les lois, d'après les idées vagues et confuses qui se présenteraient à son esprit. Nous verrions les mêmes délits punis différemment, en différents temps, par le même tribunal, parce qu'au lieu d'écouter la voix constante et invariable des lois, il se livrerait à l'instabilité trompeuse des interprétations arbitraires.

Ces désordres funestes peuvent-ils être mis en parallèle avec les inconvénients momentanés que produit quelquefois l'observation littérale des lois ?

Peut-être ces inconvénients passagers obligeront-ils le législateur de faire, au texte équivoque d'une loi, des corrections nécessaires et faciles. Mais du moins, en suivant la lettre de la loi, on n'aura point à craindre ces raisonnements pernicieux, ni cette licence empoisonnée de tout expliquer d'une manière arbitraire, et souvent avec un cœur vénal.

Lorsque des lois seront fixes et littérales, lorsqu'elles ne confieront au magistrat que le soin d'examiner les actions des citoyens, pour décider si ces actions sont conformes ou contraires à la loi écrite ; lorsqu'enfin la règle du juste et de l'injuste, qui doit diriger dans toutes leurs actions l'ignorant et l'homme instruit, ne sera pas une affaire de controverse, mais une simple question de fait, alors on ne verra plus les citoyens soumis au joug d'une multitude de petits tyrans, d'autant plus insupportables, que la distance est moindre entre l'oppresseur et l'opprimé ; d'autant plus cruels, qu'ils rencontrent plus de résistance, parce que la cruauté des tyrans est proportionnée, non à leurs forces, mais aux obstacles qu'on leur oppose ; d'autant plus funestes, qu'on ne peut s'affranchir de leur joug qu'en se soumettant au despotisme d'un seul.

Avec des lois pénales exécutées à la lettre, chaque citoyen peut calculer exactement les inconvénients d'une mauvaise action ; ce qui est utile, puisque cette connaissance pourra le détourner du crime. Il jouira avec sécurité de sa liberté et de ses biens ; ce qui est juste, puisque c'est le but de la réunion des hommes en société.

Il est vrai aussi que les citoyens acquerront par là un certain esprit d'indépendance, et qu'ils seront moins esclaves de ceux qui ont osé appeler du nom sacré de vertu la lâcheté, les faiblesses et les complaisances aveugles ; mais ils n'en seront pas moins soumis aux lois et à l'autorité des magistrats.

De tels principes déplairont sans doute à ces despotes subalternes qui se sont arrogé le droit d'accabler leurs inférieurs du poids de la tyrannie qu'ils supportent eux-mêmes. J'aurais tout à craindre, si ces petits tyrans s'avisaient jamais de lire mon livre et de l'entendre ; mais les tyrans ne lisent pas.

Cesare Bonesana, marquis de Beccaria, *Des délits et des peines* (1764), § IV, trad. de l'italien par l'abbé Morellet, éd. de Guillaumin (1856).

Greta Christina (née en 1961)

Qu'est-ce qu'un rapport sexuel ?

Quand j'ai commencé à avoir des rapports sexuels avec d'autres, je me suis mise à les compter. Je voulais savoir combien il y en avait eu. C'était pour moi une source de fierté, ou en tout cas d'identité. Donc pour moi, Len était numéro un, Chris numéro deux, l'horrible petit drogué aux barbituriques, genre *heavy metal*, dont j'oublie le nom, numéro trois, Alan était numéro quatre, etc. J'en suis arrivée à un point où lorsque je couchais avec quelqu'un pour la première fois, lorsqu'il me pénétrait (je ne couchais qu'avec des hommes à cette époque), ce qui me venait à l'esprit ce n'était pas « Mmm, je la sens, oui c'est bon », ou « Qu'est-ce que je fous avec ce connard ? », ou « Quelle barbe, je me demande ce qu'il y a à la télé », mais : « Numéro sept ! »

[...]

Puis les chiffres ont augmenté, comme font souvent les chiffres, et cela devenait difficile de ne pas perdre le fil. Je me disais : « Le dernier c'était dix-sept, donc celui-là c'est dix-huit », et puis je commençais à douter de ma comptabilité. La nuit, au lieu de dormir, je passais des heures à récapituler : « Il y a eu Brad, et puis le type le jour de mon anniversaire, et puis David… ah, mais j'ai oublié le mec avec qui je me suis saoulée à la première soirée de la rentrée en fac… alors ça fait sept, huit, neuf… », et à deux heures du matin j'avais à peu près tout démêlé. Mais un doute subsistait toujours : peut-être avais-je oublié quelqu'un, quelque horrible abruti dont je ne voulais pas reconnaître qu'il avait visité mon corps. Mais même si j'avais voulu l'oublier et qu'après tout c'était une bonne chose, il était plus important pour moi de ne pas me tromper sur le compte.

Mais ça devenait de plus en plus dur. Je commençais à me poser des questions : qu'est-ce qui compte comme rapport sexuel et qu'est-ce qui ne compte pas ? Il y avait eu la fois avec Gene, par exemple. J'étais en rogne contre mon petit ami David parce qu'il me trompait. C'était la grosse crise, et Gene et moi nous étions amis ; ça faisait des semaines qu'il me faisait du plat et je ne l'avais pas vraiment découragé. Un soir je suis allée le voir pour me plaindre de David et Gene m'a gentiment écoutée… Il m'a fait un massage, on a parlé, il m'a pris la main, on s'est fait des confidences, on s'est serrés l'un contre l'autre et puis on a commencé à s'embrasser, à se rapprocher de plus en plus, à se tripoter et à se caresser, et puis on n'a plus pu se retenir, c'est parti tout d'un coup, on s'est roulés sur le lit à se faire des trucs de plus en plus chauds, une main par-ci, une jambe par-là et tout et tout. Sauf qu'il ne m'a pas pénétrée. Il en avait envie et moi aussi, mais j'avais une fixation : je voulais être fidèle à David, alors je lui répétais : « Non, fais pas ça. Ah, oui, ça c'est bon. Non, attends, pas si fort. Oui, là, t'arrête pas. Non, assez, ça suffit. » On ne s'est jamais déshabillés. Mais, je vous le jure, quelle nuit. Mémorable, même. Pendant longtemps je n'ai pas compté ce moment comme un rapport sexuel. Il ne m'avait pas pénétrée, donc ça ne comptait pas.

[...]

Des années plus tard, j'ai vraiment couché avec Gene et j'ai éprouvé un soulagement intense, parce qu'enfin, pas de doute, j'étais sûre et certaine que cette fois-ci il ne comptait plus pour du beurre et que je pouvais lui attribuer un numéro.

Puis je me suis mise à avoir des rapports sexuels avec des femmes et là, mon système a volé en éclats. Ma liste de partenaires était fondée sur la définition suivante de la sexualité : le sexe, c'est la pénétration du pénis dans le vagin, bref, baiser quoi. C'est une définition toute simple, un système binaire. Le critère, c'est pénétration ou pas pénétration. Oui ou non ? Numéro ou pas de numéro ? Sur la liste ou pas ? D'accord, c'est une définition assez arbitraire, mais c'est la définition habituelle, issue d'une tradition ancienne et respectée, et il ne m'était pas venu à l'idée de la remettre en question lorsque je ne couchais qu'avec des hommes.

Mais comme avec les femmes, il n'y a pas de pénis, ce système ne marche plus par définition. Et puis il y a tant de façons d'avoir des rapports sexuels avec une femme [...]. Bien sûr, c'est vrai aussi entre hommes et femmes. Mais entre femmes, il n'y a pas de Méthode qui se

Les Lois de l'attraction, film de Roger Avary, 2001.

justifie comme seule valable par le poids de la tradition. Lorsque nous baisons, il n'y a pas de bite, donc il n'y a pas l'idée que c'est La Bite de Monsieur qui compte, et que c'est elle qui apporte la preuve objective que nous sommes en train d'avoir des rapports sexuels, et que tout le reste ne serait que caresses pré- ou post-coïtales. Donc, lorsque j'ai commencé à avoir des rapports avec des femmes, mon système binaire a dû s'éclipser au profit d'une définition plus globale.

Cela signifiait que la liste de personnes avec qui j'avais eu des rapports sexuels était bonne pour la poubelle. Pour la garder, il aurait fallu que je recommence tout pour inclure les types que j'avais embrassés, sucés ou simplement tripotés. Et remettre en question la place attribuée à la personne dite « numéro un », place que jusque-là je tenais pour évidente, mais qui l'était devenue beaucoup moins.

De toute façon, la liste ne m'intéressait plus. C'était trop compliqué de la refaire, ça ne valait pas le coup. Mais la question cruciale restait celle-ci : avoir des rapports sexuels avec quelqu'un, ça consiste en quoi ?

Je voulais savoir. C'était important pour moi, parce qu'à première vue le fait d'avoir fait l'amour avec une personne change les rapports qu'on a avec elle. Non ? Si. Ce n'est pas le sexe en lui-même qui fait que la relation a changé, mais le fait de savoir qu'on a eu des rapports sexuels, qu'on a eu cette relation-là avec quelqu'un. Par exemple, quand on fait la conversation poliment en public tout en pensant : « J'ai couché avec lui/elle », ça change les choses. Du moins je le pensais. Et si le sexe entre amis peut troubler l'amitié, brouiller les choses, alors que dire d'une situation où on ne sait pas vraiment si ce qui s'est passé est un rapport sexuel ou non ?

Le problème, c'était que plus je variais mes expériences sexuelles, moins je savais distinguer ce qui était vraiment sexuel de ce qui ne l'était pas. Plus je pratiquais, plus la limite devenait floue, et plus elle m'interpellait. Ce n'était pas seulement que la contrée que j'appelais « sexe » devenait plus vaste, mais ses frontières elles-mêmes se dilataient, se transformaient en une vaste région indéterminée, et la ligne de démarcation cédait la place à une sorte de *no man's land*, un lieu bizarre. Un endroit pas désagréable, mais étrange.

[…]

Par exemple, j'ai travaillé quelques mois comme danseuse nue dans un *peep-show*. Au cas où vous ne sauriez pas ce que c'est, je vous le décris : le client entre dans un petit cagibi sombre assez dégueu, un peu comme une cabine de téléphone, il met des pièces et un panneau métallique s'ouvre. Là, il peut apercevoir à travers une vitre des femmes nues qui dansent. Une fois, un type est arrivé et s'est mis à me regarder et à se masturber. Je suis venue vers lui, je me suis accroupie devant sa vitre et je me suis mise à me masturber aussi. Nous nous sommes souri et nous nous sommes regardés nous masturber, et c'était le pied. (Je n'arrive pas à croire qu'on me payait pour me masturber – mais bon, quelqu'un doit s'y coller !) Après, je me suis demandé : « Et ça, c'était un rapport sexuel ? » En fait, si ça avait été avec quelqu'un que je connaissais, s'il n'y avait pas eu de vitre, pas de pièces de monnaie, je n'aurais pas hésité une seconde. Se retrouver à un mètre de quelqu'un et le regarder se masturber – et *vice versa* – pas de problème, j'appelle ça du sexe. Mais là, c'était différent, parce que c'était quelqu'un que je ne connaissais pas et parce qu'il y avait la paroi vitrée et le fric. Peut-on parler de rapport sexuel dans ce cas ? Je n'en sais toujours rien.

« Are We Having Sex Now or What ? » (1992), dans *The Philosophy of Sex. Contemporary Readings* (sous la direction de Alan Soble), Rowman & Littlefield Publishers, Oxford, 1997 (3e éd.).

André Breton (1896-1966)

Le sentiment esthétique est-il sexuel ?

J'avoue sans la moindre confusion mon insensibilité profonde en présence des spectacles naturels et des œuvres d'art qui, d'emblée, ne me procurent pas un trouble physique caractérisé par la sensation d'une aigrette de vent aux tempes susceptible d'entraîner un véritable frisson. Je n'ai jamais pu m'empêcher d'établir une relation entre cette sensation et celle du plaisir érotique et ne découvre entre elles que des différences de degré. Bien que je ne parvienne jamais à épuiser par l'analyse les éléments constitutifs de ce trouble – il doit en effet tirer parti de mes plus profonds refoulements – ce que j'en sais m'assure que la sexualité seule y préside. Il va sans dire que, dans ces conditions, l'émotion très spéciale dont il s'agit peut surgir pour moi au moment le plus imprévu et m'être causée par quelque chose, ou par quelqu'un, qui, dans l'ensemble, ne m'est pas particulièrement cher. Il ne s'en agit pas moins manifestement de cette sorte d'émotion et non d'une autre, j'insiste sur le fait qu'il est impossible de s'y tromper : c'est vraiment comme si je m'étais perdu et qu'on vînt tout à coup me donner de mes nouvelles.

L'Amour fou, Gallimard, 1937.

Antoine Watteau, *Fête galante*, 1715-1718.

CHAPITRE 4

Le droit pénal protège-t-il la liberté sexuelle ?

« Service. C'est rendre service aux enfants que de les calotter ; aux animaux, que de les battre ; aux domestiques, que de les chasser ; aux malfaiteurs, que de les punir. »
Gustave Flaubert, *Dictionnaire des idées reçues.*

Voilà donc le portrait de ce système pénal qui a érigé les infractions sexuelles en crime maximal, préférant emprisonner des innocents plutôt que courir le risque de laisser en liberté ne serait-ce qu'un coupable. Il a développé autour de la sexualité un dispositif pénal d'exception, qui n'a pas son équivalent dans d'autres domaines. On peut comparer cette attitude à celle qu'aurait un État devant une sorte de terrible menace terroriste qui risquerait de faire sauter la planète en mille morceaux. Arrêter des personnes innocentes afin de ne pas laisser dans la nature ne serait-ce qu'un seul coupable, en ce cas, peut-être, se justifierait. Aussi est-il temps de se demander ce qu'on protège donc avec autant de fureur, et si cela, vraiment, vaut bien tous ces innocents qu'on met en prison ou ces coupables même à qui on impose les plus lourdes peines qui existent. Et d'abord est-ce bien, comme on le prétend, la liberté sexuelle qu'on protège ?

Avons-nous des droits sexuels ?

Supposez que votre compagne ou compagnon, avec qui vous vivez depuis plusieurs années sans vous être mariés (vous êtes « modernes »), apprenne que vous avez commencé une aventure avec une autre personne, que, jusqu'à présent, vous n'avez pas été plus loin qu'un tendre flirt, mais que ce soir-là, précisément, vous avez prévu de vous rencontrer et de vous abandonner l'un à l'autre. Imaginez qu'éperdu de jalousie il entre dans la chambre de vos péchés, qu'il s'interpose entre votre amant et vous et qu'il vous empêche de vous livrer aux ébats sexuels dont vous rêviez au cours de longues semaines d'attente. Auriez-vous le droit de le traîner devant les tribunaux pour crime sexuel ?

La réponse est clairement : non, inutile d'essayer. Vous pourrez éventuellement le poursuivre pour violences, s'il a serré un peu trop fort, mais jamais pour crime sexuel, ce qui lui évitera de risquer plusieurs années de prison.

Cela vous paraît normal ? Vous ne voyez pas où est le problème ? Vous suspectez un affreux sophisme qui prétend comparer des choses incomparables ? Vous sentez déjà monter en vous l'indignation à la seule idée de mettre sur le même plan la personne qui a été « forcée », comme on dit sans même avoir besoin de complément d'objet, et celle qui a été simplement empêchée d'avoir un plaisir sexuel, et vous pensez que c'est faire fi du moindre sens psychologique, de toute humanité, de tout respect même pour les victimes ? Reprenez votre respiration s'il vous plaît, et considérez les points suivants.

Cette dissymétrie entre la protection de votre droit à dire non et celle de votre droit à dire oui signifie que, malgré toutes les « libertés » que vous a données la « révolution des mœurs », vous n'avez pas en vérité de *droit sexuel*. Ou, si vous préférez, que la liberté sexuelle ne fait pas partie des choses que l'État vous reconnaît.

On dit qu'on jouit de la liberté de s'exprimer, non pas seulement lorsqu'on a le droit de se taire (droit négatif), mais aussi lorsqu'on a celui de parler en public ou de publier ce que l'on souhaite (droit positif). On dit qu'on jouit de la liberté de circuler non seulement lorsque l'on reste chez soi, mais aussi lorsque l'on peut aller et venir sans être dérangé d'une manière injustifiée. On dit qu'on a un droit de propriété sur quelque chose comme une habitation, non seulement lorsque l'on peut exclure les intrus qui seraient venus sans notre autorisation, mais aussi lorsqu'il est interdit à quiconque de nous empêcher d'y entrer ou de la vendre ou de la louer à qui on le désire. Imaginez que le droit de propriété ne soit protégé que par la législation qui réprime les voleurs… C'est pourtant ainsi qu'en France on protège la liberté sexuelle.

Nulle part, dans aucun texte, ni national ni international, le fait d'avoir une activité sexuelle avec des partenaires consentants n'est reconnu comme un droit aussi fondamental que celui de se réunir, de circuler, de s'exprimer, d'être propriétaire, etc., droit que les États seraient tenus de respecter. Le droit le plus proche est celui à la protection de la « vie privée ». Ce droit existe aussi bien en droit interne que dans la Convention européenne des droits de l'homme. Mais il n'inclut pas nécessairement le droit à la vie sexuelle, voire l'exclut parfois explicitement : c'est en son nom que les Pays-Bas ont été condamnés en 1985 par la Cour européenne des droits de l'homme pour ne pas prévoir dans leur législation des infractions punissant les rapports sexuels entre handicapés mentaux et personnes bien portantes lorsque ces actes ont lieu sans violence.

Vous penserez peut-être que c'est normal, sachant que les handicapés mentaux n'ont pas la capacité de consentir à la sexualité. Mais les jeunes qui sont majeurs sexuellement quoique mineurs civilement, c'est-à-dire qui ont entre quinze et dix-huit ans, sont bien censés, eux, avoir la capacité de consentir à un rapport sexuel. Or, le fait, pour leurs parents, de les empêcher d'entretenir des rapports sexuels avec des gens de leur âge ou d'autres plus âgés ne constitue en rien une forme de maltraitance particulière qui serait prévue par la loi. Vous croyez peut-être que c'est parce qu'on respecte le droit des parents à éduquer comme ils l'entendent leur enfant. Vous verrez dans la partie suivante que, si ces mêmes parents se montrent trop permissifs, ils sont en revanche susceptibles d'être punis. C'est donc en vérité parce qu'on ne considère pas, dans le fond, la liberté d'avoir des rapports sexuels comme une priorité. À l'inverse, sur un cas aussi controversé moralement que l'avortement, on permet à une mineure d'agir contre le consentement de ses parents. Avant 2001, certains juges avaient accordé cette autorisation à la place des parents ou n'avaient pas condamné des médecins qui avaient passé outre une telle autorisation ; désormais, il suffit à la jeune fille, comme on l'a vu, de se faire accompagner d'un majeur de son choix. Faire appel à un juge pour qu'il autorise un jeune à entretenir des rapports sexuels semble presque impossible à imaginer dans l'ordre actuel.

Au contraire ! Si jamais leur enfant de plus de quinze et de moins de dix-huit ans entretient une relation sexuelle avec un adulte et que cela ne leur plaît pas, les parents peuvent, si les circonstances le permettent, faire appel à l'article 227-8 du Code pénal qui punit le détournement de l'autorité parentale de cinq ans de prison.

Les Pays-Bas, au contraire, ont montré qu'ils considèrent, eux, que la sexualité est une nécessité humaine aussi importante que la santé : ils ont mis en place un système de prostitution à domicile financé par la collectivité, qui permet à des handicapés et à des malades d'avoir une activité sexuelle malgré leurs infirmités. La sexualité est ainsi pour eux presque un droit social. Dans la France d'aujourd'hui, cette idée semble presque obscène, la prostitution étant comparée à l'esclavage même lorsqu'elle est entièrement volontaire. Par ailleurs, les Pays-Bas ont baissé l'âge de la majorité sexuelle à douze ans, et les mineurs de seize ans peuvent discuter avec un juge de la pertinence pour eux d'entretenir des relations sexuelles lorsque leurs parents s'y opposent.

La seule exception que la France tolère à son refus des droits sexuels, c'est la subsistance du devoir conjugal. En effet, même si on ne peut en obtenir l'exécution par la force depuis les deux arrêts de la Cour de cassation de 1990 et de 1992, il a été dit, à cette occasion, qu'il existe entre époux une « présomption de consentement jusqu'à preuve contraire ». Cela veut dire, en substance, qu'aucun des deux – mari ou femme – ne sera accusé de viol si jamais il pénètre l'autre pendant qu'il dort ou qu'il est ivre. Tels sont exactement les privilèges du mariage. En outre, la subsistance du divorce pour faute fait que la non-exécution de la dette conjugale peut être sanctionnée par un juge. Ainsi, le mariage continue à monopoliser les droits sexuels comme par le passé, même s'ils sont plus faibles. N'est-il pas paradoxal que l'on ne reconnaisse spécifiquement des droits sexuels que lorsqu'il s'agit d'une dette et non pas lorsque les deux partenaires sont consentants ?

Brigitte Lahaie dans *Les Prédateurs de la nuit*, film de Jésus Franco, 1988.

Ne dit-on pas que la seule règle qui doit organiser les rapports sexuels est le consentement libre de toute pression, de toute crainte, de toute menace pour le bien-être de l'autre ? Ces remarques n'ont pas vocation, bien entendu, à nous encourager à criminaliser les époux qui pénètrent leurs épouses pendant leur sommeil, mais à montrer que ce n'est pas la liberté sexuelle que protège l'impressionnant attirail répressif dont la France s'est dotée.

Le « traumatisme psychique » peut-il motiver une sanction pénale ?

« Je conteste qu'une chose aussi inutile que la souffrance puisse donner des droits quels qu'ils soient, à qui que ce soit, sur quoi que ce soit. »

Boris Vian, *L'Arrache-Cœur*.

SI les crimes et délits sexuels sont si sévèrement punis, ce n'est donc pas parce qu'on protège notre liberté sexuelle. D'ailleurs – soyons juste – beaucoup de ceux qui se félicitent de cette débauche répressive et qui en demandent toujours plus le pressentent plus ou moins confusément. Ils nous expliquent que ce qu'on punit, c'est le *dommage psychique* gravissime que les délits et crimes sexuels infligeraient aux victimes.

Car si les atteintes sexuelles ne laissent pas de trace visible, elles s'emparent de votre esprit, elles vous minent de l'intérieur, d'une manière invisible mais d'autant plus efficace, elles vous enlèvent toute envie de vivre, elles font de vous une sorte de mort vivant, de somnambule habitant éternellement le même jour d'horreur... Le viol serait une forme de meurtre, un meurtre d'âme, un « meurtre psychique ». Et quelle autre raison qu'une sorte de mort, radicale mais invisible, pourrait justifier des peines aussi, voire plus lourdes que celles qui sanctionnent la perte d'une vie humaine ? Certains magistrats avec lesquels il m'est arrivé d'en discuter m'ont répondu : « Mais c'est très simple, lorsque quelqu'un a été violé il est traumatisé à vie. Tandis qu'un mort ne souffre pas... » Malheureusement, ce n'est pas une blague de mauvais goût, c'est l'idée qu'une grande partie des juges français se font de leur mission en accord avec une société qui a perverti à tel point les valeurs qu'on en est arrivé à penser que les souffrances psychologiques étaient plus graves que le fait de perdre la vie, c'est-à-dire la possibilité de jouir de toutes les possibilités y compris d'avoir l'humain privilège de souffrir.

Le scénario est à peu près le suivant. Les femmes violées se sentent salies, dégoûtantes, honteuses. Elles prennent leur corps en horreur. Certaines ne peuvent plus faire l'amour, d'autres s'y livrent de manière compulsive, toutes ont le sentiment que leur corps ne leur appartient plus, qu'elles ont été chassées de leur intimité, saccagées dans leur être même. Elles finissent par perdre tout goût à la vie. Elles se sentent « mortes à l'intérieur ». Cela peut durer des années, parfois bien plus longtemps qu'il n'en faut au coupable pour purger sa peine, bien plus de dix ans. Le traumatisme sexuel n'est pas de ces blessures qui se cicatrisent en quelques semaines ni même en quelques mois. Leur amertume à l'égard de ces coupables qui s'en remettent, finalement, plus vite qu'elles, les empêche de passer à autre chose. Le leur demander, n'est-ce pas d'ailleurs montrer qu'on ne comprend pas la gravité de ce qui leur est arrivé ? Le mal s'étend sur des décennies. Elles sont hantées par des idées de suicide. Entre elles et les hommes dont elles tombent amoureuses, il y aura toujours le fantôme du violeur. Elles perdent toute confiance en elles, toute innocence envers la vie : elles se mettent en situation d'échec professionnel et familial, comme si elles avaient intégré la volonté de leur agresseur de les détruire. Tout cela à cause d'un salaud qui a cru, une fois de plus, que le corps des femmes lui appartenait !

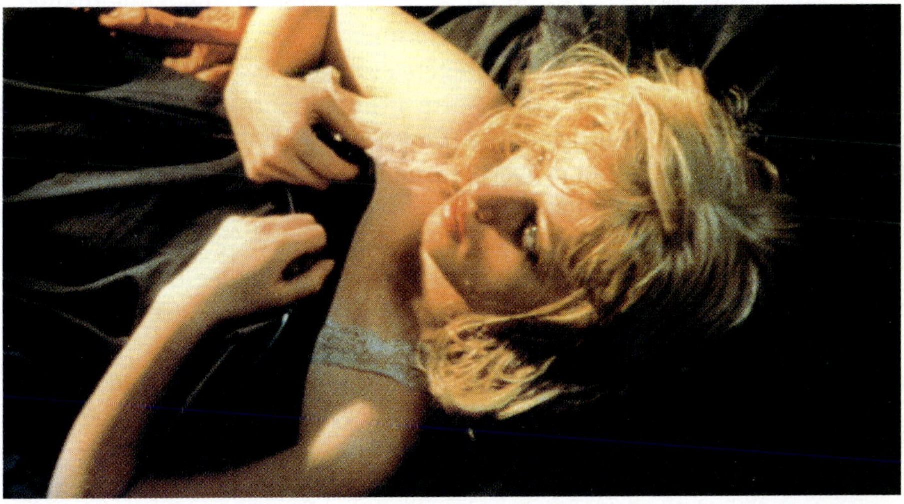

Cindy Sherman, *Sans titre # 93*, New York.

Ce que subissent les victimes des infractions sexuelles n'est pas, dit-on, un simple dommage : c'est un traumatisme. Le propre du traumatisme, c'est précisément qu'il ne passe pas, qu'il impose sa fatalité à toute une vie, sous des formes indirectes et souvent différées dans le temps. À la différence d'autres, qui ont un début et une fin, comme le vol, les infractions sexuelles n'auraient qu'un début, leurs effets se poursuivant jusqu'à la mort. À travers le dispositif si singulier de la pénalité sexuelle, le législateur et l'appareil judiciaire ont voulu montrer qu'ils avaient compris le caractère traumatique de ces infractions. C'est ainsi qu'on a justifié la lourdeur des peines, l'allongement des délais de prescription, le mode exceptionnel de prise en charge des délinquants sexuels, et même les procédures atypiques de preuve, en matière de pédophilie notamment. Les transformations si inquiétantes de la procédure pénale viennent elles aussi de ce que les procès, en matière sexuelle, n'ont pas seulement pour but d'établir des faits, d'évaluer des responsabilités et de punir des coupables. Ils doivent également aider la victime à assumer l'événement, à l'intégrer dans son histoire, en donnant une reconnaissance publique à la fois à la crédibilité de sa parole et à la gravité de sa douleur. La peine elle-même est censée avoir une vertu thérapeutique pour la victime. Lui dire, en substance : « Ta souffrance a une cause externe à toi-même », la nommer et la renvoyer par le biais de la peine au lieu de son origine, l'auteur. Cela est censé décharger ses épaules du fardeau, la délivrer du mal d'une manière presque aussi magique que l'exorcisme.

Ainsi, les règles pénales protégeraient quelque chose qui s'apparente plus au « psychisme » ou à notre « santé mentale » qu'à une liberté quelconque. De fait, le nouveau Code pénal ne traite pas ces infractions dans un chapitre sur la liberté sexuelle, mais sur « le sexe ». Le sexe est devenu un bien juridique, avec tout ce que cela comporte néanmoins de mystérieux.

L'ennui, quand on cherche à justifier l'existence d'une sanction pénale par la souffrance qu'un acte ferait subir aux autres, c'est qu'on perd rapidement tout critère objectif pour déterminer ce qui devrait être puni et ce qui n'a pas à l'être. Car il arrive souvent qu'on nous fasse beaucoup de mal sans que cela puisse être considéré ni de près ni de loin comme une faute. Ainsi, celui qui rompt une relation amoureuse pour partir avec quelqu'un d'autre inflige souvent une souffrance irréparable. On sait par exemple que, pour beaucoup de sans domicile fixe, c'est un divorce (et non un viol) qui a initié leur descente aux enfers à la fois psychologiques et sociologiques de la rue. Le divorce est alors la première marche d'une déchéance intérieure et extérieure maximale. Je n'ose imaginer le nombre de suicides qui sont dus à ce genre de circonstances. Mais nul ne considère que ce dommage psychique grave et manifeste suffise à faire de la rupture d'une relation amoureuse un acte qui devrait être puni par la loi. C'est triste à dire (quoique, à la réflexion, d'une grande sagesse), mais le droit pénal n'a pas pour vocation de nous protéger des petites et des grandes vacheries de la vie. Il n'est pas là pour venir venger les torts qu'on nous a faits, mais *pour sanctionner un comportement qui transgresse une règle que la société considère comme essentielle*.

Quelle est la règle ici ? Celle de respecter en principe le consentement d'autrui. Mais alors on revient à la première question : pourquoi ne condamne-t-on pas également ceux qui m'empêchent d'avoir les rapports sexuels pour lesquels mes partenaires et moi sommes consentants ? En fait, tout se passe comme si on avait conservé de la morale sexuelle de jadis l'idée que le sexe ne saurait jamais être en soi une activité bonne, nécessaire, qu'il faut protéger activement et *positivement*, mais qu'il s'agit d'une activité dangereuse, inquiétante, dramatique, toujours au bord de l'illicéité, à laquelle il importe uniquement de s'assurer qu'on ne se livre pas les yeux fermés. On s'est simplement contenté de généraliser cette idée à *tous* les rapports sexuels, y compris ceux que réalisent les époux. On se souvient en effet que dans l'ancienne définition du viol, seuls pouvaient être incriminés les coïts entre un homme et une femme non mariés, et que le consentement de la femme importait précisément dans la mesure où on considérait de toute manière ces rapports comme illicites. La femme qui s'y livrait devait l'avoir fait en connaissance de cause, précisément parce qu'elle risquait sa moralité et peut-être même des sanctions pénales s'il s'agissait d'un adultère. De nos jours, c'est à tout un chacun qu'on demande le même genre de consentement, mais parce qu'on suppose désormais qu'il y risque toujours un peu de sa santé mentale. C'est bien pour cela qu'on lui demande un consentement *éclairé*.

Mais si le sexe est resté négatif, on ne sait plus cependant de quoi il est le négatif. Auparavant, on perdait également quelque chose d'immatériel lorsqu'on était victime d'une atteinte sexuelle, mais du moins on savait ce que c'était : quelque chose comme son honneur quand on était une femme, ou son innocence morale lorsqu'on était un mineur « corrompu » par un adulte. Le crime était bien déterminé : il s'agissait de la transgression d'une morale sexuelle explicite qui considérait la liberté sexuelle comme un mal en soi et n'admettait des droits sexuels que dans le cadre contraignant du mariage. De nos jours, comme on ne veut plus avoir l'air de défendre une morale sexuelle particulière, mais qu'on est incapable par ailleurs de reconnaître la liberté sexuelle comme un droit véritable des personnes, on continue à protéger de manière uniquement négative les comportements sexuels (par le droit de dire non), mais on n'a plus vraiment la mesure de ce qu'on protège. Aussi les peines, si exorbitantes soient-elles, semblent toujours trop tièdes, toujours inégales à l'immensité de l'atteinte. On peut penser que le caractère illimité du dommage est le corollaire du caractère indéfinissable du bien protégé, ce qui explique peut-être que la souffrance qui en résulte puisse être pensée, mais aussi *vécue*, comme un mal absolu.

Étrange activité de la vie quotidienne que le sexe : le consentement sépare d'une ligne étroite le ciel de la sexualité épanouie de l'enfer de la sexualité subie. Lorsque d'autres biens juridiques sont en cause, les choses se passent tout autrement. Pour les atteintes les plus graves aux personnes, comme celles contre la vie ou contre l'intégrité physique, le consentement de la victime ne saurait excuser la personne qui les commet. On ne tient pas compte d'un consentement à être tué ou gravement mutilé (sauf si cette mutilation est faite par un médecin et obéit à un but thérapeutique). En revanche, lorsqu'il s'agit de biens qu'on estime moins importants, comme la propriété, on retrouve cette possibilité de consentir à y renoncer. Ainsi, nous pouvons avoir plaisir à donner quelque chose, mais nous sommes très mécontents si cette chose nous est volée. Mais les sanctions sont alors beaucoup moins graves. Avec le « sexe », nous avons en quelque sorte une association de ces deux groupes d'infractions : nous pouvons consentir à céder ce bien juridique, et encore seulement à titre gratuit et dans des conditions limitées, comme avec la propriété, mais si notre consentement n'est point respecté, ce sont les peines maximales qui s'appliquent, comme avec les atteintes à la vie ou à l'intégrité physique. Étrange association du bien et du mal, qui donne une idée de ce « quelque chose qui ne tourne pas rond » avec la sexualité dans notre société.

Les peines sexuelles protègent-elles vraiment notre santé mentale ?

On peut par ailleurs douter que cette manière de faire du traumatisme des victimes le fondement des peines infligées aux coupables soit profitable à la santé mentale de qui que ce soit. En effet, plus sévèrement on punit les crimes sexuels, plus grave on suppose être l'atteinte que la personne a subie. L'ampleur même de la punition est un message qui est adressé par l'ensemble de la société à la victime. Lorsqu'une femme a été violée, elle n'entend rien d'autre dans la bouche des experts, des juges, des associations qui prétendent l'aider, de la société dans son ensemble, sinon qu'elle a été détruite, qu'elle est morte psychiquement. Elle est priée de bien vouloir recevoir notre compassion, et d'essayer tant bien que mal de ressusciter, grâce au procès, grâce à la prise en charge psychologique qu'on lui propose, aux quelques indemnités financières aussi qu'on lui réserve comme à une sorte de grand blessé de guerre.

Il n'est pas nécessaire d'être très fin psychologue pour se rendre compte que tout ce discours risque d'enfermer la victime dans un destin prédéterminé, de l'obliger à se vivre comme la morte qu'on imagine, d'interpréter sa propre histoire à la lumière de cet événement – et cela *précisément pour justifier le châtiment lui-même*. Les récits des victimes sur leur expérience intérieure semblent bien souvent obéir à un scénario standardisé. Contrairement à ce qu'imagine notre société trop livrée aux délices et aux maléfices de la psychologie, il n'y a rien qui soit plus ouvert à l'influence sociale que notre « intériorité », précisément parce qu'on n'a aucun critère extérieur. Si on vous dit qu'il n'y a pas de mur devant vous alors que vous croyez en voir un, vous pouvez toujours vous avancer et trébucher sur lui. Mais l'interprétation de votre propre expérience influera toujours sur elle. Elle se confond même avec elle.

On voit donc le vice de raisonnement : on prétend fonder notre conviction que ce qui se passe dans les actes sexuels est très grave sur le fait que ceux qui en sont victimes sont traumatisés, mais on contribue à faire de la sexualité quelque chose de traumatisant justement en disant que c'est si grave.

Ne devrait-on pas plutôt chercher à relativiser ce qui s'est passé, et surtout, surtout, séparer la souffrance de la victime du châtiment du coupable ? Car le paradoxe de cet évangile des victimes, c'est qu'on leur fait porter à elles la charge de justifier, par les blessures de leur âme et même par une vie marquée du sceau d'une fatalité toujours menaçante, la peine qu'on veut infliger au coupable. Je pense que forcer le consentement d'autrui pour en faire un objet sexuel comme pour n'importe quel motif est un acte coupable qui doit faire l'objet d'un châtiment ; mais je considère aussi qu'il faudrait le faire, quand bien même la victime n'en serait nullement « traumatisée ». Je crois que tout le monde a à gagner à séparer la souffrance de la victime du châtiment du coupable, et à sortir du cercle vicieux de ce raisonnement qui fait de l'un le motif de l'autre et les oblige ainsi à se renforcer sans cesse l'un l'autre dans une surenchère déplorable.

C'est encore plus vrai pour les enfants : en prétendant punir *au nom* de leur souffrance, on leur dit ce qu'ils doivent ressentir désormais par rapport à ce qui leur est arrivé. C'est une forme de subjectivation forcée. Ce doit être bien terrible ce qu'on leur a fait pour que la personne se trouve en prison pour tant d'années *uniquement* à cause de ce poison mystérieux qu'il a inoculé dans leur esprit. Ainsi, on envoie un prêtre en prison pour six ans parce qu'il a masturbé des jeunes garçons de treize ou quatorze ans. On ajoute que le fait que les enfants aient eu des érections et que le prêtre en question y ait vu un témoignage de leur « consentement » aggrave le dommage psychique qu'il leur a causé.

Et que dire du fait que, au nom de la gravité supposée des dommages subis par des enfants et de la nécessité de « briser la loi du silence », on en vienne à justifier la possibilité des erreurs judiciaires ? En prétendant faire la chasse aux pédophiles, on en est venu à imaginer des complots secrets, à interroger les enfants pour leur suggérer les pires images, à mettre en doute leur parole quand ils disent qu'ils n'ont été l'objet d'aucun geste (alors qu'on explique par ailleurs qu'il faut toujours les croire...), à les supposer « dans la dénégation » quand ils ne disent pas ce qu'on attend d'eux... Les enquêteurs font pression sur eux en les interrogeant, les « experts psychiatres », eux aussi *a priori* convaincus, même quand ils n'ont aucune preuve, cherchent à leur faire dire « la vérité », en affirmant vouloir les libérer...

C'est ici la justice elle-même qui produit le traumatisme dont elle prétend protéger ses humbles brebis. Aux États-Unis, où la folie antipédophile a commencé plus tôt, on s'est déjà rendu compte depuis quelques années des ravages que ce soupçon généralisé et ces procédures expéditives peuvent faire sur les enfants. Ceux qu'on a forcés à mentir ne s'en remettent pas. C'est ce qui a conduit Linda Starr, de

Ralph Eugene Meatyard, *Sans Titre*, 1962.

l'université de Caroline du Nord, qui avait passé une partie de sa vie à traquer les criminels sexuels, à s'investir dans une institution, l'Innocence Project, dont la mission est d'obtenir qu'une personne qu'elle estime avoir été injustement condamnée soit rejugée. Elle dit avoir réalisé aussi avec le temps combien les erreurs judiciaires avaient été terribles pour les victimes elles-mêmes : « Je n'avais pas mesuré à quel point ces enfants, qui n'avaient pas été abusés sexuellement, ont néanmoins expérimenté un trauma comparable à ceux qui l'ont réellement été[71]. » Je doute qu'on envoie ces inspecteurs trop zélés et ces psychologues fanatisés en prison avec obligation de soin psychiatrique à la clef pour avoir, au mépris de toutes leurs obligations professionnelles, provoqué ce traumatisme-là...

[71] Maggie Jones, « Who Was Abused ? », *New York Times*, 19 septembre 2004. ▸ TEXTE P. 209.

Le pire est que la victime qui ne se sentirait pas ainsi traumatisée deviendrait elle-même bien vite suspecte. Si l'on n'a pas encore imposé de thérapie forcée aux adultes victimes de crimes et délits sexuels, un suivi psychiatrique est en revanche fortement conseillé pour les victimes mineures, enfants ou adolescents. L'expertise psychiatrique n'a pas pour but d'évaluer seulement la crédibilité de la fameuse « parole de l'enfant », mais aussi la nécessité éventuelle d'une prise en charge psychologique. On pourrait croire qu'il s'agit de l'aider à dédramatiser l'événement, ainsi que l'atmosphère traumatique du procès lui-même. Mais non. C'est parce que la victime est censée être un criminel en puissance. Le crime sexuel, comme le vampirisme, est supposé se transmettre par des voies aussi étranges, quand on y réfléchit, que le mal de Dracula. Les journaux ne cessent de le dire : les criminels sexuels sont souvent d'anciennes victimes. Le trauma ne justifie pas seulement la sanction du coupable ; il crée aussi une sorte de complicité transgénérationnelle avec sa victime. Les victimes d'aujourd'hui sont les agresseurs de demain. Des experts se fondant sur leur fameux terrain clinique (qui curieusement imite si souvent leurs préjugés du jour) nous disent que 50 % des victimes deviendront des

Edvard Munch, *Le Vampire*, 1893-1894.

criminels, et que « la prise en charge a un but éminemment préventif[72] ». Bref, la victime, précisément parce qu'elle est une victime psychologique, est *dangereuse*. Drôle de sollicitude en vérité, que celle qui s'inquiète de vous voir devenir criminel !

Nous n'avons décidément pas beaucoup changé depuis la grande époque des « mœurs » : certes, la victime n'est plus désormais censée avoir été déshonorée, voire débauchée, mais elle est néanmoins considérée comme souillée et même *pervertie*. On pense aujourd'hui comme hier que quelque chose est désormais tordu dans son désir.

Cette théorie du traumatisme a un autre défaut : elle ne rend pas plus compte que la précédente de la dissymétrie entre la protection du oui et celle du non. Car après tout, si c'était vraiment notre « intégrité sexuelle » et notre équilibre psychique qu'on voulait à tout prix préserver, à défaut de notre liberté, s'il s'agissait effectivement de punir tous ceux qui ont induit en nous des traumatismes sexuels, on ne voit toujours pas pourquoi on ne punirait pas ceux qui nous ont empêchés d'avoir des rapports sexuels, à commencer bien souvent par nos propres parents. Je suis sûre que nombreux parmi mes lecteurs sont ceux qui ont des souvenirs intenses des humiliations gratuites infligées par un parent, des colères injustifiées des mères qui s'abattent sur les filles dont elles suspectent un comportement dévergondé, des pères qui interdisent de fréquenter tel ou tel garçon ou telle ou telle fille dont on gardera l'image éternellement gravée dans la mémoire et qui viendra perturber notre vie affective et familiale, bref : toute une véritable police sexuelle dans laquelle beaucoup de monde continue de vivre... La plupart d'entre nous doivent leurs inhibitions non pas au fait d'avoir été abusés sexuellement, mais à leur incapacité à assumer leurs désirs. Certains se souviennent peut-être de ce fait divers de 1975 dont s'est inspirée la cinéaste Sofia Coppola pour réaliser *Virgin Suicides*. Dans ce film, les cinq sœurs Lisbon sont surveillées de très près par leur mère, stricte et austère. Après l'inexplicable suicide de la plus jeune, la sévérité de l'éducation qu'impose leur mère aux quatre adolescentes – suspectes selon elle de dévergondage – en leur interdisant toute sortie et tout plaisir, les conduit finalement toutes les quatre à mettre fin à leurs jours.

---

[72] Gérard Lopez, *Les Violences sexuelles sur les enfants* (1997), PUF, « Que sais-je ? », 1999.

Plaisanterie ? Vous croyez ? Vous vous trompez. La notion même de traumatisme sexuel a été construite par Sigmund Freud, mais pas spécialement pour des actes violents ou indésirables, au contraire. Le terme de « traumatisme » désignait originellement une blessure physique d'une extrême intensité. On constata ensuite que ces événements pouvaient être si brutaux et si inattendus que l'esprit n'arrive pas à les élaborer, de sorte qu'ils *ne passent pas*, comme on dit, qu'ils laissent des traces dans l'esprit bien après que le corps a cicatrisé. Le patient en rêve tous les soirs, il semble sans cesse revivre l'accident, ou parfois il l'oublie au contraire totalement et efface en même temps une partie de son histoire afin de ne pas avoir à se rappeler cet événement inacceptable. C'était le cas en particulier des « névroses traumatiques de guerre ». Freud fait l'hypothèse que les névroses hystériques en temps de paix leur sont comparables, et qu'elles ont leur origine dans un événement de nature sexuelle que le patient n'arrive ni à accepter ni à oublier. Ces événements traumatisants ne sont pas nécessairement des situations où il y a une irruption brutale, dans le champ d'expérience des patients, d'événements indésirables, mais plutôt des situations dans lesquelles il y a une *soudaine privation d'objets désirés*. L'exemple typique d'un événement traumatique selon Freud est celui du petit enfant qui voit partir sa mère [73]...

Heinrich Füssli, *Le Cauchemar*, 1790-1791.

Qu'on lise, par exemple, les *Études sur l'hystérie* de Freud, dans lesquelles son hypothèse sur le rôle de la sexualité dans les maladies mentales apparaît pour la première fois. Les « hystériques » viennoises ne sont pas toutes des filles qui, comme la jeune « Katharina », ont été

73 Sigmund Freud, « Au-delà du principe de plaisir » (1920), dans *Essais de psychanalyse*, Payot, « Petite bibliothèque », 1967, p. 7-92.

victimes de tentatives de séduction exercées par leur propre père. Ce sont aussi des jeunes femmes victimes d'une morale sexuelle étriquée, qui, comme Mlle Elizabeth von R., ont eu une « douce inclination » pour le charmant mari de leur sœur. Ce sont de pauvres enfants traumatisés par les remarques brutales et obscènes qu'on leur faisait pour couper court à leurs tentations masturbatoires. Faut-il faire de nos mères des « criminelles sexuelles » ? Faut-il les envoyer en prison même lorsqu'elles seront dans une institution gériatrique (compte tenu des délais de prescription exorbitants prévus pour les crimes sexuels), après qu'une longue thérapie nous aura montré les liens entre leurs comportements et nos inhibitions ? On ferait mieux de suivre le sage conseil de Freud et laisser la psychanalyse en dehors des prétoires...

Par ailleurs, si l'on se place du point de vue des arguments donnés pour pénaliser si fortement la criminalité sexuelle, on pourrait penser que le fait d'empêcher autrui d'avoir des rapports sexuels pourrait être cause non seulement de trouble psychique, mais aussi de dangerosité sociale. Dans son célèbre roman *Lolita,* Nabokov (▸ TEXTE P. 198) n'avait-il pas posé, à l'origine de la passion coupable de son personnage pour les « nymphettes », l'impossibilité de réaliser ses désirs partagés d'adolescent à peine pubère avec la jeune et charmante Annabel, du fait de la surveillance incessante dont ils étaient l'objet ? Wilhelm Reich, l'un des théoriciens de la libération sexuelle, n'a-t-il pas lui aussi, avec des prétentions plus « scientifiques », écrit que certains comportements déviants, comme la pédophilie, obéissaient à la répression de la sexualité ?

Pourquoi sommes-nous traumatisés sexuellement ?

Mais plus généralement, il faut tout de même dire que cette idée selon laquelle un traumatisme est le résultat automatique d'un événement désagréable est, du point de vue psychologique, extrêmement grossière voire tout simplement fausse ! De nos jours, la psychologie de magazine prétend qu'un acte sexuel subi génère forcément une série de symptômes stéréotypés, communs à tous les individus qui en ont été victimes. Rien n'est pourtant plus contraire à ce que la psychanalyse a cru découvrir sur la notion de traumatisme. Freud, en effet, a abandonné très tôt ce schéma, très précisément en 1897, au moment même où il admet l'existence d'une sexualité infantile. Auparavant, il avait lui aussi constaté, comme nos « thérapeutes » d'aujourd'hui, que le travail de mémoire qu'est la cure analytique amenait beaucoup de ses patients à mettre au jour, comme des souvenirs refoulés de la très petite enfance, des « scènes de séduction » dans lesquelles l'enfant reçoit *passivement* des avances sexuelles d'un tiers, qui est bien souvent un de ses parents. Même à l'époque cependant, il ne leur attribua pas un caractère intrinsèquement traumatique. Ce n'est que lorsque, après coup, un autre événement beaucoup plus anodin évoque chez l'individu le souvenir de cette première scène qu'il y a véritablement traumatisme, c'est-à-dire que le souvenir est refoulé, et cela du fait de l'afflux d'excitation sexuelle cette fois *endogène* qu'il suscite[74].

Cependant, Freud abandonna cette théorie pour plusieurs raisons. D'abord parce que ces souvenirs étaient de plus en plus souvent invraisemblables. Ensuite parce que sa « découverte » de la sexualité infantile le conduisait à renoncer à l'idée d'une phase présexuelle. Enfin tout simplement parce que Freud, en excellent psychologue, ne croit pas que les événements produisent mécaniquement et uniformément leurs effets, et comprend que leur sens dépend précisément de la nature de chaque sujet. Il estime que s'ils ont un caractère traumatique, c'est parce que les êtres humains sont soumis à quelque chose qu'il appelle le complexe d'Œdipe, qui consiste, pour chaque « enfant des hommes », à concevoir le désir de prendre la place de son parent du même sexe auprès de l'autre – pour les petites filles, de séduire leur père et d'évincer leur mère, et pour les petits garçons, de séduire leur mère et d'évincer leur père. Dès lors, la question de savoir si les événements sont réels ou fantasmés perd de l'importance pour le thérapeute. Car ce n'est pas parce qu'ils sont arrivés qu'ils ont des effets dans la vie du sujet ; c'est parce que le sujet vit le complexe d'Œdipe qu'il ne peut de toute manière qu'à la fois ressentir un désir incestueux et le vivre avec horreur.

Or, aux États-Unis, au début des années 1970, de nombreux thérapeutes plus ou moins influencés par un féminisme obscurantiste imaginèrent que Freud avait renoncé à la « théorie de la séduction » sous la pression d'une idéologie machiste. Certains remarquèrent même la coïncidence avec la mort de son propre père et allèrent jusqu'à penser que sa position s'expliquait par le fait qu'il avait cherché à protéger le défunt en refoulant des souvenirs désagréables... Ce délire théorique

---

74 Voir, sur cette « théorie de la séduction » et son renoncement, Jean Laplanche et J.-B. Pontalis, *Vocabulaire de psychanalyse* (1967), article « Séduction », PUF, « Quadrige », 1998.

Benoit Ferreux et Léa Massari dans *Le Souffle au cœur*, film de Louis Malle, 1971.

eut des conséquences dramatiques. Non seulement chaque patient qui évoquait des scènes de séduction lors d'une thérapie se voyait immédiatement encouragé à y accorder foi, mais en plus on le poussait à les chercher, et on ne le considérait pas comme guéri tant qu'il ne les avait pas trouvées. On encouragea finalement les patients, pour se guérir, à traîner leurs pauvres parents médusés devant les tribunaux, des années après les faits supposés. On induisit au passage chez les malheureux patients les symptômes mêmes qu'on imaginait caractéristiques de l'abus sexuel, en particulier le fameux trouble de la « personnalité multiple ». Il y eut une véritable épidémie de ce genre de maladies mentales nouvelles[75]. Si on cherchait une preuve du fait que les théories du traumatisme peuvent avoir un effet pervers d'induction de la souffrance même qu'elles prétendent prendre en compte, on l'a trouvée ! Le tout confina au délire, notamment lorsque certains patients évoquèrent des scènes satanistes. Les thérapeutes les prirent bien sûr à la lettre. Entre 1983 et 1994 se développa une véritable peur panique des réseaux pédophiles satanistes, jusqu'à ce que le gouvernement fédéral, à la suite d'une enquête qui dura cinq ans et coûta 750 000 dollars, mît officiellement fin à ces rumeurs. On imagina des sectes satanistes infiltrées dans les écoles maternelles et les familles, qui violaient, assassinaient, torturaient des enfants selon des rituels « lucifériens » et filmaient ces scènes terrifiantes. Un sondage réalisé à la fin des

75 Voir Ian Hacking, *L'Âme réécrite, op. cit.*

années 1980 montrait que 70 % de la population adhérait à ces croyances, tandis qu'un tiers des sondés étaient persuadés que ces crimes « innommables » étaient réalisés avec des complicités officielles, notamment du FBI et de la police. Une véritable armée d'experts psychologues, d'assistants sociaux, de féministes, d'antipornographes, de chrétiens fondamentalistes, de ligues de protection de l'enfance, s'est discréditée à force d'accréditer ces soupçons. Ces délires collectifs ont donné lieu à des procès à l'issue desquels des centaines d'innocents furent condamnés à vie. On persécuta des petits enfants jusqu'à ce qu'ils aient dit aux enquêteurs ce qu'on attendait d'eux (▸ TEXTE P. 209). Les récits les plus fantaisistes ont ainsi été entendus : des partouzes géantes dans lesquelles on faisait manger aux enfants les cerveaux des autres dans des endroits souterrains, et où volaient des êtres avec des ailes comme celles de Lucifer. Certains enfants ont même fini par accuser les juges et les enquêteurs et l'un d'entre eux, enthousiaste et déboussolé par ces histoires démoniaques, n'a pas hésité à dénoncer Dieu...

Simen Johan, *Sans titre # 95*.

Il eût été tout de même plus raisonnable de s'en tenir à la leçon de Freud, qui a de plus l'avantage d'être d'une grande profondeur. Ce qui est traumatique pour un sujet, parce que dans le fond énigmatique, incompréhensible, inassimilable, ce n'est pas le fait que les adultes donnent des significations dramatiques – et qui lui sont parfaitement étrangères – à ce qui regarde les organes sexuels ; c'est précisément son propre désir. Le discours qu'on tient aujourd'hui sur la sexualité infantile et sur la sexualité en général est d'une incroyable naïveté. C'est, en réalité, le discours des pauvres sexologues victoriens dont on se moquait tant dans les années 1960. On pense en somme que la sexualité pourrait se développer bien tranquillement comme une sorte de plante, qu'il y aurait des stades, qu'il ne faudrait pas brusquer les étapes, et que c'est tout bien considéré une sorte d'initiation trop précoce à la sexualité qui lui donne un caractère traumatique. Un malade sexuel, c'est juste quelqu'un qui, finalement, n'a pas été préservé assez longtemps de ces choses redoutables... Quand on lisait chez certains sexologues de la fin du XIXe siècle que les hystériques étaient des jeunes filles trop vite dévergondées, on riait de bon cœur et on se disait que, décidément, même les meilleurs esprits ne sont pas à l'abri des préjugés de leur temps. Mais de nos jours, que dit-on d'autre ?

Ce qui est certain, c'est que ce n'est pas l'avis de Freud. Pour lui, c'est clair, *la sexualité est essentiellement traumatique*. Et je crois que si on est assez honnête avec soi-même, on reconnaîtra forcément, en se fondant sur sa propre expérience, que c'est assez vraisemblable. C'est même parce qu'elle est essentiellement traumatique qu'elle a une telle importance pour la psychanalyse. Parce qu'en elle finalement le sujet fait l'expérience de soi comme n'étant pas en pleine possession de lui-même, comme étant traversé par cette chose qu'il ne comprend pas, qui lui semble à la fois extérieure à lui et pourtant très intime, qui est son *désir*.

On a beaucoup accusé la psychanalyse d'accorder trop d'importance aux choses du sexe. Mais dans le fond, ce que pense la psychanalyse, c'est que la psychologie n'a pas affaire à des processus mécaniques comparables au fait qu'une boule de billard heurtée par une autre est contrainte au mouvement à moins d'en être empêchée par une force contraire. Elle a affaire à l'histoire de chacun. Si nous avons une histoire, si, plus précisément, notre passé détermine notre présent, même de manière très lointaine, c'est parce que certains souvenirs sont en nous comme figés et fonctionnent à la manière de grilles de lecture inconscientes pour le présent. Ces souvenirs figés sont des souvenirs énigmatiques, finalement non interprétables, dont nous chercherons toute notre vie le sens, dans lesquels nous sommes pris parce que nous avons le sentiment confus que c'est en eux que se trouve la clef de notre identité. Et si nous avons ce sentiment, c'est précisément parce que ce sont des souvenirs dans lesquels nous avons fait l'expérience de ce que nous sommes ces êtres bizarres : des sujets désirants, des sujets, en somme, qui ne sont des sujets que parce qu'ils ne sont pas vraiment maîtres d'eux, que quelque chose en eux les dépasse... Voilà qui est assurément traumatisant. Mais c'est, je le crains, le genre de traumatisme dont même les thérapeutes les mieux intentionnés ne pourront nous guérir. Et après tout, est-ce une maladie ?

Ainsi, nous devrions être plus sceptiques quant aux fondements psychologiques qu'on donne à la pénalité sexuelle, et nous demander s'il ne s'agit pas seulement d'arguments nouveaux pour continuer à punir, sous des formes qui semblent modernes et qui justifient en fait des peines de plus en plus massives, sévères et arbitraires, qui ne sont en rien le corollaire d'une liberté sexuelle que nous aurions acquise ou d'une santé sexuelle qu'un État thérapeute prendrait soin de préserver en nous. On devrait s'étonner un peu plus qu'une société qui se prétend libérée continue, reprenant une tradition millénaire, à manifester pour le sexe une curiosité détaillée, en y scrutant les indices du bien et du mal, en faisant de cette expérience certes traumatique le lieu *tragique* de notre être.

On devrait surtout comprendre qu'une société qui fait d'un crime qui ne laisse aucune trace, qui ne produit aucun handicap physique, dont les dommages restent indéfinissables et pour une part autoalimentés, qu'une société, donc, qui fait d'un crime bien souvent indémontrable, un crime *maximal,* ne peut aller que vers les pires entorses aux libertés publiques. Certes, les individus accusés de crimes sexuels resteront encore longtemps une minorité, et il semble que les gens ne se mobilisent contre une injustice que lorsqu'elle les concerne personnellement. On croit tranquillement qu'on vit dans une société juste, jusqu'au jour où la police vous emporte dans un enfer semblable à celui qu'ont vécu les faux coupables d'Outreau. Il n'empêche qu'il faut faire preuve d'un peu d'imagination et comprendre que, en vérité, *cela peut arriver à n'importe qui*. Autour du sexe, le droit pénal a créé un terrible régime d'insécurité juridique. Le régime de pénalité sexuelle est celui de la *terreur*. Terreur limitée dans son extension, certes, mais terreur quand même, qui prolonge ses effets bien au-delà des tribunaux, dans toute l'expérience que nous faisons de la sexualité. Et si cet antimanuel devait avoir une autre vocation pratique que celle de vous convaincre des risques réels que présente le sida, ce serait de vous mettre en garde contre ces menaces juridiques, tout en sachant que, en ce domaine, on ne peut jamais être en sécurité.

Mais il est tout de même dommage qu'on n'ait pas plus de capacité à l'indignation gratuite, pas plus le sens de la justice pour elle-même. Pas une année ne passe sans qu'on rajoute de nouvelles infractions, sans qu'on allonge les peines, sans qu'on multiplie les entorses à la procédure pénale, sans qu'on soumette les condamnés à des formes de prise en charge toujours plus exceptionnelles. Tout cela sans qu'on se donne même les moyens de prouver clairement qu'ils ont commis l'acte dont on les accuse. Les faux coupables de crime sexuel attendent encore leur Zola. Il aurait de quoi, vraiment, dire « J'accuse »...

Bobby Henrey dans *Première désillusion*, film de Carol Reed, 1948.

TEXTES CHOISIS

Vladimir Nabokov (1899-1977)

Lolita : allégorie du désir coupable

Lolita, lumière de ma vie, feu de mes reins. Mon péché, mon âme. Lo-lii-ta : le bout de la langue fait trois petits pas le long du palais pour taper, à trois, contre les dents. Lo. Lii. Ta.

Le matin, elle était Lo, simplement Lo, avec son mètre quarante-six et son unique chaussette. Elle était Lola en pantalon. Elle était Dolly à l'école. Elle était Dolores sur les pointillés. Mais dans mes bras, elle était toujours Lolita.

Une autre l'avait-elle précédée ? Oui, en fait oui. En vérité, il n'y aurait peut-être jamais eu de Lolita si, un été, je n'avais aimé au préalable une certaine enfant. Dans une principauté au bord de la mer. Quand était-ce ? Environ autant d'années avant la naissance de Lolita que j'en comptais cet été-là. Vous pouvez faire confiance à un meurtrier pour avoir une prose alambiquée.

[...] Je suis maintenant à même de rationaliser tout cela. Quand j'avais vingt ou trente ans, je ne comprenais pas aussi clairement mes affres. Alors que mon corps savait ce qu'il convoitait, mon esprit rejetait impitoyablement chacune de ses suppliques. J'étais tantôt submergé par la peur et la honte, et tantôt débordant d'un optimisme téméraire. J'étais étouffé par les tabous. Les psychanalystes m'appâtaient par des pseudo-libérations de pseudo-libidos. Le fait que pour moi les seuls objets qui déclenchaient des frémissements amoureux étaient les sœurs d'Annabel, ses demoiselles d'honneur et ses pages en jupon, m'apparaissait parfois comme un signe précurseur de la démence. D'autres fois, je me persuadais que tout cela était une question de point de vue et qu'il n'y avait rien de mal à ce que je fusse troublé à en perdre la raison par les petites filles. Je me permets de rappeler à mon lecteur qu'en Angleterre, depuis le vote en 1933 du *Children and Young Person Act*, l'expression « petite fille » désigne « une fillette âgée de huit ans au moins et de quatorze ans au plus » (après cela, la fille âgée de quatorze à dix-sept ans est appelée statutairement une « jeune personne »). En revanche, dans l'État du Massachusetts aux États-Unis, l'« enfant délinquant » est, techniquement, une jeune personne qui a « entre sept et dix-sept ans » (et qui, par ailleurs, fréquente de manière habituelle des personnes perverses ou immorales). Hugh Broughton, un polémiste qui vivait sous le règne de Jacques Ier, a établi que Rahab exerçait le métier de prostituée dès sa dixième année. Tout cela est très intéressant, et je suppose que vous me voyez déjà l'écume aux lèvres frappé d'apoplexie ; eh bien non ! détrompez-vous ; je m'amuse tout bonnement à taquiner de joyeuses pensées dans la sébile de mon jeu de puce. [...] Après tout, Dante tomba follement amoureux de Béatrice qui n'avait que neuf ans, enfant charmante et pétillante, au visage peint, vêtue d'une robe rouge et chargée de bijoux, et cela se passait en 1274, lors d'un banquet à Florence, au cours du joli mois de mai. Et quand Pétrarque s'éprit follement de sa petite Laure, celle-ci n'était qu'une nymphette blonde de douze ans courant dans le vent au milieu d'un nuage de pollen et de poussière, fleur en fuite, sur la plaine splendide que l'on apercevait des collines du Vaucluse.

Mais restons prudes et civilisés. Humbert Humbert s'efforça de demeurer dans le droit chemin. Il fit réellement, sincèrement, de son mieux. Il avait le plus grand respect pour les enfants ordinaires, si pures, si vulnérables, et jamais au grand jamais il ne se serait permis d'attenter à l'innocence d'une enfant s'il pressentait le moindre risque d'éclat. Mais comme son cœur battait quand, au sein d'une troupe innocente, il apercevait soudain une enfant

Sue Lyon dans *Lolita*, film de Stanley Kubrick, 1962.

démoniaque, « *enfant charmante et fourbe* »[76], aux yeux ternes, aux lèvres luisantes – dix ans de prison pour peu que vous lui montriez que vous la regardez.

Lolita (1955), trad. de l'américain par
M. Couturier, Gallimard, « Folio », 2001.

Maurice Merleau-Ponty (1908-1961)

Le sens existentiel de la sexualité

Il faut sans aucun doute reconnaître que la pudeur, le désir, l'amour en général ont une signification métaphysique, c'est-à-dire qu'ils sont incompréhensibles si l'on traite l'homme comme une machine gouvernée par des lois naturelles, ou même comme un « faisceau d'instincts », et qu'ils concernent l'homme comme conscience et comme liberté. L'homme ne montre pas ordinairement son corps, et, quand il le fait, c'est tantôt avec crainte, tantôt dans l'intention de fasciner. Il lui semble que le regard étranger qui parcourt son corps le dérobe à lui-même ou qu'au contraire l'exposition de son corps va lui livrer autrui sans défense, et c'est alors autrui qui sera réduit à l'esclavage. La pudeur et l'impudeur prennent donc place dans une dialectique du moi et d'autrui qui est celle du maître et de l'esclave : en tant que j'ai un corps, je peux être réduit en objet sous le regard d'autrui et ne plus compter pour lui comme personne, ou bien, au contraire, je peux devenir son maître et le regarder à mon tour, mais cette maîtrise est une impasse, puisque, au moment où ma valeur est reconnue par le désir d'autrui, autrui n'est plus la personne par qui je souhaitais d'être reconnu, c'est un être fasciné, sans liberté, et qui à ce titre ne compte plus pour moi. Dire que j'ai un corps est donc une manière de dire que je peux être vu comme un objet et que je cherche à être vu comme sujet, qu'autrui peut être mon maître ou mon esclave, de sorte que la pudeur et l'impudeur expriment la dialectique de la pluralité des consciences et qu'elles ont bien une signification métaphysique. On en dirait autant du désir sexuel : s'il s'accommode mal de la présence d'un tiers témoin, s'il éprouve comme une marque d'hostilité une attitude trop naturelle ou des propos trop détachés de la part de l'être désiré, c'est qu'il veut fasciner et que le tiers observateur ou l'être

[76] En français dans le texte.

désiré, s'il est trop libre d'esprit, échappent à la fascination. Ce qu'on cherche à posséder, ce n'est donc pas un corps, mais un corps animé par une conscience, et, comme le dit Alain, on n'aime pas une folle, sinon en tant qu'on l'a aimée avant sa folie. L'importance attachée au corps, les contradictions de l'amour se relient donc à un drame plus général qui tient à la structure métaphysique de mon corps, à la fois objet pour autrui et sujet pour moi. La violence du plaisir sexuel ne suffirait pas à expliquer la place que tient la sexualité dans la vie humaine et par exemple le phénomène de l'érotisme, si l'expérience sexuelle n'était comme une épreuve, donnée à tous et toujours accessible, de la condition humaine dans ses moments les plus généraux d'autonomie et de dépendance. On n'explique donc pas les gênes et les angoisses de la conduite humaine en la rattachant au souci sexuel, puisqu'il les contient déjà. Mais réciproquement on ne réduit pas la sexualité à autre chose qu'elle-même en la rattachant à l'ambiguïté du corps. Car, devant la pensée, étant un objet, le corps n'est pas ambigu ; il ne le devient que dans l'expérience que nous en avons, éminemment dans l'expérience sexuelle, et par le fait de la sexualité.

Phénoménologie de la perception, Gallimard, 1945.

Michel Foucault (1926-1984)

La prophétie réalisée de Foucault

Foucault fut après Sartre le philosophe français le plus influent de la seconde moitié du XXe siècle. Dans La Volonté de savoir *(Gallimard, 1976), premier tome de son* Histoire de la sexualité, *il prenait à rebours le thème de la « libération sexuelle ». Il s'efforçait de montrer que, loin que la « sexualité » ait été réprimée dans les discours et dans les actes lors des deux derniers siècles, elle avait au contraire fait l'objet d'un intérêt de plus en plus poussé à la fois dans les discours scientifiques légitimes, et de la part des pouvoirs publics légaux, c'est-à-dire de l'État. La sexualité aurait été constituée comme cible d'un pouvoir qui ne fonctionnerait pas à la loi et à l'interdit, mais à la norme et à la gestion, comme quelque chose à administrer, et non pas à réprimer. Cependant, dès la fin des années 1970, avec la montée du thème des violences sexuelles, Foucault sent que quelque chose se passe qui excède un peu cette opposition. Il fait ici une prophétie à tous égards remarquable – à une seule nuance près : il croyait que le nouveau contrôle de la sexualité ne passerait pas par la criminalisation. Il s'est trompé. Mais pouvait-il aussi imaginer que le droit pénal lui-même se dévoierait au point d'épouser les critères si fluctuants des psychiatres et des éducateurs ?*

Hervé Guibert, *Michel*, 1981.

Autrefois, les lois interdisaient un certain nombre d'actes, actes d'ailleurs d'autant plus nombreux qu'on n'arrivait pas très bien à savoir ce qu'ils étaient, mais enfin c'était bien à des actes que la loi s'en prenait. On condamnait des formes de conduite. Maintenant, ce qu'on est en train de définir, et ce qui, par conséquent, va se trouver fondé par l'intervention et de la loi, et du juge, et du médecin, ce sont des individus dangereux. On va avoir une société de dangers, avec, d'un côté, ceux qui sont mis en danger, et, d'un autre côté, ceux qui sont porteurs de danger. Et la sexualité ne sera plus une conduite avec certaines interdictions précises ; mais la sexualité, ça va devenir une espèce de danger qui rôde, une sorte de fantôme omniprésent, fantôme qui va se jouer entre hommes et femmes, entre enfants et adultes, et éventuellement entre adultes entre eux, etc. La sexualité va devenir cette menace dans toutes les relations sociales, dans tous les rapports d'âges, dans tous les rapports d'individus. C'est là sur cette ombre, sur ce fantôme, sur cette peur que le pouvoir essaiera d'avoir prise par une législation apparemment généreuse et en tout cas générale ; et grâce à une série d'interventions ponctuelles qui seront celles, vraisemblablement, des institutions judiciaires appuyées sur les institutions médicales. Et on aura là tout un nouveau régime de contrôle de la sexualité ; mais que, dans la seconde moitié du XXe siècle, elle soit certes décriminalisée, mais pour apparaître sous la forme d'un danger, et d'un danger universel, c'est là un changement considérable. Je dirais que c'est là le danger.

« La loi de la pudeur », entretien avec Jean Danet, avocat au barreau de Nantes, Pierre Hahn, journaliste à *Gai Pied*, et Guy Hocquenghem, France Culture, 4 avril 1978, repris dans *Dits et Écrits*, t. II, Gallimard, « Quarto », 2001.

George Orwell (1903-1950)

Le sexe, danger pour l'État

Il raconta à Julia la petite cérémonie frigide à laquelle Catherine le forçait à prendre part, un soir, chaque semaine.

– Elle détestait cela, mais rien ne pouvait l'empêcher de le faire. Elle avait l'habitude d'appeler cela... mais tu ne devineras jamais.

– Notre devoir envers le Parti, acheva promptement Julia.

– Comment le sais-tu ?

– J'ai été en classe aussi, cher. Il y avait des causeries sur le sexe pour les plus de seize ans, une fois par mois. Il y en avait aussi au Mouvement de la Jeunesse. On vous le rabâche pendant des années. Je crois que cela réussit dans bon nombre de cas. Mais, naturellement, on ne peut jamais dire. Les gens sont de tels hypocrites !

Elle se mit à développer le sujet. Avec Julia, tout revenait à sa propre sexualité. Dès que l'on y touchait d'une façon quelconque, elle était capable d'une grande acuité de jugement. Contrairement à Winston, elle avait saisi le sens caché du puritanisme du Parti. Ce n'était pas seulement parce que l'instinct sexuel se créait un monde à lui hors du contrôle du Parti, qu'il devait, si possible, être détruit. Ce qui était plus important, c'est que la privation sexuelle entraînait l'hystérie, laquelle était désirable, car on pouvait la transformer en fièvre guerrière et en dévotion pour les dirigeants. Julia expliquait ainsi sa pensée :

– Quand on fait l'amour, on brûle son énergie. Après, on se sent heureux et on se moque du reste. Ils ne peuvent admettre que l'on soit ainsi. Ils veulent que l'énergie éclate continuellement. Toutes ces marches et contre-marches, ces acclamations, ces drapeaux flottants, sont simplement de l'instinct sexuel aigri. Si l'on était heureux intérieurement, pourquoi s'exciterait-on sur Big Brother, les plans de trois ans, les Deux Minutes de Haine et tout le reste de leurs foutues balivernes ?

Il pensa que c'était tout à fait exact. Il y avait un lien direct entre la chasteté et l'orthodoxie politique. Sinon, comment aurait-on pu maintenir au degré voulu, chez les membres du Parti, la haine et la crédulité folles dont le Parti avait besoin, si l'on n'emmagasinait quelque puissant instinct et ne l'employait comme force motrice ?

L'impulsion sexuelle était dangereuse pour le Parti et le Parti l'avait détournée à son profit.

1984 (1949), trad. de l'anglais par A. Audiberti, Gallimard, 1950.

Rachid O. (né en 1970)

Jour de fête

Rachid O., romancier né en 1970, raconte dans L'Enfant ébloui *son histoire d'amour avec son professeur de français.*

On a été chez lui, il m'a emmené. C'était un jour de fête pour moi, c'était la première fois où je suis resté dans le salon car j'étais invité. Il faisait comprendre que j'étais vraiment son petit copain et qu'il n'en avait rien à foutre si tout le monde savait que je venais un jour de fête hors année scolaire, sans le prétexte des cours. Pendant que tout le monde était occupé par le mouton qu'ils étaient en train d'égorger, on en a profité pour aller dans sa chambre et on a fait l'amour intensément. Et dans ses bras, j'étais frileux, il ne comprenait pas pourquoi. Je tremblais. Et je sentais un liquide qui sortait de mon sexe. « Je ne sais pas ce que j'ai, je ne sais pas ce que j'ai », dis-je à mon ami. Et lui entre entièrement dans les draps et me dit : « Laisse-moi regarder ». C'est la première fois que j'ai joui. Ça y est, j'ai eu ma puberté. C'était merveilleux. Et je crois que ça lui faisait encore plus plaisir qu'à moi. Il était très content. Je ne suis pas rentré chez moi ce jour-là, j'ai été absent tout l'après-midi, toute la nuit. On a passé la soirée au restaurant, pour lui c'était une nouvelle magnifique, j'ai eu droit à tout, une glace au chocolat, tout.

L'Enfant ébloui, Gallimard, 1995.

Rachid O. à Rabat, 1988.

Saint Augustin (354-430)

Avez-vous le complexe de Lucrèce ?

Doit-on préférer être tué que violé ? Faut-il mettre nos valeurs sexuelles plus haut que la vie elle-même ? Si vous aviez le choix entre être violé et mourir, quel parti prendriez-vous ? Le plus grand théologien de l'Église répond à ceux qui reprochaient aux femmes chrétiennes de ne s'être pas suicidées pour éviter d'être violées par les Barbares qui envahissaient Rome. Il analyse le cas de Lucrèce, cette célèbre Romaine qui s'était suicidée après avoir été violée, et montre que préférer la pureté sexuelle à la vie elle-même, c'est pécher. Que dirait-il de notre droit actuel ?

Nous soutenons donc que si la volonté reste chaste, quand le corps succombe, le crime est à l'oppresseur et non à la victime. Cette raison est-elle claire ? Oseront-ils y résister, ceux contre qui nous défendons la sainteté intérieure et la sainteté corporelle des femmes chrétiennes outragées dans leur captivité ?

Mais ils exaltent la chasteté de Lucrèce, cette noble dame de la vieille Rome. Profanée dans son corps par la honteuse passion du fils de Tarquin, elle révèle le crime de l'infâme jeune homme à Collatin, son mari, à Brutus, son parent, nobles tous deux de naissance et de cœur ; tous deux elle les lie par un serment de vengeance ; puis cédant à sa douleur, impatiente d'un tel outrage, elle se tue. Quoi donc ? est-elle adultère ? est-elle chaste ? Qui serait en peine à cette question ? « Ils étaient deux, un seul fut adultère. » Mot sublime de vérité, mot admirable d'un déclamateur. Il a distingué dans cette honteuse action les obscènes désirs de l'un et la chaste volonté de l'autre. Frappé non pas de l'union des corps, mais du divorce des âmes, il s'écrie : « Ils étaient deux, un seul fut adultère ! » Mais quoi ! la vengeance tombe plus terrible sur la tête innocente ? À lui, l'exil avec son père ; à elle, le dernier supplice. Si l'impudicité ne réside pas dans l'affront souffert, est-ce justice que la chasteté soit punie ? C'est à vous que j'en appelle, lois et juges de Rome ! Quel que soit le forfait, laissez-vous frapper impunément le coupable, s'il n'est condamné ? Que ce crime soit déféré à votre tribunal : une femme reçoit la mort, et cette femme n'a pas été condamnée ; et cette femme est chaste, elle est innocente : tout cela est prouvé. Quel châtiment votre sévère justice ne réserve-t-elle pas à l'assassin ! Mais cet assassin, c'est Lucrèce, cette Lucrèce tant vantée, c'est elle qui a versé le sang de la chaste et malheureuse Lucrèce. Prononcez maintenant. Vous ne pouvez. Son absence la soustrait à vos juge-

Fresque de la villa des Mystères, Pompéi.

ments. Eh bien ! pourquoi ces éloges prodigués à la meurtrière d'une femme vertueuse ? Et pourriez-vous même la défendre devant ces juges d'enfer, tels que vos poètes les représentent ? N'est-elle pas au séjour où descendent ces infortunés « qui se sont de leur propre main arraché une vie innocente, et, par dégoût de la lumière, ont jeté au loin leurs âmes » ? Ne désire-t-elle pas aussi revenir au jour ? « Le destin est inflexible, et l'onde morte du marais sinistre l'enchaîne à jamais[77]. » Peut-être n'est-elle pas là ; car peut-être en se tuant, a-t-elle cédé non au désespoir de la pudeur, mais au reproche secret de la conscience ? Que serait-ce, en effet (elle seule put le savoir), si, victime d'une irrésistible violence, elle-même cependant eût consenti au plaisir ; puis, dans l'impatience de ses remords, voulu expier sa faute avec son sang ? Et néanmoins elle ne devait pas se tuer, s'il lui était possible de sacrifier à de faux dieux par un véritable repentir. Mais s'il en est ainsi ; s'il n'est pas vrai que des deux un seul fût adultère, si tous deux sont coupables, l'un de violence ouverte, l'autre de consentement secret, ce n'est pas une Lucrèce innocente qu'elle a tuée, et ses savants défenseurs peuvent dire qu'elle n'est pas aux enfers « avec ces infortunés qui, de leurs propres mains, se sont arraché une innocente vie ». Ici toutefois deux extrémités inévitables : l'homicide est-il écarté, l'adultère s'établit ; est-elle acquittée comme adultère, elle est convaincue d'homicide. Et point d'issue possible à ce dilemme : si elle est adultère, pourquoi ces éloges ? si elle est chaste, pourquoi cette mort ?

Mais il nous suffit du célèbre exemple de cette femme pour réfuter ces hommes, étrangers à tout sentiment de sainteté, qui insultent nos sœurs outragées dans les fers ; il nous suffit qu'on ait dit à sa louange : « Ils étaient deux, un seul fut adultère. » Car jamais on n'a voulu croire qu'un consentement criminel eût flétri la vertu de Lucrèce. Si donc elle s'est frappée, victime et non complice de l'adultère, ce n'est plus amour de la chasteté, c'est faiblesse de la honte. Elle rougit du crime commis sur elle, et non pas avec elle. Cette fière Romaine, trop jalouse de la gloire, craint que survivre ne l'expose au soupçon, que la patience ne l'accuse de complicité. Elle produit donc la mort comme témoin de son âme qu'elle ne peut dévoiler aux yeux des hommes. Dans cette cruelle épreuve, les femmes chrétiennes n'ont pas imité son exemple. Elles ont su vivre ; elles n'ont pas vengé sur elles un crime étranger par un autre crime ; et, pour avoir été la proie d'une concupiscence adultère, elles n'ont

---

77 Virgile, *Énéide*, VI, 434-438.

pas cru devoir s'abandonner à une honte homicide. La gloire de la chasteté, le témoignage de leur conscience, est en elles ; il est aux yeux de leur Dieu ; elles ne s'inquiètent plus, n'ayant plus rien à faire qui puisse être légitime. Fuir par un mal l'injure des soupçons humains, ne serait-ce pas décliner l'autorité de la loi divine ?

La Cité de Dieu (413-427), l. I, chap. XVIII-XIX, trad. du latin par L. Moreau (1846) revue par J.-C. Eslin, Seuil, « Points », 1994.

Sigmund Freud (1856-1939)

Il n'y a pas de phase présexuelle

Freud fut amené à renoncer à l'idée d'une phase présexuelle lorsqu'il rattacha le caractère traumatique de la sexualité à l'activité sexuelle de la prime enfance qui, refoulée, pouvait conduire un individu à fantasmer par la suite d'autres traumatismes inventés.

Le seul fait qu'on avait constaté tout d'abord, c'était qu'il fallait voir dans les expériences psychiques actuelles des effets du passé. [...] Sous l'influence de la théorie traumatique de l'hystérie qui se rattache à l'enseignement de Charcot, on n'était que trop disposé à attribuer une réalité et une signification étiologiques aux récits dans lesquels les malades faisaient remonter leurs symptômes à des expériences sexuelles qu'ils avaient subies passivement au cours des premières années de leur enfance, autrement dit à ce que ce nous appellerions vulgairement le « détournement de mineurs ». Et lorsqu'on se vit obligé de renoncer à cette étiologie, à cause de son invraisemblance et de sa contradiction avec des faits solidement établis, on se trouva fort désemparé. [...] Lorsque les hystériques rattachent leurs symptômes à des traumatismes inventés, le fait nouveau consiste précisément en ce qu'ils imaginent ces scènes, ce qui nous oblige à tenir compte de la réalité psychique, autant que de la pratique. Je ne tardai pas à en conclure que ces fantaisies étaient destinées à dissimuler l'activité auto-érotique de la première enfance, à l'entourer d'une certaine auréole, à l'élever à un niveau supérieur. Et, une fois cette constatation faite, je vis la vie sexuelle de l'enfant se dérouler devant moi dans toute son ampleur.

Contribution à l'histoire du mouvement psychanalytique (1914), trad. de l'allemand par S. Jankélévitch, Payot, « Petite bibliothèque », 1966.

Maggie Jones

Il y a de l'abus, mais pas toujours là où on l'imagine...

Maggie Jones est journaliste. Elle raconte l'histoire de trentenaires qui, quinze ans après les faits, cherchent à innocenter un homme qu'ils avaient été conduits à faire condamner. Elle dit leur culpabilité, leurs regrets et leur amertume à l'égard du système qui les a plongés dans le mensonge.

Un après-midi de juin, Conny Ericsson, adjointe du shérif, accompagnée de Velda Murillo, assistante sociale à la Protection de l'enfance du comté, frappent à la porte d'Eddie Sampley : elles enquêtent sur un réseau pédophile qui, selon elles, opère dans le quartier. C. Ericsson vient d'être nommée à la section des Crimes et abus sexuels et n'a pas d'expérience dans ce domaine, contrairement à V. Murillo qui mène la plupart des entretiens, selon plusieurs enfants impliqués dans l'enquête. C'est une petite femme aux cheveux longs, l'air d'une institutrice ; aux dires de ceux qui la connaissent, elle se dévoue corps et âme à son travail.

Ce jour-là, C. Ericsson et V. Murillo annoncent à M. et Mme Sampley qu'elles désirent parler à leur fils en tête à tête. Cependant, à travers le système d'aération de la cuisine, Mme Sampley entend les questions qu'on pose à son fils sur John Stoll. Les deux femmes indiquent à Eddie que des enfants leur ont dit que M. Stoll lui a fait des attouchements sexuels et que lui-même a vu M. Stoll en faire à d'autres. « Je leur répétais qu'il n'y avait rien eu, se rappellera par la suite Eddie Sampley, je ne savais pas de quoi elles parlaient. » Le garçon, alors âgé de huit ans, est tellement choqué par les descriptions des enquêtrices qu'il fond en larmes. « Je leur disais “non, non”, mais il n'y avait rien à faire », racontera-t-il. Après ce qui lui « semble une éternité », elles lui disent qu'elles reviendront lui parler. Au moment de partir, les enquêtrices informent Mme Sampley que son fils nie avoir été victime d'abus sexuels mais qu'elles n'en sont pas convaincues. « Je leur ai demandé des éléments précis », signalera Mme Sampley. « Selon elles, il s'agissait peut-être d'un réseau pédophile de la côte est, ou d'un culte satanique, ou d'un réseau d'agresseurs sexuels, elles ne savaient pas encore exactement. »

Quelques semaines plus tard, Mme Sampley emmène son fils pour un second entretien. Celui-ci a lieu dans le bureau du shérif. Dans son souvenir, Eddie se voit assis sur une chaise en métal ; la table est trop haute, il ne peut pas y appuyer les coudes. Selon le rapport de police, C. Ericsson demande alors à Eddie « comment il appelle son pénis ». (« J'ai dit "hot dog", se rappelle Eddie, parce que c'était le moins gênant. ») L'adjointe lui demande aussi de lui parler de la première fois qu'il a vu « des adultes jouer à des jeux sexuels avec les enfants ».

« Elles m'ont dit que John Stoll était méchant et que je devais les aider à le mettre en prison pour qu'il ne fasse plus de mal aux enfants », dit Sampley aujourd'hui. « Elles ont ajouté que si je leur disais qu'il s'était passé quelque chose, tout s'arrangerait. » À un moment donné – Eddie ne se souvient plus quand – il change d'avis. Oui, avoue-t-il, Stoll lui a fait de vilaines choses, et même de bien pires aux autres enfants.

[...]

Et voilà qu'un beau jour de novembre 1984, au lieu d'aller à l'école, Eddie doit se rendre au tribunal pour témoigner contre Stoll. L'enquête a débuté il y a cinq mois et Eddie est maintenant en CE2. Il se souviendra plus tard de l'emblème de la justice accroché au-dessus de la tête du juge et de son sentiment de gêne. En revanche, aucun souvenir de son témoignage. « On ne se rappelle pas ses mensonges, dira-t-il, seulement la vérité. »

[...]

Les procès de réseaux pédophiles ont suscité de nombreuses études sur les techniques d'entretien employées dans ce cas : elles ont montré qu'il suffit d'insister un peu pour que les enfants disent

Image extraite de *Mystic River*, film de Clint Eastwood, 2003.

aux adultes ce qu'ils pensent qu'on attend d'eux – surtout si cela va leur permettre de rentrer à la maison plus tôt ou d'obtenir une récompense. Il y a quelques années, à Chicago, des enfants âgés de sept et huit ans ont été accusés (puis disculpés) d'avoir tué un autre garçon de onze ans. Une des raisons qui les avait poussés à avouer était la promesse d'un Happy Meal chez McDonald.

James Wood, psychologue à l'université du Texas, à El Paso, qui étudie les techniques d'entretien employées avec les enfants, considère que les enquêteurs doivent éviter toute suggestion dans leurs efforts pour aider les enfants à se confier. « On ne doit pas dire qu'on possède des informations venant d'autres témoins, ni complimenter les enfants lorsqu'ils donnent des informations, ni désapprouver lorsqu'ils ne le font pas », dit-il. Pour sa part, V. Murillo (qui est partie à la retraite il y a deux ans) refuse de donner des détails sur ses enquêtes, mais elle affirme cependant : « Nous n'avons jamais mis de pression sur ces enfants. Lorsqu'ils ont témoigné, ils ont dit la vérité. »

Pourtant, même en admettant qu'un ou plusieurs enfants impliqués dans cette enquête aient véritablement été victimes d'abus sexuels, leurs témoignages sont souvent peu plausibles. Par exemple, Chris Diuri, qui mesurait à l'époque 1,20 m, a affirmé qu'il avait été obligé de sodomiser des hommes plus grands que lui d'au moins 60 cm. Et lorsqu'au tribunal on lui a demandé comment il s'y prenait, il a répondu : « Je me mets sur la pointe des pieds. » Jed, qui avait alors six ans et était si petit qu'il avait besoin de se hisser sur ses genoux pour atteindre le micro, ne savait pas combien il y avait de mois dans une année ni les noms de tous les mois. Et pourtant, il a déclaré que son père lui avait fait des attouchements dix-neuf fois. Une de ces occasions aurait été un samedi matin, tandis que ses amis Donnie, Allen, Victor et Eddie regardaient la télé dans la pièce à côté. Et Jed de soutenir qu'il avait raté dix dessins animés.

[...]

Les années ont passé et de tous ceux qui ont accusé Stoll, Eddie est le seul à n'avoir pas quitté le quartier de Center Street. Lorsqu'il passe à bicyclette, il aperçoit le salon de M. Stoll où autrefois il regardait des vidéos de films d'horreur. D'autres événements viennent aussi lui rappeler le procès, comme les sorties scolaires au tribunal : « C'était comme aller chez le médecin, se souvient-il, je me sentais très mal à l'aise, je ne voulais pas y aller. »

Mais Eddie n'a pas besoin d'événements extérieurs pour se tourmenter. Sans cesse, il pense à Stoll. Arrivé au lycée, il ne se souvient déjà plus du visage de Stoll, mais il s'imagine souvent ce que doit être sa vie en prison. Il songe à lui écrire. « J'y ai pensé pendant un moment, puis je n'y ai plus pensé et je n'ai rien fait », dit-il. Pourtant, il se confie souvent ; ses petites amies ont toutes su l'histoire, ainsi que ses meilleurs amis. Sans doute a-t-il besoin d'avouer un mensonge douloureux, mais c'est aussi, à sa façon, un appel à l'aide. « Les gens me disaient qu'il fallait faire quelque chose, mais personne ne savait vraiment comment m'aider. »

Les autorités habilitées à le faire lui semblent toutes suspectes. Le procureur ? « Ce sont eux qui m'ont causé tout ce tort. » La Protection de l'enfance ? C'est là que travaillait Velda Murillo. Chez le shérif ? C'est là que travaillait Conny Ericsson. Et l'avocat de Stoll ? « Il a perdu le procès. Comment a-t-il fait pour perdre un procès pareil ?... »

[...]

Un soir de 1999, Eddie Sampley rencontre Victor Monge au bar d'un restaurant mexicain : ils sont amis d'enfance, mais ne se sont pas vus depuis l'affaire Stoll, il y a de cela quinze ans. Ils ont maintenant un peu plus de vingt ans. Monge est vendeur pour une entreprise de téléphones et Sampley, diplômé en informatique, installe des câbles Internet dans les écoles. Les deux amis sortent fumer une cigarette et prendre des nouvelles de leurs vies respectives ; Sampley soulève alors la question du procès, accusant le bureau du procureur d'être responsable de ce qui est arrivé à Stoll. L'enquête et le jugement ont été bâclés, dit Sampley, qu'en pense Victor ? Il ajoute que Stoll ne l'a jamais touché et son ami lui confie alors qu'il en est de même pour lui.

Dans le passé, Sampley s'était toujours focalisé sur sa propre culpabilité dans ce procès, mais voilà qu'il trouve aujourd'hui quelqu'un qui a vécu la même histoire que lui. « C'est alors que j'ai commencé à comprendre », confie-t-il aujourd'hui. Tous deux ont pu se dire, l'un à l'autre, comment, après avoir commencé par nier les abus sexuels, ils ont dû céder à l'insistance des enquêtrices.

Ils ont pu parler encore de leur expérience commune : comment leurs familles respectives, devenant surprotectrices, se sont repliées sur elles-mêmes. La mère d'Eddie, par exemple, n'a plus voulu que des enfants viennent à la maison, celle de Victor non plus. Et Victor d'ajouter : « Après ça, c'était fini les câlins et les signes d'affection. »

« Who Was Abused ? », article publié dans le *New York Times*, 19 septembre 2004.

Wolfgang Tillmans, *Louisiana*, 1996.

Les nouveaux masques de la morale sexuelle

PARTIE 3

Pages précédentes :
Pierre et Gilles, *La Sainte Famille*.
Galerie Jérome de Noirmont.

Dans le fond, il est assez évident que, si on traite avec tant de férocité les délinquants sexuels, si on estime qu'ils méritent moins que d'autres notre considération minimale, c'est tout simplement parce qu'on les trouve particulièrement répugnants. La vérité est que, à travers la criminalité sexuelle, quoi qu'on en dise, c'est encore et plus que jamais l'idée que le sexe est mauvais, qu'il est dangereux, qu'il est ignoble, qui se manifeste. Il est temps maintenant de montrer que la « révolution des mœurs » n'a pas du tout rompu avec cette conception, même dans des domaines où il n'est question d'actes de violence sexuelle ni sur des adultes ni sur des mineurs de quinze ans.

Nous avons dit que la modernité sexuelle s'était caractérisée par deux principes : redéfinition de la sexualité licite et illicite en vertu du seul consentement des partenaires et séparation de la sexualité et de la procréation. Liberté sexuelle, donc, et liberté procréative. Voyons donc ce qu'il en est vraiment, et de l'une et de l'autre.

Alexia Walther, *The Party*, 1999.

CHAPITRE 5

Le sexe est-il toxique ?

« Diogène le Cynique avait coutume de tout faire en public, les repas et l'amour, et il raisonnait ainsi : "S'il n'y a pas de mal à manger, il n'y en a pas non plus à manger en public ; or il n'y a pas de mal à manger, donc il n'y a pas de mal à manger en public." De même il se masturbait toujours en public, en disant : "Plût au ciel qu'il suffît également de se frotter le ventre pour apaiser sa faim." »

Diogène Laërce, *Vie, doctrines et sentences des philosophes illustres.*

En principe, coucher avec un adolescent qui a plus de quinze ans ne saurait constituer un délit. Mais attention : qu'on ne s'avise pas de tenter quelque chose de plus imaginatif que le simple coït. Qu'on n'essaie surtout pas d'éveiller chez le jeune le frisson des choses un peu bizarres, qui ne sont pourtant pas interdites aux majeurs, comme le sexe à plusieurs ou les ligotages par lesquels certains se plaisent à pimenter leur vie amoureuse. Car le simple fait de le suggérer est passible de cinq ans de prison et de 75 000 euros d'amende, sous le chef de « corruption de mineur »...

« Éveiller les pulsions sexuelles d'un adolescent » : un délit...

Les mots de « débauche » et de « corruption » ont un charme désuet. On les croirait ensevelis avec les uniformes scolaires, les culottes courtes et les chaussettes hautes. Ils évoquent tout un monde de surveillance un peu gourmande et de transgressions buissonnières. Le dictionnaire *Larousse* définit le mot « corruption » comme le fait « d'altérer ce qu'il y a de sain et d'honnête dans l'âme de quelqu'un » ou, pour une matière, de « la gâter par décomposition, par putréfaction ». Les amateurs de clubs échangistes et de jeux sadomasochistes auraient pu espérer que ce genre de qualificatifs appliqués à leurs orientations personnelles se noierait dans la grande fête de la « libération des mœurs ». Pourtant, loin de disparaître, l'infraction de « corruption de mineurs » n'a fait que se renforcer ces dernières années. Elle a remplacé depuis 1992 celle d'« excitation de mineur à la débauche ». Mais si jadis on ne qualifiait ainsi qu'un comportement « habituel », il suffit désormais *d'un seul acte* pour constituer l'infraction. On a par ailleurs ajouté, lors d'une réforme en 1998, de nouvelles circonstances aggravantes : lorsque le corrupteur sévit à la sortie des écoles, ou lance ses entreprises interlopes par le biais de moyens de communication de masse, etc.

Originellement, au XIXe siècle, il s'agissait de punir le fait d'inciter un mineur à la prostitution. Mais depuis le début du XXe, cette infraction s'est élargie pour concerner tous les cas où une personne de plus de dix-huit ans ne se contente pas d'obtenir d'une autre, qui peut être majeure sexuellement mais non civilement, un plaisir sexuel pour elle-même, mais semble vouloir l'exciter et se comporter comme une sorte d'initiateur sexuel, de prosélyte du dévergondage. La Cour de cassation l'a dit formellement : si la corruption a pour but de

Eraste sollicitant un érômène, coupe attique du peintre de Brygos.

satisfaire ses propres passions, le délit n'est pas constitué ; il faut qu'il existe une intention de débaucher le jeune, de lui apprendre de mauvaises choses.

Cependant, en pratique, il n'est pas nécessaire de prouver que telle a réellement été l'intention du corrupteur : il suffit de regarder les actes mêmes qu'il a réalisés ou proposés. Certes, selon les juristes autorisés, ces actes « doivent avoir pour effet de corrompre la victime, c'est-à-dire de la démoraliser en lui enlevant tout sens de la pudeur », rien de moins. Mais là encore, dans la pratique, il est bien indifférent que le mineur ait été effectivement perverti, de même qu'il est sans importance que le mineur soit déjà corrompu ou qu'il ait déjà été livré à la débauche précédemment[78]. Ce sont les actes eux-mêmes qui sont considérés comme de nature « à pousser à la débauche ou à provoquer la corruption », c'est-à-dire à induire chez le jeune le goût des choses qu'on ne peut certes interdire chez les adultes, mais dont on montre ainsi qu'on continue à leur attribuer un caractère répréhensible. Il s'agit donc de protéger les Jeunes contre une certaine pédagogie sexuelle, de les protéger de cette société dans laquelle – estiment ceux qui pensent à leur bien-être et à leur hygiène morale – la corruption des adultes est devenue « inquiétante ». Bref, d'instruire une morale sexuelle autoritaire par le biais de la jeunesse. Les adultes sont perdus ; sauvons toujours les jeunes...

Quels sont ces actes ? À l'origine de la réforme de 1992, on cherchait surtout à pénaliser les « partouzes » auxquelles des adultes inviteraient des jeunes. Mais à l'issue d'une discussion parlementaire de haute volée, le soupçon ainsi manifesté à l'égard d'une pratique sexuelle déterminée paraissant sans doute bien peu républicain, on a choisi une formule plus générique, dont les contours restent flous, afin de donner aux juges un pouvoir plus grand d'évaluer la bonne ou la mauvaise pédagogie sexuelle, dont les partouzes ne seraient qu'un exemple éminent. Le texte que vous pouvez lire dans votre Code pénal, à l'article 227-22, est donc ainsi rédigé : « Le fait de favoriser ou de tenter de favoriser la corruption d'un mineur est puni de cinq ans d'emprisonnement et de 75 000 euros d'amende. Ces peines sont portées à sept ans d'emprisonnement et 100 000 euros d'amende lorsque le mineur est âgé de moins de quinze ans ou lorsqu'il a été mis en contact avec les auteurs des faits grâce à l'utilisation, pour la diffusion de messages à destination d'un public non

[78] Cour d'appel de Paris, 14 mai 1985 : Juris-Data n° 023412.

déterminé, d'un réseau de télécommunication ou que les faits sont commis à l'intérieur d'un établissement scolaire ou éducatif ou, à l'occasion des entrées ou des sorties des élèves, aux abords d'un tel établissement. Les mêmes peines sont notamment applicables au fait, commis par un majeur, d'organiser des réunions comportant des exhibitions ou des relations sexuelles, auxquelles un mineur assiste ou participe. »

Qu'est-ce donc que les juges considèrent comme de la « corruption » ? Eh bien, par exemple, le fait de se livrer, devant une adolescente consentante de presque seize ans, à une masturbation « avec la volonté d'associer la mineure à son comportement impudique en lui demandant de le photographier ; [car] pareille mise en scène impliquait la volonté d'éveiller les pulsions sexuelles de l'adolescente et cette volonté s'est prolongée puisque, huit jours plus tard, le prévenu lui a demandé de venir voir les clichés... » Ce sont les termes mêmes de la Cour de cassation[79]. Ainsi, le seul fait d'éveiller des pulsions sexuelles chez autrui, même s'il est sexuellement majeur, peut être un délit !... Il en va de même avec le fait de montrer à des mineurs des films ou cassettes de nature pornographique[80]. Ainsi, les parents libéraux qui cherchent à informer leurs enfants majeurs sexuellement de la diversité du monde sensuel dans lequel, malgré tout, on vit, peuvent être sanctionnés comme corrupteurs.

Mais cette incrimination ne concerne pas seulement les actes réalisés : elle vaut tout autant pour ceux qui ont juste été « proposés », formulés verbalement. Ainsi, en 1997, fut condamné un photographe professionnel qui avait pris des clichés d'une jeune fille de quatorze ans et demi pour des photographies de charme qui n'avaient aucun caractère pornographique. Après avoir effectué quelques séances le buste dénudé, qu'elle avait acceptées, « le prévenu a proposé à son modèle de poser, les pieds et les mains enchaînés et le cou enserré dans un collier d'étranglement, ce à quoi elle a refusé de se prêter ». La chose aurait pu en rester là : la jeune fille n'était pas celle que le photographe croyait, voilà tout. Mais la Cour de cassation a considéré que la proposition malhonnête du prévenu « était de nature à favoriser la corruption d'une mineure rémunérée à cette fin[81]... » De même, en 1996, un homme fut

79 Cour de cassation, chambre criminelle, 1er février 1995 : *Bulletin criminel* n° 43.

80 Cour d'appel de Paris, 12 février 1991 et CA Besançon, 2 juin 1992.

81 Cour de cassation, chambre criminelle, 3 décembre 1997.

Balthus,
Le Chat au miroir,
1977-1980.

condamné pour corruption de mineur, parce qu'il avait simplement proposé à des adolescents de leur faire des fellations et de leur montrer des images pornographiques dans un camion. Il ressortait de l'enquête qu'il prétendait ainsi « les initier à la jouissance [82] », et c'était bien là sa faute... Car ce n'est pas le genre de jouissance auquel il est permis de proposer d'initier des jeunes gens.

Ainsi, toute une série de comportements, comme le sexe de groupe, les jeux sadomasochistes, l'exhibitionnisme et le voyeurisme, la masturbation, y compris l'homosexualité dans certaines circonstances, sont autorisés entre adultes, mais interdits dès qu'un mineur de moins de dix-huit ans est en cause. Mais à travers cette protection des jeunes, notre société dit bien aux adultes eux-mêmes qu'il y a certains actes qu'elle ne fait que *tolérer*. On voit très bien ici comment le consentement « éclairé » des adultes est censé non pas être l'expression d'une liberté de choix sexuels, mais venir simplement suspendre la sanction sur certains actes essentiellement suspects. Il s'agit donc aussi d'une

[82] Cour de cassation, chambre criminelle, 19 juin 1996.

pédagogie pour les adultes. Grâce à cette infraction, nous savons que toutes les sexualités consenties ne sont pas également licites, dans une société qui se vante d'avoir perdu l'esprit normatif et de s'en tenir au consentement. On apprend que certaines de nos pratiques d'adultes ne valent pas ces choses saines que l'on fait en privé et qui ressemblent à s'y méprendre au vieux coït canonique dont les théologiens disaient jadis qu'il était le seul acte sexuel à ne point « offenser la pudeur divine ». Tout au moins, on sait que les bonnes choses ne sont jamais complètement démodées.

Mais si vous ajoutez cette infraction au fait que rien, dans notre droit, ne vient limiter l'arbitraire des parents dès lors qu'il s'agit d'interdire à leurs enfants de quinze à dix-huit ans d'avoir des rapports sexuels consentis, vous voyez bien que notre société impose une éducation sexuelle qu'on peut bien dire, tout simplement, répressive. On oblige les parents et tous ceux qui fréquentent des mineurs de moins de dix-huit ans (qui, je le répète, peuvent être majeurs sexuellement) à un certain type d'éducation sexuelle. Cette éducation forcée est défavorable à toute forme d'incitation au sexe, tandis qu'elle promeut les interdictions et les tabous. Les bonnes âmes croiront sans doute qu'il s'agit d'empêcher les adultes de commettre, au prétexte d'« éducation sexuelle », des sortes d'abus. Elles diront qu'on ne doit pas choquer la « pudeur » du jeune, que cela n'a rien à voir avec une morale sexuelle particulière, mais avec l'exigence de ne pas précipiter son « développement » sexuel, de respecter son « rythme », etc. Il y a une bonne sexualité, et une mauvaise : la bonne est celle qui unit derrière des portes hermétiquement closes un homme et une femme, dont les corps se rejoignent sans artefact et si possible dans le silence et l'effroi devant cette chose si merveilleuse et secrète qu'est l'éternel coït ; la mauvaise, c'est tout le reste. Voilà la sexualité idéale de ce monde qui se vante d'avoir abandonné toute idée absolue des « bonnes mœurs ».

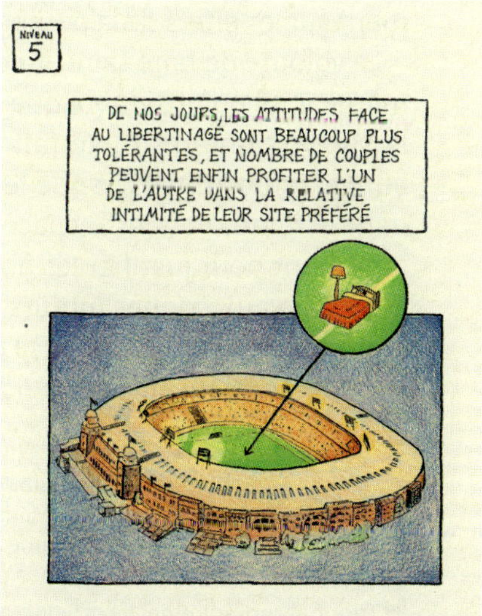

Glen Baxter, *Le Livre de l'amour*, Hoëbeke, 1997.

Cachez ce sein qu'un jeune ne saurait voir

« Mais après tout, nous ne sommes pas des enfants, ni des délinquants juvéniles analphabètes, encore moins ces élèves des public schools *anglaises qui, après une nuit de frasques homosexuelles, se voient paradoxalement contraints de lire les Anciens dans des versions expurgées. »*

Vladimir Nabokov, *À propos d'un livre intitulé Lolita.*

Même les plus enthousiastes des *supporters* de notre modernité sexuelle sentent parfois comme une petite démangeaison. Ils s'imaginent qu'ils vivent dans un ordre sexuel parfait, mais qu'il y a juste un petit détail dérangeant : les foudres des politiques antipornographiques. Elles se sont illustrées de manière de plus en plus virulente ces derniers temps : polémiques autour du classement « X » de films qui ne se voulaient pas pornographiques, comme *Baise-Moi*[83] ; tentative d'interdiction du roman *Rose bonbon* ; mobilisation de la presse inquiète des effets de la pornographie dans les banlieues ; Interventions de Ségolène Royal auprès des chaînes de télévision publique pour relayer les plaintes des associations familiales les plus réactionnaires et, de manière plus audacieuse, auprès de l'opinion publique en faveur de la création d'une sorte de délit de maltraitance audiovisuelle pour les parents qui laisseraient leurs enfants regarder des films inconvenants ; enfin, un rapport officiel en bonne et due forme, commandé par le président de la République à Blandine Kriegel, notamment sur les effets de la pornographie sur les mineurs...

La volonté de faire taire et de cacher n'est certes pas nouvelle. Elle est même à tel point symbolique de l'ancien ordre sexuel qu'on a identifié la subversion au simple fait de dévoiler et de dire. Un tribunal des années 1960, conscient que les critères de la pudeur varient beaucoup dans le temps et dans l'espace, avait cependant trouvé un remarquable argument pour justifier les limites de sa bonne volonté : « Si la notion d'outrage aux bonnes mœurs par photographies est susceptible d'évoluer avec le temps, la défense de la moralité publique interdit un excès d'indulgence qui en accélérerait l'évolution[84] »...

[83] Le film a finalement pu sortir en salle sans être classé « X », grâce à un décret du 12 juillet 2001 qui a créé, en plus de la catégorie des films X, une autre catégorie de films interdits aux moins de dix-huit ans, mais détenteurs cependant d'un visa d'exploitation normal. Les films X font l'objet d'une très lourde fiscalité et d'une diffusion très limitée. Le cinéma pornographique a d'ailleurs disparu à peu près complètement, pour laisser place à la vidéo.

[84] Tribunal correctionnel de la Seine, 21 octobre 1964, dans *Gazette du palais,* 1964. 2. 439.

Ce qui est nouveau, c'est qu'on censure désormais au nom de la protection de l'enfance. L'article 227-24 du Code pénal dispose que : « le fait de fabriquer, de transporter, de diffuser par quelque moyen que ce soit et quel qu'en soit le support un message à caractère violent ou pornographique ou de nature à porter gravement atteinte à la dignité humaine, soit de faire commerce d'un tel message, est puni de trois ans d'emprisonnement et de 75 000 euros d'amende, lorsque ce message est susceptible d'être vu ou perçu par un mineur... ».

Si désormais on interdit à certains discours ou représentations l'accès à l'espace public, ce n'est plus parce que nous prétendrions connaître les normes de la bienséance et de l'obscénité. Non, nous ne sommes pas aussi vulgaires que cela. C'est parce qu'il y a des mineurs de moins de dix-huit ans qui circulent innocemment dans cet espace, et qu'il ne faut pas brutaliser leur cheminement personnel en les exposant trop tôt à ces choses étrangement vénéneuses que sont les mentions explicites des actes sexuels. Au lieu de censurer au nom des « mœurs » de la collectivité dans son ensemble, on censure au nom de la fragilité psychique de cette partie de la communauté que sont les mineurs. Ceux-ci deviennent ainsi, comme avec la « corruption », les incarnations du citoyen pur, celui dont on aurait retranché la partie impure, celui qui n'agit pas trop et ne perçoit pas trop non plus. C'est ainsi que la norme, dont on commençait à peine à intérioriser le caractère historique, se glace dans l'éternité d'une psychologie passablement *new age*, pontifiant sur les étapes nécessaires à une saine âme humaine pour se découvrir elle-même et écouter son désir.

Image extraite de *Baise-Moi*, film de Virgine Despentes et Coralie Trinh-Ti, 2000.

Le résultat est qu'on crée des sortes de ghettos communicationnels, dans lesquels seuls les individus avertis pourront entrer. Ce sont les cinémas pornos, les *sex-shops*, les journaux ou les films interdits à la vente aux mineurs, etc. À charge, pour ceux qui sont responsables de ces frontières, d'être des filtres efficaces qui ne laissent passer aucune âme fragile. On peut être susceptible d'être puni pour cette infraction non seulement lorsque la diffusion du message a été délibérée, mais aussi lorsqu'on n'a pas pris assez de précautions pour éviter l'accès aux mineurs. C'est ce qu'apprit à ses dépens, en 2000, le directeur d'une publication dont la vente n'était pas interdite aux mineurs, mais qui avait offert à ses lecteurs, sans distinction, l'acquisition d'un CD-ROM contenant des images pornographiques [85]. Loin d'être une disposition isolée, ce texte n'est que la pointe émergée d'un dispositif légal et réglementaire très touffu, dont la seule description excéderait les limites de ce livre. Ainsi le ministère de l'Intérieur peut interdire à tout moment la vente aux mineurs et donc l'exposition de certaines publications. Il peut également être saisi par des associations supposées grandes connaisseuses en matière d'hygiène mentale des jeunes, c'est-à-dire les associations familiales. Il peut alors prendre l'avis d'une commission spécialisée, et en cas d'avis négatif, le livre doit être retiré de l'étalage de la librairie, effacé des catalogues, vendu uniquement sur demande expresse à un majeur. Ce système fut reproduit pour le contrôle des documents audiovisuels en 1998. Le cinéma bénéficie d'un régime administratif particulier. Il existe une obligation de mention de l'âge à partir duquel les spectateurs sont admis. Le Code de l'industrie cinématographique régit ce système de visas de censure délivrés par le ministère de la Culture, après avis d'une commission spéciale. Depuis mars 2004, cette commission est composée de vingt-huit membres dont treize représentants de la protection de l'enfance. Il est donc probable que la hantise de la « pornographie » s'intensifie toujours plus.

Les effets de la pornographie sur les jeunes sont réputés terribles : ils feraient d'eux, tout simplement, des criminels sexuels. Sa condamnation aurait donc sa place dans le dispositif contre la criminalité sexuelle dont la France est si fière. De même qu'on a mis en place un système de prise en charge thérapeutique des petits et des gros délinquants sexuels, de même il faudrait pousser le gouvernement des pulsions un

[85] Cour de cassation, chambre criminelle, 23 février 2000 : *Bulletin criminel*, n° 85.

peu plus loin en contrôlant ce qui entre dans les jeunes cervelles et ce qui en sort. Juste une question de « prévention »...

L'ennui est qu'aucune étude sérieuse n'a jamais réussi à montrer, ni en France ni à l'étranger, le moindre lien de causalité entre l'exposition des jeunes à ces films et des comportements dangereux, voire de simples « dommages psychiques » [86]. On pourrait certes arguer que, en vertu du fameux « principe de précaution » qui justifie ailleurs la volonté d'interdire les organismes génétiquement modifiés, on devrait choisir la prudence. Mais alors pourquoi ne pas en faire autant avec d'autres comportements, dont on suspecte depuis longtemps les effets délétères ? Ainsi certains auteurs de manuels sexuels pour la jeunesse vous expliqueront encore aujourd'hui que la masturbation inonde le monde d'éjaculateurs précoces plus ou moins incapables d'avoir des relations sexuelles normales et donc potentiellement dangereux. Certes, rien n'est démontré, mais ne devrait-on pas tout de même, par prudence, l'interdire et la soigner de force ? Après tout, on ne sait pas si les enfants ne deviennent pas effectivement sourds, imbéciles et asociaux à cause de cette pratique.

Qu'est-ce qui est obscène ?

« Quant à connaître l'obscène en soi, c'est ne rien connaître du tout. »
Pierre Klossowski, *Roberte ce soir.*

Une bonne partie du mouvement féministe propose pour condamner la pornographie un argument qui séduit beaucoup de monde. Ce serait en effet une raison aux allures bien « modernes » pour étendre les interdits au-delà des mineurs de dix-huit ans. La pornographie serait une apologie de la violence envers les femmes. Elles y sont présentées comme toujours consentantes aux rapports sexuels, éternellement disponibles pour le désir masculin, pressées même souvent de se faire humilier, et cette sexualité sans amour, ni sentiment, ni relation interpersonnelle, serait contraire à la dignité humaine. Cela justifierait donc une interdiction totale et absolue de la pornographie à toute la population, et non plus seulement aux jeunes.

---

86 Voir sur cette question Ruwen Ogien, *Penser la pornographie,* PUF, 2003.

C'est en ces termes que la campagne antipornographique a été lancée aux États-Unis dans les années 1980 par la très féministe Catharine A. MacKinnon, alliée aux groupes les plus conservateurs. Ce n'étaient pas tant les pulsions éveillées par les représentations pornographiques qui lui posaient un problème, que les « messages » qu'ils véhiculaient selon elle. Ces images auraient un *sens*, elles parleraient, et elles diraient ceci : « Les femmes sont des êtres inférieurs, des êtres pour le viol, n'hésitez pas, elles aiment ça, etc. » Ce n'était donc pas l'obscénité qui était en cause mais cette propagande de haine contre les femmes, cette éducation machiste. Mieux, l'obscène, c'était le machisme. De manière assez ironique, cette manière de présenter les choses a fait échouer sa propre campagne. Les juges américains étaient en effet plus disposés à condamner des messages obscènes que des *opinions*. Car la liberté d'expression, à la différence de la liberté sexuelle, est protégée aux États-Unis par un texte sacré, la Constitution. Il est vrai qu'en France, où la liberté d'expression n'est pas très prisée, cette idée pédagogique inspirée du discours « antiraciste » trouve beaucoup d'émules. Mais ce n'est pourtant pas d'elle que notre droit semble s'être inspiré pour qualifier les messages « pornographiques » à interdire aux mineurs.

Il est notoirement difficile de définir ce qui est pornographique et ce qui ne l'est pas. Il faut rendre hommage à ce tribunal des années 1970 qui n'a pas eu peur du ridicule, et a abordé ce délicat sujet de front : « Le propre de l'ouvrage érotique est de glorifier, tout en le décrivant complaisamment, l'instinct amoureux, la "geste" amoureuse, tandis que les œuvres pornographiques, au contraire, privant les rites de l'amour de tout leur contexte sentimental, en décrivent seulement les mécanismes physiologiques et concourent à dépraver les mœurs s'ils en recherchent les déviations avec une prédilection visible[87] ». L'écrivain D. H. Lawrence, dans un petit pamphlet écrit contre la censure (dont il était régulièrement victime), s'était efforcé de montrer, lui, que ce qui est obscène, ce n'est pas la vie sexuelle elle-même, mais cette société pudibonde qui fait de la grande puissance cosmique qu'est le sexe un « vilain petit secret », et l'étalage de sentimentalité dégoulinante qu'elle se permet (▸ TEXTE P. 246). Il est vrai que, en général, on ne trouve que des définitions « évaluatives » et jamais « descriptives » : sont pornographiques certains comportements sexuels qualifiés

87 Tribunal correctionnel de Paris, 5 octobre 1972, dans *Gazette du palais*, 1973. I. 211.

Allen Jones, *Fauteuil*, 1969.

Allen Jones, *Table*, 1969.

d'« obscènes », d'« excitants », de « répugnants », de « dégradants », etc. Aussi la qualification de « pornographique » dépendra des valeurs auxquelles on adhère et ne cessera de varier. On connaît ce mot malicieux : la pornographie, c'est l'érotisme des autres.

Cette indétermination est indiscutablement problématique en droit, dans la mesure où le juge est censé ne pouvoir punir qu'en vertu d'une loi préalable dans laquelle les comportements incriminés sont décrits de manière claire et précise. Mais en vérité, si on cherche une définition de ce qui est pornographique non à partir de ce que les juges disent, mais à partir de ce qu'ils font lorsqu'ils censurent et sanctionnent, on en trouvera une assez pratique et très révélatrice. On peut convenir en effet avec Norbert Campagna [88] que « toute représentation publique d'activité sexuelle explicite (texte, image, etc.) n'est pas pornographique, mais toute représentation pornographique contient celle d'activités sexuelles explicites ». Ainsi, à chaque fois qu'on envoie un message de ce type, on peut craindre qu'un magistrat le qualifie de pornographique. Il se peut aussi qu'il ne le fasse pas, mais c'est de cette façon perverse que fonctionnent les lois. Car toute cette machine anti-pornographique a un seul effet clair : elle crée un climat de soupçon et d'insécurité juridique autour de toute représentation ou description d'une activité sexuelle explicite.

Le fait est que, tout simplement, notre société prétendument libérale et consensualiste n'aime pas plus la vue du sexe qu'elle ne l'aimait jadis. Parfois, peu importe l'intention artistique, pédagogique ou scientifique qui accompagne une telle représentation. C'est ainsi que fut condamné un documentaire sur la prostitution enfantine au Brésil

88 *La Pornographie, l'éthique et le droit,* L'Harmattan, 1998, p. 51.

qui, afin de mieux les dénoncer, avait été trop clair sur les pratiques qui y régnaient (cour d'appel de Paris, 11 mars 1998). Peu importe même qu'on ait précisément pour but de dénoncer la pornographie en montrant, preuve à l'appui, à quel point elle est atroce. Ce fut d'ailleurs le malheur de Catharine A. MacKinnon, qui semble être vouée à subir ce charmant effet politique qu'on appelle « l'ironie de l'histoire ». Après sa défaite aux États-Unis, elle avait réussi à convaincre les autorités canadiennes d'interdire la pornographie. Las, son livre, qui était une mine de matériel pornographique, fut aussi retiré de la circulation... C'est un peu le même sort qu'a connu d'ailleurs le film *Baise-Moi* : les réalisatrices du film tentèrent vainement d'expliquer qu'il s'agissait précisément de dénoncer les violences faites aux femmes (notamment par le biais de la pornographie, la prostitution, la criminalité sexuelle), le Conseil d'État décida que cela ne justifiait pas que l'on montre une grande succession de scènes de sexe non simulé. On peut être certain que même un film dans lequel un honnête couple marié de travailleurs français se livrant, volets fermés et dans le lit conjugal, à un acte sexuel bien simple, mais aussi bien visible, serait considéré comme pornographique en vertu du risque qu'un mineur le voie, et cela même s'il est précisé dans le prologue qu'ils ont envoyé leurs nombreux et beaux enfants chez une tante à la campagne pour profiter de l'air pur...

Tout cela montre la persistance et la reconduction d'une morale sexuelle qui oblige à la clandestinité et au secret, comme au bon vieux temps où on disait au moins clairement qu'il y avait des choses qu'il ne fallait pas dire. Comme dans le cas de la corruption de mineurs, on envoie un message aux adultes à propos du statut des plaisirs masturbatoires qu'ils peuvent tirer de la consommation de certains produits culturels, qui supposent de l'exhibitionnisme et du voyeurisme. Car cette condamnation du sexe explicite est tout à fait cohérente avec un ordre juridique qui punit l'exhibitionnisme et exige de celui qui regarde un consentement éclairé. Tout se passe comme si la représentation était un rapport sexuel en elle-même, qui rend celui qui regarde partenaire de celui qui se montre. Il s'agit ainsi de qualifier le statut même de l'acte d'exhibition sexuelle, d'apprendre aux jeunes et aux moins jeunes que, sans être condamné en lui-même, le sexe n'est que toléré dans des circonstances particulières, et notamment quand il est secret. Mais il s'agit aussi de « préparer » les jeunes à une activité, de les « former » à une certaine « expérience » de cette activité dont on espère que, grâce à une telle éducation, ils ne feront pas quelque chose de banal ou anodin. Aussi est-il illusoire d'espérer en finir avec les politiques antipornographiques sans abolir les autres infractions qu'elles ne font que prolonger. Tel est sans doute le malentendu sur lequel butent certains avocats de la pornographie. Les politiques antipornographiques ne sont que l'une des conséquences d'une manière toujours aussi négative d'instituer le sexe. Dans une société où existent des infractions pénales comme l'exhibitionnisme ou la corruption de mineur, il serait bien étonnant que les messages comprenant du sexe explicite ne soient pas condamnés.

Mais gardons-nous d'imaginer que cette répression de la pornographie adressée à la jeunesse soit la pire chose qui puisse nous arriver. Imaginons ce qui se passerait si l'argumentaire féministe l'emportait. Dès lors, on ne distinguerait plus entre jeunes et moins jeunes et l'on se proposerait de nous apprendre comment nous traiter les uns les autres d'une manière fort pédagogique et édifiante. Qui plus est, la notion de pornographie pourrait concerner des messages dépourvus du moindre « sexe explicite » mais suspects de « machisme », ce qui rendrait cette répression bien plus omniprésente et, disons-le, terrifiante (beaucoup de féministes ayant tendance à considérer comme machiste celui ou celle qui n'a pas la même opinion qu'elles). Il est probable, hélas ! que, compte tenu de la pression exercée par tous ces gens bien intentionnés qui cherchent à nous protéger de la domination masculine, on subisse dans un avenir pas si lointain l'interdiction à la fois du sexe explicite et des messages « machistes ».

Les prostituées : coupables et victimes

On aurait pu croire qu'avec la révolution sexuelle, tous les stigmates frappant la sexualité multiple et hors mariage des femmes disparaissant, la « pute » connaîtrait la même promotion sociale que la « fille mère » : de femme salie par une activité réprouvée, elle deviendrait une personne aussi respectable qu'une autre. La prostitution serait reconnue comme un véritable métier, ni plus honorable ni plus infamant que celui de postière ou d'écrivain. Ne nous dit-on pas, en effet, qu'on peut faire ce qu'on veut de son sexe pour autant qu'on respecte le consentement d'autrui ? Et la prostitution n'est-elle pas une activité sexuelle où le consentement éclairé s'exerce à son état le plus pur ?

Si éclairé qu'on négocie les tarifs, qu'on choisit ses clients, qu'on fixe d'avance ce qu'on fera ensemble – toutes choses que les gens éperdus de passion amoureuse ne sauraient faire.

C'est la conclusion à laquelle aboutirent les Pays-Bas. La vente de services sexuels y est considérée comme un usage de son corps qui n'engage que la conception que chacun se fait de la sexualité. Au nom de sa « neutralité éthique », le gouvernement néerlandais a estimé indispensable que ce métier soit reconnu et qu'il soit exercé dans les meilleures conditions, c'est-à-dire avec tous les droits des autres travailleurs, ni moins ni plus. Les personnes prostituées y sont considérées comme des « professionnelles de la sexualité », réalisant un « travail sexuel », libres dès lors non seulement de ce qu'elles font avec leurs corps, mais aussi de l'argent qu'elles gagnent. Parmi tous ceux qui tirent avantage de la prostitution, seuls doivent être incriminés ceux qui *contraignent* une autre personne à la prostitution. Cette politique rejoint les revendications des organisations de prostituées créées depuis les années 1980 dans la quasi-totalité des pays européens et nord-américains [89]. Ces associations militent en faveur de la décriminalisation de la prostitution et de sa reconnaissance juridique en tant que profession. Cela implique qu'elles pourraient bénéficier des mêmes droits que les autres travailleurs, comme le droit syndical et le droit à la sécurité sociale.

Rien tout de cela n'est arrivé en France. Au contraire, la société française a condamné la prostitution plus que jamais en faisant appel à des arguments anciens et modernes. D'un côté, les ligues de vertu considèrent les prostituées comme des dégénérées qui affichent leur commerce immoral devant les passants innocents et pudiques des boulevards périphériques. Mais il n'y a rien que de très normal dans leurs réactions, car ces gens-là n'ont pas vu passer la révolution des mœurs. De l'autre, la plus grande partie du mouvement féministe français considère les prostituées comme des victimes de la misogynie, de la domination masculine, de la mondialisation et du capitalisme qui oblige les plus faibles à vendre leur « âme » pour survivre. Les prostituées doivent donc choisir : coupables ou victimes ? Un peu des deux, en vérité.

---

89 Pour une anthologie des textes et des congrès de ce mouvement aux États-Unis, voir *A Vindication of the Rights of Whores* (sous la direction de Gail Pheterson), The Seal Press, Seattle, 1989. Pour une histoire des mouvements de prostituées en France, voir Lilian Mathieu, *Mobilisations de prostituées*, Belin, « Socio-Histoires », 2001.

Car dans la plupart des sociétés contemporaines, la prostitution est l'objet de condamnations juridiques directes et indirectes. Elles ne divergent que sur les moyens d'éradiquer ou de circonscrire cette activité qu'on suppose de toute manière être un mal. À l'heure actuelle, trois régimes juridiques différents se disputent la palme de cette noble cause : le réglementarisme, l'abolitionnisme et le prohibitionnisme.

Le premier, inventé en France au début du XIXe siècle, considère la prostitution comme un mal inévitable, et s'attache à en régler l'exercice afin qu'il en résulte les conséquences les moins néfastes possibles pour la communauté. On cache donc les prostituées dans des « bordels » sous surveillance policière, on établit un fichier et on oblige toute personne qui s'y trouve inscrite à se soumettre à des visites médicales régulières, on opère des coups de filet sur les trottoirs pour punir celles qui tentent d'y échapper, le tout afin de lutter contre la contagion des maladies vénériennes, vaguement associées à celle de l'immoralité fondamentale de la prostituée.

Le système abolitionniste est né en Europe vers la fin du XIXe siècle, mais s'est généralisé dans le monde entier après la Deuxième Guerre mondiale. Il considère la prostitution comme une forme d'esclavage, condamne toute espèce de proxénétisme, mais ne traite pas en revanche le fait de se prostituer lui-même comme un délit. Il s'efforce de dissuader les prostituées de continuer cette activité en rendant son exercice plus ou moins difficile et en mettant en place des procédures pour les « réinsérer ».

Maison close, fin du XIXe siècle.

Le prohibitionnisme, enfin, fait de la prostitution un délit et punit soit les prostituées elles-mêmes, comme dans de nombreux États américains, soit les clients, comme en Suède, et parfois les deux à la fois.

En France, c'est le système abolitionniste qui est en vigueur depuis l'immédiat après-guerre, mais il penche de plus en plus vers un régime prohibitionniste. Ainsi, on pénalise depuis 2003 le racolage non seulement « actif » (le fait d'interpeller les passants pour leur proposer ses services sexuels), mais aussi « passif » (le simple fait de se présenter dans une tenue, dans certains lieux, en montrant des signes manifestes de prostitution). On a prétendu lutter contre les réseaux mafieux, mais le principal résultat est que la prostitution est devenue plus discrète, et les associations qui militent pour la prévention du sida voire pour la « réinsertion » des prostituées se plaignent que leur travail n'en est devenu que plus difficile.

Depuis 2002, on pénalise aussi les clients lorsqu'ils payent les services d'une personne mineure de moins de dix-huit ans, alors que la majorité sexuelle, rappelons-le, est de quinze ans. Une loi de 2003 punit aussi les clients qui auraient payé les services des personnes malades ou vulnérables, parmi lesquelles on inclut les femmes enceintes. Il est clair que l'esprit de ces lois est de s'étendre afin de condamner tous les clients de prostituées.

Mais on ne dit pas assez que les personnes prostituées sont aussi pénalisées de manière indirecte au nom de la lutte contre le proxénétisme. Elles ne peuvent ni louer un appartement sans que le propriétaire ne risque d'être puni comme proxénète, ni acheter à plusieurs un logement destiné à être un lieu de travail collectif, car chacune est alors accusée de proxénétisme. Les personnes prostituées sont plus ou moins contraintes de vivre à l'hôtel – et de vivre seules. Le simple fait de partager sa vie avec une personne prostituée, et d'accepter que celle-ci participe aux frais du ménage, constitue un acte de proxénétisme. En principe, vous ne devez accepter aucun cadeau venant d'une prostituée.

Le plus curieux est qu'il n'est même pas nécessaire, pour être considéré comme proxénète, d'obtenir un gain quelconque. Ainsi, la jurisprudence a qualifié de proxénète le directeur d'un salon de coiffure qui avait prêté refuge à plusieurs femmes qu'il savait être des prostituées en leur permettant de se cacher dans son établissement à l'arrivée de la police [90].

[90] Cour de cassation, chambre criminelle, 20 octobre 1971.

Idem pour une prostituée qui en avait accueilli une autre, dont la fourgonnette était tombée en panne, dans son propre véhicule, afin de l'aider à poursuivre ses « activités galantes », même s'il est avéré qu'elle n'en a tiré aucun profit[91].

Manifestation de prostituées, Paris, 5 novembre 2002 (photographie de Pierre Mérimée).

Ainsi, l'abolitionnisme à la française ressemble plutôt à une forme de prohibitionnisme : les personnes qui se prostituent sont jetées à la rue, incitées à se cacher, isolées des autres, entravées dans leurs rapports amoureux voire amicaux et familiaux, enfermées dans la marginalité… On ne se contente pas de ne pas légaliser leur activité : tout en s'épanchant d'un air larmoyant sur leur sort malheureux, on fait tout pour leur rendre la vie plus difficile. Drôle de sollicitude, vraiment. Il est vrai qu'il fut un temps où on brûlait les gens tout en priant avec un visage débordant d'amour pour que le pécheur expie dans les flammes et que Dieu accueille au moins son âme au paradis.

91 Cour de cassation, chambre criminelle, 12 octobre 1994.

La prostitution : une forme d'esclavage ou un métier comme les autres ?

« La prostitution n'est qu'une expression particulière de la prostitution générale du travailleur. »

Karl Marx, « Ébauche d'une critique de l'économie politique », dans *Manuscrits de 1844*.

Auparavant, les choses étaient claires. Les femmes qui se prostituaient étaient simplement des « filles de petite vertu », des femmes de mauvaise vie, des dévergondées qui faisaient de leurs organes sexuels un usage illicite, puisqu'il était en dehors du mariage. Tout comme pour celles qui ne les utilisaient que pour avoir du plaisir, le fait de s'en servir pour avoir de l'argent, et non pour accomplir les devoirs des époux, portait atteinte à une certaine morale sexuelle. Mais comme notre morale sexuelle se veut désormais consensualiste, il est difficile de justifier la réprobation à l'égard de la prostitution en termes de bonnes ou mauvaises mœurs. On cherche donc des arguments d'apparence un peu plus « moderne ». En vérité, je crains qu'on ne sache pas vraiment pourquoi on trouve cette activité tellement répréhensible.

L'explosion de la prostitution forcée en provenance notamment des pays de l'Est et d'Afrique a permis depuis quelques années de faire des amalgames entre les femmes qui y sont assujetties et celles qui exercent ce métier volontairement. Comment ne pas voir pourtant combien cet argument en apparence « pragmatique », « de terrain », est en réalité fallacieux ? Ceux qui l'avancent seraient plus crédibles s'ils proposaient en même temps de légaliser la prostitution libre. Ce n'est pas en rejetant dans une même frange de marginalité et de délinquance les prostituées libres et celles qui sont forcées qu'on pourra départager les deux. On sait qu'il existe en France des ateliers clandestins dans lesquels des personnes entrées illégalement dans le territoire doivent travailler dans des conditions proches de l'esclavage pour rembourser à des réseaux mafieux leur voyage en fabriquant les chemises et les pantalons que des marques parfois très respectables vous vendent ensuite. Il n'est pourtant venu à l'esprit de personne de considérer la couture comme une forme d'esclavage et de rejeter dans la clandestinité tous les petits commerces du Sentier. On se contente de surveiller cette activité avec des inspecteurs du travail, de mieux protéger les plus faibles en leur donnant, précisément, plus de droits, et non pas en leur en enlevant.

On ne devrait d'ailleurs sans doute même pas appeler prostituée une femme qui est contrainte de le faire et dont l'argent est immédiatement extorqué. Peut-on dire que les anciens esclaves américains étaient des agriculteurs lorsqu'ils récoltaient le coton ? On disait simplement qu'ils étaient esclaves. Dans ce sens, on peut dire qu'une femme qui est forcée à se prostituer est une esclave, et non pas une prostituée. Ce qui est criminel, c'est l'esclavage et peu importe la tâche à laquelle la victime est vouée.

Mais, diront certains, la comparaison avec la couture est de mauvaise foi : le couturier vend des textiles, la prostituée, elle, vend son corps, elle se vend donc elle-même. C'est donc par nature que la prostituée serait une sorte d'esclave. Erreur : elle le loue, comme tous les travailleurs. Même celui qui invente des logiciels informatiques loue son cerveau. La personne prostituée vend un service sexuel et pas un organe sexuel. Elle se trouve à vrai dire exactement dans la même situation qu'un masseur, par exemple. Vous penserez peut-être que le sexe n'est pas comme le cerveau ou la main, que rendre un service sexuel est un acte très intime, très personnel, et que la froideur de l'argent ne lui convient pas. Donner son sexe, entend-on souvent, c'est se donner tout entier, de sorte qu'on ne pourrait le louer sans se vendre soi-même, comme un esclave. Notre sexe serait plus intime que quoi que ce soit d'autre, on ne pourrait s'en distancier comme on le fait avec des choses aussi intimes que des livres, dont les auteurs cèdent une grande partie des droits à leurs éditeurs. Mais cela, c'est votre conception à vous de la sexualité (et de la littérature). Libre à vous de l'avoir, mais rien ne justifie que vous l'imposiez à tout le monde. C'est précisément pour cela que les Pays-Bas parlent de « neutralité éthique ».

La mauvaise foi, c'est donc d'assimiler toute forme de prostitution à la traite des Blanches, et non de comparer la prostitution au massage ou à n'importe quel « service à la personne » ou, comme le font beaucoup de prostituées elles-mêmes, à une forme de travail social voire de psychothérapie (▸ TEXTE P. 249)...

En général, le raisonnement sur les choses du sexe agace. On en vient rapidement à entendre : « Mais quoi ? n'avez-vous jamais parlé à des prostituées ? n'avez-vous pas entendu qu'en général, elles ne font pas cela de gaieté de cœur, mais parce qu'elles sont contraintes par la nécessité et la misère ? Aimeriez-vous, vous, vous prostituer ou que votre fille le fasse ? Quelle femme en vérité pourrait apprécier de se vendre ainsi ? »

D'abord, ne vous en déplaise, il existe des prostituées qui prennent un certain plaisir dans leur travail, parce qu'elles y ont le sentiment d'être utiles et parce qu'elles y trouvent même de quoi conquérir le respect d'elles-mêmes que le « monde extérieur » leur a (comme à tant d'autres) accordé chichement. Il en est même qui sont de grandes poétesses, comme Grisélidis Réal. Beaucoup d'entre elles, partout dans le monde, revendiquent depuis des années la fin du voile d'opprobre et de fausse compassion dont on veut les couvrir.

Ensuite, il paraît assez acrobatique de tout faire pour continuer à stigmatiser une activité, pour ensuite s'étonner que ceux qui la pratiquent se sentent plus ou moins anormaux, salis, bref coupables. Les Pays-Bas de nouveau ont été plus cohérents : le gouvernement a estimé que la légalisation de la prostitution était la meilleure manière d'en finir avec le stigmate de la prostitution. Une psychologue, célèbre défenseur du mouvement des prostituées, Gail Pheterson, a même été embauchée pour préparer une campagne visant à « déstigmatiser » cette activité. Car il est vrai que la prostitution n'est pas considérée comme une activité normale par l'opinion publique. Mais l'homosexualité ne l'est ou ne l'était pas plus. Doit-on interdire les rapports

Julia Roberts dans *Pretty Woman*, film de Garry Marshall, 1990.

homosexuels parce qu'ils risquent de porter tort à ceux qui s'y livrent du fait de la réprobation sociale qu'ils vont devoir affronter ? Ou ne doit-on pas au contraire s'efforcer de changer l'image des homosexuels comme des prostituées en leur donnant plus de droits, en imposant de plus en plus officiellement l'idée que ces groupes sont comme tout le monde et méritent le même respect ?

Enfin, la vérité est qu'une des principales difficultés de la fameuse « réinsertion » est que les prostituées libres peuvent gagner beaucoup d'argent, alors qu'elles n'ont guère d'espoir de trouver un revenu aussi substantiel par des activités beaucoup plus épanouissantes, comme devenir caissière dans un supermarché ou secrétaire d'un agent immobilier radin. Si tous ceux qui sont forcés de travailler par « nécessité » devaient être considérés comme des esclaves, il ne resterait que quelques rentiers pour avoir le droit de se prévaloir du titre d'hommes libres... Il ne serait sans doute pas mauvais que, comme le disait Marx, ce soit « de chacun selon ses moyens et à chacun selon ses besoins », mais cela dépasse un peu le problème de la prostitution. Il est curieux qu'on ne se montre jamais aussi furieusement anticapitaliste qu'avec la prostitution...

L'argument le plus valable pour justifier cette condamnation de la prostitution est finalement le plus saugrenu : celui qui suppose que la prostituée produirait des dommages à toutes les femmes. Certains disent que la pratique prostitutionnelle contribue à dégrader l'image de la femme et participe à l'oppression générale de la moitié de l'humanité. Réduite à un pur moyen, la prostituée validerait les clichés culturels à propos des liens entre les hommes et les femmes. La députée suédoise Inger Segerström, qui défendait la pénalisation des clients de prostituées, a ainsi affirmé : « Comment pouvons-nous interdire à un homme de frapper sa femme, de harceler sexuellement sa collègue de bureau, s'il peut, en toute impunité, s'offrir une prostituée [92] ? » Dans ce cas, en effet, un régime prohibitif contre la prostitution permettrait d'éviter qu'elles continuent à causer du tort à autrui.

Mais comment peut-on confondre ainsi la sexualité marchande et la violence faite aux femmes ? L'une des réponses à cette question est que la relation prostitutionnelle ne serait pas réciproque : avec la

---

[92] Citée dans « Le pays qui ne veut plus de clients de la prostitution », dans *Prostitution et société*, n° 125, avril-mai-juin 1999.

prostitution, les hommes utiliseraient les femmes comme de purs moyens pour assouvir leurs désirs, sans se préoccuper de savoir si elles apprécient ou non d'avoir des rapports sexuels avec eux ; plus généralement, les femmes y seraient comme des objets à leur disposition. Pourtant, une prostituée n'est pas du tout disponible : il faut la payer. Il y a bien une forme de réciprocité. On peut dire d'un violeur qu'il traite une femme comme une chose, mais pas d'un homme qui obtient d'une femme qu'elle consente, contre rémunération, à un rapport sexuel avec lui. Certes, ce n'est pas au plaisir qu'elle consent, mais à se faire rétribuer pour le plaisir qu'elle donne. Mais pourquoi serait-il illégitime de consentir à un rapport sexuel pour une autre raison que le désir irrésistible qui nous y pousse ou le plaisir délicieux qu'on y trouve ? Il n'y a rien là qui aille contre les règles ordinaires du consentement. Dans la vie courante, il arrive souvent que les femmes, et aussi les hommes, installés dans des couples parfaitement respectables et respectueux, consentent à avoir des rapports sexuels uniquement pour faire plaisir à l'autre ou par routine. Faut-il faire une police des ménages pour vérifier le degré de réciprocité dans le désir et le plaisir de tous les rapports sexuels ? À l'inverse, il peut arriver qu'une femme ressente beaucoup de désir pour un homme, mais ne veuille pas néanmoins, pour une raison ou pour une autre, lui « céder ». S'il la force, si même il se trouve qu'elle en ressent du plaisir, serait-ce moins un viol pour autant ? Certainement pas : le seul problème est de savoir si elle a consenti ou non, et le consentement est un acte de la volonté, pas des tripes.

Si la prostitution n'est pas reconnue comme métier, ce n'est donc pas parce qu'elle contredit la morale sexuelle consensualiste, c'est même l'inverse : c'est que la prostituée vient paradoxalement pousser les règles du consensualisme à la dernière limite et que, précisément, on a du mal à admettre que le sexe puisse faire l'objet de quelque chose d'aussi froid qu'un accord commercial. On reproche à la relation prostitutionnelle d'être trop consentie, on trouve que le consentement que l'on y donne est « trop éclairé ». Bizarrement, on préfère présenter la personne éperdue d'amour comme le paradigme du consentement libre à un acte sexuel...

De même, on peut dire que ce que l'on reproche à la prostituée n'est pas le caractère rémunéré de ses services, mais plutôt et paradoxalement sa gratuité. La liberté sexuelle ne semble pas avoir été conçue pour ce type de choix, mais pour d'autres où le sexe sert à tisser des rapports interpersonnels, à créer des dettes symboliques et réelles, qui, comme nous le verrons, peuvent vous poursuivre tout au long de votre vie, au gré de vos amours et des enfants qu'elles vous laissent parfois involontairement. Dans le fond, il est généralement beaucoup plus cher d'entretenir des rapports sexuels non rémunérés que rémunérés, si l'on analyse cette question sur le long terme. La prostitution est donc la plus gratuite des activités sexuelles, car son but est de s'épuiser en elle-même sans générer de dettes qui peuvent s'avérer difficiles à payer.

Catherine Deneuve dans *Belle de jour*, film de Luis Bunuel, 1967.

TEXTES CHOISIS

Jean-Jacques Pauvert (né en 1926)

Comment faire pour lutter efficacement contre la censure ?

Jean-Jacques Pauvert, éditeur, qui fut souvent confronté à la vieille censure moralisatrice, décrit dans son livre avec quelles techniques et quels arguments en apparence plus « modernes » elle a été reconduite récemment. Pour lutter contre elle, il nous présente ici l'infaillible « méthode Gallimard ».

À la fin des années 40, après la Libération, il y eut [...] un déchaînement d'Ordre Moral avec le début de l'affaire Sade, et les condamnations de *J'irai cracher sur vos tombes* [...]. Les poursuites étaient généralement initiées par la plus puissante des associations familiales d'alors engagées dans la défense de la moralité publique [...]. Son président s'agitait énormément, donnait des interviews et des conférences de presse, parlait de « nettoyer la France de toutes ces saletés » [...].

L'association en question obtint vite beaucoup de condamnations de livres, d'auteurs, d'éditeurs et de libraires et son président, le grand combattant de la moralisation, fut bientôt fort redouté des membres de ces différentes corporations. J'appellerai ce général des légions de la vertu Monsieur X – comme les films [...].

Comme il arrive à nombre de grands conquérants, tant de victoires, et si rapides, tournèrent bientôt la tête à Monsieur X, qui ne vit plus de limites à ses entreprises. C'est alors qu'il fit une erreur : s'attaquer à Henry Miller, ou plutôt à ses éditeurs français, Denoël et Gallimard. [...]

Malheureusement pour Monsieur X [...] Gaston Gallimard était un vieux routier de l'édition, très peu puritain, et la perspective de se retrouver en correctionnelle au moins deux fois lui déplut autant que les déclarations de Monsieur X sur la pornographie d'Henry Miller. [...] Plutôt que de se plaindre, ou de faire circuler des pétitions, il engagea donc un détective privé réputé, le chargeant de constituer un dossier sur Monsieur X. Qui était donc ce parangon de toutes les vertus chrétiennes ?

[...] Monsieur X avait bien entendu un lourd passé très spécialisé, riche en attentats aux mœurs sur des mineurs (de sexe masculin de préférence), et autres joyeusetés. Il n'avait dû qu'à ses relations privilégiées avec certaines hautes autorités ecclésiastiques de ne pas se retrouver en prison plutôt qu'en charge du salut des âmes de ses contemporains […].

Je ne saurais dire précisément comment Gaston Gallimard fit porter à la connaissance de Monsieur X qu'il avait intérêt à se faire oublier. Toujours est-il que du jour au lendemain on n'entendit plus parler de lui ni de son association. […] Le monsieur […] s'était senti brutalement écrasé, au rappel de ses fautes par Gaston Gallimard, comme par le doigt de Dieu. Il s'était retiré dans une sorte de communauté religieuse dont j'ai oublié le nom, où […] il vivait dans l'expiation et la macération […].

Nouveaux (et Moins Nouveaux) visages de la censure,
suivi de *L'Affaire Sade*, Les Belles Lettres, 1994.

Pierre Klossowski, *Sade méditant sur la mort de Justine*, 1974.

D. H. Lawrence (1885-1930)

L'obscénité des scènes sentimentales

Le Fabuleux Destin d'Amélie Poulain est-il un film obscène ? Voici les clés que nous donne D. H. Lawrence pour répondre à cette question épineuse…

[…] pour le mot « obscène » : personne n'en connaît la signification. Admettons qu'il dérive bien du latin *obscena*, « ce qui ne peut être montré sur scène » : en quoi sommes-nous plus avancés ? En rien ! Ce qui est « obscène » pour Pierre ne l'est pas pour Paul ou Jacques. En fait, la signification d'un mot doit attendre, pour être fixée, que se dégage une majorité d'opinion. Si une pièce de théâtre scandalise dix personnes dans le public, et non les cinq cents autres spectateurs, elle est « obscène » pour dix et inoffensive pour cinq cents : elle est donc acquittée du chef d'obscénité à la majorité des voix. […] *Vox populi, vox Dei*, comment faut-il vous le dire ? Mettez-vous cela dans la tête. En même temps, la *vox Dei* en question encense des films, des livres et des articles de presse que moi, pauvre pécheur, je trouve obscènes à vomir. Tel un pudibond, tel un puritain, je dois passer mon chemin en détournant les yeux. Quand l'obscénité est sans saveur – quand elle a, donc, le goût qu'apprécie entre tous le grand public –, quand la *Vox populi, vox Dei* applaudit, à s'en donner des ampoules, l'indécence sentimentale, je n'ai plus qu'à garder mes distances, en bon Pharisien, de peur d'être contaminé. Il est certains consensus gluants auxquels je refuse de participer.

[...]

[...] ils ont contracté la haine du sexe, le mal gris, en même temps que le mal jaune, la lubricité ordurière. Les fonctions sexuelles et excrémentielles, dans le corps humain, sont voisines, bien qu'elles travaillent, si l'on peut dire, en sens inverse. Le sexe est un flux créateur, l'excrément un flux qui nous dissout, nous « dé-crée », si l'on me permet l'expression. […] C'est *cela* le secret des personnes réellement vulgaires, des vrais pornographes : le flux sexuel et le flux excrémentiel sont la même chose à leurs yeux. […] Le sexe se confond alors avec l'ordure, l'ordure avec le sexe ; l'excitation sexuelle signifie jouer avec l'ordure […].

C'est pourquoi nous devons admettre que *Jane Eyre* ou le *Tristan* de Wagner sont bien plus proches de la pornographie que Boccace. Wagner et Charlotte Brontë se trouvaient tous deux dans le cas où les instincts les plus puissants sont défaillants, où le sexe est devenu légèrement obscène : on peut s'y vautrer, mais on le méprise. […] Prenez un peu d'excitation sexuelle, mêlez-y le désir de contrarier le désir sexuel, de l'humilier et de le dégrader : c'est la recette de toute pornographie.

C'est pourquoi la pornographie caractérise presque toute la littérature du XIXe siècle ; c'est pourquoi tant d'âmes prétendument pures sont entachées de la plus dégoûtante pornographie ; c'est pourquoi les pulsions pornographiques n'ont jamais été si fortes qu'aujourd'hui. […] Le vrai pornographe déteste réellement Boccace, parce que la fraîcheur pleine de santé et de naturel du nouvelliste italien fait sentir à ce ver de terre, le pornographe moderne, qu'il n'est qu'un lombric. […]

La question de la pornographie, à mes yeux, se réduit tout entière à celle de la dissimulation. Sans dissimulation, il n'y aurait pas de pornographie. Dissimulation et pudeur sont deux choses bien différentes. La dissimulation comporte toujours une part de peur, qui confine souvent à la haine. La pudeur n'est que douceur et retenue […].

Le « vilain petit secret[93] » est devenu un trésor précieux entre tous aux yeux de la foule d'aujourd'hui : une sorte de plaie ou d'inflammation cachée qui, titillée ou grattée, procure d'intenses et délicieux frissons. On titille et on gratte donc le « vilain petit secret[94] », chaque jour davantage. […]

Sean McDevitt, *Autoportrait*, 163 Elkton Road, Newark, Delaware, 1996.

93, 94 Nous rétablissons ici la traduction littérale de « *dirty little secret* », expression parfois rendue dans l'édition citée par « ce que vous savez ».

On peut soutenir, sans exagération, que le succès de la moitié des romans d'amour et de la moitié des films d'amour dépend entièrement, aujourd'hui, de la titillation secrète du « ce que vous savez ». Appelez cela « excitation sexuelle » si vous voulez : mais c'est une excitation dissimulée, furtive et un peu spéciale. [...] Les romans et les films d'amour populaires à bon marché prospèrent donc, avec la bénédiction des gardiens de la morale : une main maladroite glissée sous la candeur d'une lingerie raffinée, et voici obtenu le frisson sournois, sans que le moindre mot déplacé vous ait alerté sur ce qui arrive. [...]

Comment en sortir ? Un seul moyen : qu'on nous débarrasse des petits secrets ! plus de dissimulation ! Le seul moyen de calmer cette terrible démangeaison de l'esprit, à propos du sexe, est de renoncer à la clandestinité, simplement et naturellement. C'est horriblement difficile, car le petit secret est d'une perversité de crabe. Mais on peut toujours commencer. L'homme qui dit un jour à sa fille, une peste : « Mon enfant, le seul plaisir que tu m'aies jamais procuré, c'est quand je t'ai engendrée », a déjà fait beaucoup pour se délivrer – et la délivrer elle-même – du « vilain petit secret » que vous savez.

Pornographie et obscénité (1929), trad. de l'anglais par J. Vérain, Mille et Une Nuits, département de la Librairie Arthème Fayard, 2001.

John Stuart Mill (1806-1873)

Comment peut-on faire pour voler quelque chose à l'humanité ? Empêchez l'un de ses membres de s'exprimer...

Supposons donc que le gouvernement ne fasse qu'un avec le peuple et ne songe jamais à exercer aucun pouvoir de coercition, à moins d'être en accord avec ce qu'il estime être la voix du peuple. [...] Le meilleur gouvernement n'y a pas davantage de droit que le pire : un tel pouvoir est aussi nuisible, si ce n'est plus, lorsqu'il s'exerce en accord avec l'opinion publique qu'en opposition avec elle. Si tous les hommes moins un partageaient la même opinion, ils n'en auraient pas pour autant le droit d'imposer silence à cette personne, pas plus que celle-ci, d'imposer silence aux hommes si elle en avait le pouvoir. Si une opinion n'était qu'une possession personnelle, sans valeur pour d'autres que son possesseur ; si d'être gêné dans la jouissance de cette possession n'était qu'un dommage privé, il y aurait une différence à ce que ce dommage fût infligé à peu ou à beaucoup de personnes. Mais ce qu'il y a de particulièrement néfaste à imposer silence à l'expression d'une opinion, c'est que cela revient à voler l'humanité : tant la postérité que la génération présente, les détracteurs de cette opinion davantage encore que ses détenteurs. Si l'opinion est juste, on les prive de l'occasion d'échanger l'erreur pour la vérité ; si elle est fausse, ils perdent un bénéfice presque aussi considérable : une perception plus claire et une impression plus vive de la vérité que produit sa confrontation avec l'erreur.

De la liberté (1859), trad. de l'anglais par Dupond White revue par L. Lenglet, Gallimard, « Folio essais », 1990.

Catherine François et Françoise Raes

Le témoignage de Sonia, prostituée

Paroles de prostituées *est un recueil d'entretiens réalisés par Catherine François, assistante sociale, et Françoise Raes, journaliste, dans lequel les expériences diverses de la prostitution en Belgique s'expriment avec les mots mêmes de celles qui les vivent. Voici le témoignage de Sonia.*

Sonia a 49 ans. […] Elle le dit d'emblée, la prostitution pour elle est un travail et rien d'autre. Et cela malgré les souffrances qu'il implique. Sonia a plus de 25 ans de métier.

– *Vous considérez que vous faites un métier social ?*

– Tout à fait. Quand je fais chaque année ce séminaire à l'ULB [95], la première chose que le clinicien dit à ses étudiants c'est qu'on fait le même métier. Quand un client rentre chez moi, il raconte ses difficultés, il dégage son cœur, il se met à nu, parfois il pleure et il fait l'amour. Mes clients sont angoissés. Que ce soit par rapport à leur solitude ou aux problèmes qu'ils rencontrent à la maison ou au boulot. Ils viennent chez moi et ils parlent beaucoup. L'anonymat permet une très grande liberté de parole. Ils peuvent inventer un personnage si ça leur chante. Moi, ça m'est égal. Il y en a certainement qui doivent me raconter des carabistouilles mais si ça leur fait du bien… […]

95 Université libre de Bruxelles.

– *Que faut-il pour tenir le coup ?*

– Je crois qu'il faut aimer les gens. Simplement les aimer. C'est très facile quand on essaie de comprendre les gens. Quand un client a un fantasme, j'essaie de comprendre pourquoi. J'essaie d'aller avec lui dans ce fantasme, d'être au plus près de ce qu'il demande pour qu'il soit soulagé après.

– *Vous oubliez-vous complètement ?*

– Non, pas du tout. J'apprends. Je ne renonce pas à qui je suis mais j'essaie d'entrer dans le trip de l'autre. J'essaie vraiment de comprendre. Je prends le temps d'être avec lui. Je suis à sa disposition pas seulement d'un point de vue physique mais aussi avec mes limites, bien entendu. J'essaie de lui apporter ce dont il a besoin. […] Il faut de l'empathie, de la patience. Parce que, quand on ne s'aime pas et qu'on ne se respecte pas, on peut être dégoûté quand on rentre à la maison.

Que des gens comme des politiques ou des assistants sociaux disent qu'on ne se respecte pas, je ne peux pas le supporter. Qui sont ces gens pour dire que je ne me respecte pas ? Je me respecte moi et je respecte mon vagin.

– *Vous n'avez jamais douté de ce respect que vous aviez pour vous-même ?*

– Si, j'en ai douté. C'est pour ça que j'ai fait une thérapie. Avant, je ne me respectais pas en tant que personne parce qu'on ne m'a pas appris à le faire étant enfant. Et, dans ce métier, j'ai été confrontée à des gens qui me respectaient malgré ce que je faisais. Et les clients m'ont bien souvent plus respectée que les gens à l'extérieur. C'était normal que je me sente bien dans ce métier. Puis, il y a un moment où je me suis dit : « Dans la vie, tu te laisses faire par des hommes ce que tu ne te laisses pas faire dans ton métier. » […]

– *Cela a-t-il été important d'en avoir beaucoup [d'argent] ?*

– Oui, ça a été important. Pour ne pas avoir de maître. Pour ne pas avoir de comptes à rendre, pour ne pas dépendre de quelqu'un, pour être libre, pour ne pas devoir dire merci. Cette liberté était importante pour moi. […]

– *Comment ça se passait avec les hommes dont vous êtes tombée amoureuse ?*

– Quand je suis amoureuse, je ne suis plus une prostituée, je suis une femme. […] Je suis une grande amoureuse. Mes amants ont toujours été d'anciens clients. Toujours, toujours. Je n'ai jamais rencontré un homme autrement.

Paroles de prostituées, éditions Luc Pire, Bruxelles, 2001.

Nastassja Kinski dans *Paris Texas*, film de Wim Wenders, 1984.

Charles Ray, *Romance familiale*, 1993.

CHAPITRE 6

La nouvelle morale familiale

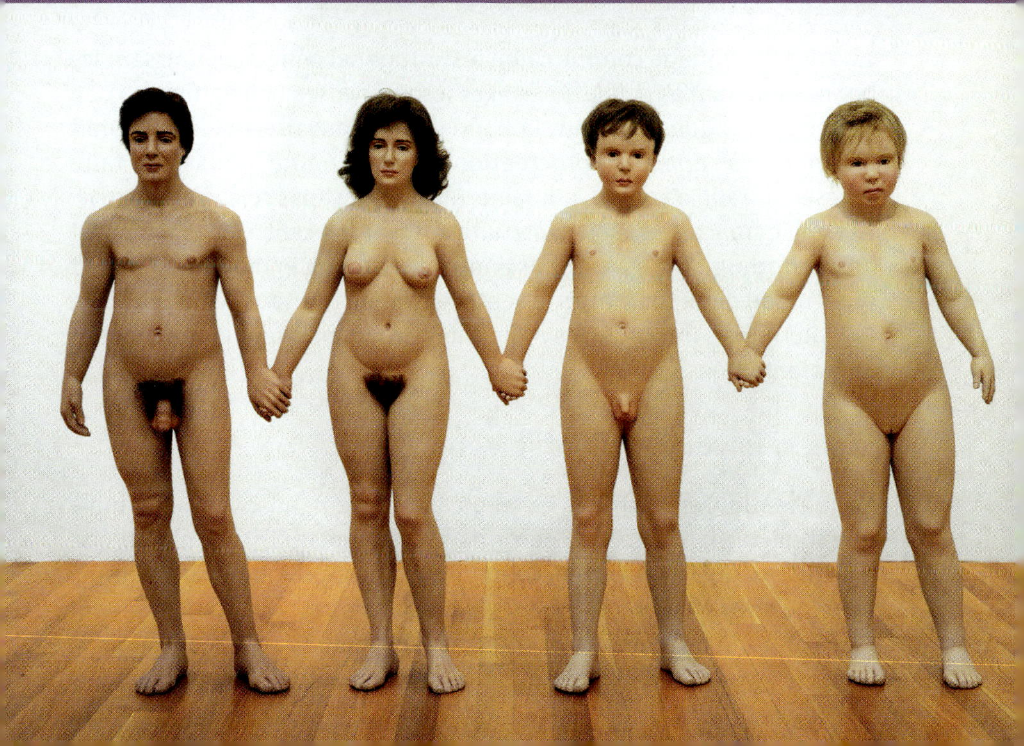

« Qui pourrait ne pas frémir en songeant aux malheurs que peut causer une seule liaison dangereuse ? »
Pierre Choderlos de Laclos, *Les Liaisons dangereuses*.

La crise du mariage comme cadre institutionnel général définissant les bonnes naissances (« légitimes ») et les mauvaises (« illégitimes »), en même temps que qualifiant la bonne et la mauvaise sexualité, aurait pu aboutir à séparer la procréation de la sexualité, pour ne la faire reposer que sur la volonté humaine. Mais ce n'est pas cela qui est arrivé. La famille française s'est reconstruite autour d'un centre de gravité tout aussi contraignant et tout aussi inégalitaire que le mariage. Ce n'est plus l'union des époux, mais le ventre des mères. Autour de lui gravitent les paternités, s'imposent les maternités, se hiérarchisent les filiations et les parentalités.

Père, si je veux, quand je veux ?

Contraception, avortement, et même accouchement sous X : il semble que tout soit fait pour que désormais les parents puissent n'avoir que les enfants qu'ils veulent vraiment. Puis arrive un jour où un homme apprend que la femme avec qui il vit (ou parfois avec qui il a simplement une aventure) est enceinte et qu'elle a bien l'intention de « le garder ».

Innombrables sont ces histoires où l'on voit un brave garçon, un peu honteux, confier qu'il n'était pas très favorable, qu'il n'avait pas encore d'emploi, qu'il n'était pas sûr de sa relation avec cette femme, mais que, bon, il n'a pas voulu faire comme tant d'autres, tourner le dos à ses « responsabilités », demander à une femme une chose aussi grave qu'un avortement, etc. À ses côtés, la jeune mère très fière – d'elle-même comme de son chevaleresque compagnon – vous dit qu'il fallait juste le pousser un peu et qu'il est désormais très content, un vrai papa poule.

C'est faire contre mauvaise fortune bon cœur. Car la vérité est que, si les femmes disposent de tous les moyens pour ne pas devenir mères quand elles ne le souhaitent pas (et même en abandonnant l'enfant qu'elles ont mis au monde), les hommes, eux, n'ont quasiment aucun recours pour éviter qu'un spermatozoïde égaré ne finisse par les rendre, bon gré mal gré, pères d'un petit être humain. Vous direz : « Mais vous n'allez tout de même pas permettre à un homme de forcer une femme à avorter quand elle ne le veut pas ! » Il n'est pas question de cela. Il est question du fait qu'il existe dans notre droit quelque chose qui s'appelle l'« action en recherche de paternité », dont on ne mesure pas souvent la signification. Celle-ci permet à une femme, jusqu'à deux ans après la naissance de l'enfant, d'obliger par la voie judiciaire un homme à devenir père (sauf s'il prouve par un test d'ADN qu'il n'est pas le géniteur), quand bien même il aurait juré ses grands dieux dès la conception qu'il n'en voulait pas, quand bien même il n'aurait jamais eu connaissance de la grossesse. L'enfant dispose lui aussi de deux ans à partir de sa majorité pour entamer cette action en son propre nom. Un homme imprudent peut ainsi se voir pendant plus de vingt ans suspendu à une paternité non désirée. Quant aux hommes mariés, il n'est même pas nécessaire de faire quoi que ce soit : ils sont automatiquement « présumés » être les pères, et ils n'ont aucun recours si l'enfant est bien d'eux...

Il est vrai que, pour entamer une action en recherche de paternité, il faut donner des indices « graves » de la vraisemblance d'une filiation. Mais cela ne signifie rien d'autre, pour une femme, que d'accréditer l'idée qu'elle a eu une liaison avec cet homme. C'est donc bien de la relation sexuelle elle-même que les hommes sont responsables. D'ailleurs, mesdemoiselles, si vous ne disposez d'aucune lettre d'amour, d'aucune amie suffisamment complaisante pour témoigner vous avoir vue avec ce garçon, si votre amant d'un jour n'a abandonné aucun indice, ou même si vous avez laissé passer les deux ans de délai légal pour entamer l'action, ne vous faites pas trop de souci : vous disposez encore de l'« action en subsides ». Celle-ci est parfaite : elle permet de demander à un homme qui a couché avec vous de vous verser jusqu'à la majorité de l'enfant une pension, sans qu'il soit cependant déclaré père légal de l'enfant (ce qui peut être un peu ennuyeux, obliger à partager l'autorité parentale et ce genre de tracas). Elle est d'autant plus utile qu'elle peut être demandée à plusieurs hommes simultanément, comme autant de tiers payeurs !... Bien sûr, ceux-ci ont le droit de se soumettre volontairement à un test d'ADN pour montrer qu'ils ne sauraient être le géniteur de l'enfant. Mais qui sait ? peut-être préféreront-ils ne pas prendre le risque de découvrir qu'ils le sont vraiment... L'action en subsides n'empêchera d'ailleurs pas plus tard votre enfant d'entamer après sa majorité, s'il le souhaite, une action en recherche de paternité. Que demander de mieux ?

Tout cela est d'autant plus choquant que la possibilité offerte aux femmes d'« accoucher sous X » leur permet non seulement de garder l'anonymat, mais aussi, au cas où leur identité viendrait à être dévoilée, de *rendre impossible toute action en recherche de maternité*. Elles disposent ainsi non seulement de la contraception, non seulement de l'avortement, mais encore du droit de faire naître un enfant et de bloquer à tout jamais toute relation légale entre elle et lui. Les hommes, eux, n'ont pas même le droit de se désolidariser de leur spermatozoïde. La séparation du sexe et de la parentalité n'a pas été inventée pour eux, mais uniquement pour les femmes. Il n'y a que la maternité qui soit volontaire, et non point la paternité. On pourrait pourtant imaginer donner aux hommes le droit de déclarer avant la naissance de l'enfant, par exemple au moyen d'un acte notarié ou devant un juge, leur volonté de ne pas être le père de l'enfant que porte telle femme, de sorte qu'on ne pourrait engager contre eux aucune action en recherche de paternité. Encore faudrait-il, bien sûr, qu'ils aient été informés de la grossesse. Il s'agirait d'une sorte d'« engendrement sous X », qui accomplirait une véritable séparation entre la sexualité et la procréation. Celle-ci, de nos jours, n'existe pas : contraception, avortement et accouchement sous X ont en réalité pour effet de donner aux femmes un contrôle absolu des conséquences familiales de la sexualité. On présente ces règles comme des manières d'égaliser la situation des hommes et des femmes face à la procréation, mais c'est l'inverse : elles ont créé, ou plutôt perpétué dans ce domaine une inégalité radicale entre les sexes.

J'entends déjà certains s'indigner, crier que c'est le monde à l'envers, que la vérité est que les hommes ne cherchent jamais qu'à fuir leurs responsabilités, à abandonner femmes et enfants pour partir avec une autre (qu'ils abandonneront aussi par la suite), à prendre leur pied et disparaître, qu'il est tout de même normal qu'on les rende responsables, etc. Ces discours rappellent tout de même étonnamment ceux qui dénonçaient, dans les années 1960, le comportement sexuel irresponsable des femmes, pour leur interdire l'accès à la contraception ! Les hommes seraient-ils devenus les « salopes » de ce début du XXIe siècle, qui n'ont qu'à s'abstenir d'avoir des relations sexuelles s'ils ne sont pas prêts à en assumer toutes les conséquences ?

« Mais aussi pourquoi les hommes laissent-ils toujours aux femmes le soin de la contraception ? » demanderont d'autres voix, plus modérées, « C'est trop facile : ils n'avaient qu'à prendre leurs précautions. » Mais n'est-ce pas là encore ce que certains disaient pour interdire l'avortement alors que la contraception était déjà autorisée ? D'ailleurs ceux qui travaillent dans les services où l'on procède aux IVG vous diront que le préservatif est loin d'être un moyen infaillible. Il est vrai qu'il y a une méthode contraceptive exclusivement masculine et tout à fait imparable : il s'agit de déposer un nombre raisonnable de plaquettes de sperme dans les « banques de sperme », puis de procéder à une vasectomie, autrement dit de se stériliser volontairement. Lorsque vous voulez un enfant, vous procédez à une insémination artificielle et voilà, le tour est joué. Hélas, la stérilisation contraceptive a été interdite en France jusque très récemment. Elle a été finalement autorisée en 2001, sans trop de publicité d'ailleurs, et sans non plus qu'on pense vraiment à tempérer cette inégalité des hommes

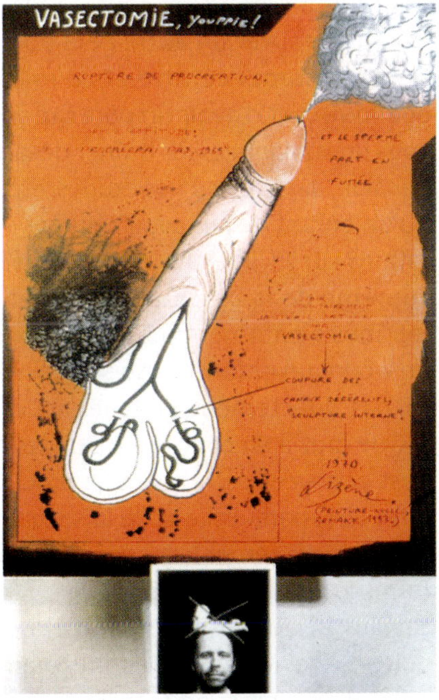

Jacques Lizène,
Vasectomie Youppie !, 1993.

et des femmes devant leur liberté sexuelle. Il s'agissait plutôt de chercher des moyens pour modérer le recours des femmes françaises à l'avortement, jugé trop fréquent. Jusque très récemment, donc, les hommes n'avaient tout simplement pas le *droit* de recourir à la seule méthode contraceptive masculine vraiment efficace. On peut y trouver, il est vrai, une consolation : les hommes raisonnables devraient être incités à utiliser plus systématiquement des préservatifs afin de se protéger du sida autant que d'une paternité non désirée.

Vous pouvez dire qu'il est normal qu'on force les hommes à devenir pères non pas relativement aux femmes, mais dans l'intérêt de l'enfant. Celui-ci aurait besoin d'une mère et d'un père et, même si ce n'est pas très juste, une fois qu'un enfant est au monde, la considération de son bien-être doit passer avant toutes les questions d'égalité des sexes. Mais à la vérité, il est difficile de se convaincre qu'il est vraiment dans l'intérêt de l'enfant d'avoir un père contraint. La réprobation qui entourait jadis les enfants sans père a pratiquement disparu ; les parents isolés disposent d'aides de l'État qui, sans doute, devraient être plus importantes, mais ont tout de même le mérite d'exister ; les femmes peuvent trouver un autre père pour leur enfant, qui, lui, sera plus désireux d'assumer ce titre et ce rôle. Il est douteux qu'il soit vraiment épanouissant d'avoir un père qui vous perçoit comme une dette et que vous devez sans cesser traîner devant les tribunaux pour vous payer une pension, participer à vos études, etc. Mais surtout, si vraiment on croyait qu'un enfant devait avoir un père et une mère et si toutes les considérations sur les libertés procréatives devaient céder devant cet impératif suprême de la psychologie ordinaire, pourquoi n'*oblige-t-on* pas les femmes à entamer de telles actions ? Pourquoi permet-on à certaines de « faire un enfant toute seule » ? Pourquoi l'État lui-même n'intente-t-il pas, directement, de telles actions ?

Que faut-il en conclure ? Que les libertés négatives que notre société s'est octroyées en matière de procréation n'ont pas eu pour but ni pour effet de séparer celle-ci de la sexualité, mais plutôt de faire des femmes, et plus précisément des femmes fertiles, les points fixes de toutes les familles. Tout est fait pour que les pères soient relativement substituables, incertains, contingents, presque accessoires, alors que les mères doivent être indiscutables, inexpugnables, « vraies ». Cela est particulièrement évident si on regarde le traitement différent qu'on réserve à la « vérité » biologique, selon qu'il s'agit des hommes ou des femmes.

Nan Goldin, *Butch dans la baignoire*, New York, 1988.

Ce qu'il faut pour faire une mère

On sait qu'en France, comme dans de nombreux pays, les hommes peuvent « reconnaître » des enfants dont ils savent pertinemment qu'ils ne les ont pas engendrés. Ces paternités de complaisance sont bien plus nombreuses qu'on ne l'imagine et il n'y a, *a priori*, rien de mal à cela. Le problème, c'est qu'un homme dont les exploits sexuels n'auraient pas réellement été à l'origine de la conception de son enfant n'est pas à l'abri d'une *contestation de paternité*. Lui-même d'ailleurs peut la demander pendant neuf ans, même s'il s'est comporté comme un père pendant tout ce temps, et trente ans s'il ne s'est jamais comporté ainsi. Il sera cependant sanctionné civilement pour être revenu sur son engagement. En revanche, la mère a trente ans pour contester sa paternité, sans qu'importe le moins du monde l'expression soutenue, pendant toutes ces années, de la volonté du père ainsi débouté. Seul compte le verdict du gène. L'enfant a lui aussi trente ans après sa majorité pour entamer cette action. Un homme qui n'a pas engendré un enfant ne pourra ainsi être assuré de sa paternité que lorsque son enfant aura… *quarante-huit ans* ! Les hommes mariés eux-mêmes ne sont pas protégés de ces risques : la fameuse loi de 1972, qui a voulu se montrer si aimable à l'égard des couples adultérins, a permis à une femme de contester la paternité de son mari si elle épouse, dans les sept ans qui suivent la naissance de l'enfant, le vrai géniteur. Moralité : si vous acceptez de devenir père sans avoir véritablement engendré l'enfant, ne le reconnaissez pas : adoptez-le !

Les femmes, pour leur part, sont beaucoup mieux protégées contre toutes ces éventualités pour une raison bien simple : il leur est rigoureusement interdit, sous menace de sanctions pénales, de devenir la mère d'un enfant dont elles n'ont pas accouché. Elles doivent être « certaines » dès la naissance et le rester toujours. Cela aussi est assez récent. Avant la loi de 1972, toujours la même, il était presque impossible de remettre en question la filiation d'une femme mariée qui s'était arrangée avec une autre pour déclarer à sa place avoir accouché de l'enfant[96]. C'était une sorte de petite fraude, protégée cependant indirectement par la loi. Mais à mesure que la famille devenait de plus en plus « libre » et « plurielle » et « égalitaire » dans les discours, la chasse aux mères qui n'ont pas accouché s'est faite plus féroce dans la réalité, sans que personne ne semble trouver cela un peu contradictoire pour une société où la famille se vante d'être si libre.

Lorsqu'on a organisé les techniques médicales de procréation, au milieu des années 1990, on a permis le don de sperme, d'embryon et même d'ovule ; la seule technique que non seulement on n'a pas autorisée, mais dont on a même fait un délit passible de sanctions pénales est la « gestation pour autrui », ce qu'on appelle aussi les « accords de mère porteuse », c'est-à-dire le fait de prêter ou de louer son ventre pour permettre à une autre femme de devenir « mère biologique » (c'est-à-dire pas adoptive) d'un enfant à sa naissance. On a persécuté par tous les moyens ceux qu'on suspectait de conclure de tels accords, alors même qu'ils étaient souvent gratuits. Les femmes qui, en désespoir de cause, se rendent à l'étranger, dans les pays ou dans les États où ces accords sont autorisés (en particulier la Californie, la Grande-Bretagne, ou Israël), étaient susceptibles de venir s'expliquer devant la justice pénale. Très récemment, il est vrai (le 30 septembre 2004), une femme qui avait eu recours à une mère porteuse en Californie, et s'était vu traîner devant les tribunaux français à son retour, a bénéficié d'un non-lieu, c'est-à-dire qu'on a renoncé à la poursuivre pénalement. Ces accords étant parfaitement licites dans les pays où ils sont réalisés, on

---

96 Voir à ce sujet Marcela Iacub, *L'Empire du ventre. Pour une autre histoire de la maternité*, Fayard, 2004.

ne pouvait pas les considérer comme un délit en France. Néanmoins, les enfants nés dans ces conditions peuvent voir leur filiation maternelle annulée, même si la justice pénale semble avoir renoncé à cette cruauté supplémentaire qui était d'accuser la mère de porter atteinte à l'état civil de l'enfant. Le désir de maternité des femmes qui ne peuvent porter un enfant est considéré comme le plus criminel qui puisse exister. On autorise même un transsexuel (femme devenue homme) à se marier avec une femme et à avoir recours à un don de sperme pour devenir le père légal d'un enfant ! Mesdames, si votre anatomie ne vous permet pas de porter un enfant, sachez qu'il vous sera plus facile de devenir père que de devenir mère...

José de Ribera, *La Femme à barbe*, portrait de Magdalena Ventura et son mari, 1637.

Cette sévérité semble une conséquence étrange et paradoxale de la manière dont l'avortement a été institué en France. Car, dans les pays où la gestation pour autrui est autorisée, la « mère porteuse » (qui n'est donc pas la mère) garde cependant seule le droit d'avorter. Or ce qui semble impensable en France, c'est précisément qu'une femme qui devient mère biologique d'un enfant n'ait pas eu le droit d'avorter (quand bien même elle aurait fourni l'ovule). Le non-avortement apparaît en effet comme la véritable épreuve du désir de maternité. Cette interdiction frénétique des mères porteuses dit une chose : la mère d'un enfant est celle qui aurait pu le tuer dans son ventre avant sa naissance. Elle est celle à qui nous devons la vie, non seulement parce que, comme le géniteur, elle a fourni son matériel génétique, mais parce qu'elle a eu sur nous droit de vie et de mort, comme l'ancien *pater familias* romain. Voilà, en effet, qui crée des liens...

Mais l'inégalité entre les hommes et les femmes ne s'arrête pas là. Peut-être certains lecteurs se souviennent-ils de Jeanine Salomone (▸ TEXTE P. 272). Cette femme est devenue, en 2001, mère à l'âge de soixante-deux ans, après s'être fait implanter en Californie un embryon conçu avec l'ovule d'une donneuse américaine. Une femme peut en effet porter un enfant jusqu'à un âge tardif. Mais que n'a-t-on alors entendu ? Certains auraient quasiment voulu inscrire à la Charte de l'Unesco le « droit de naître d'une jeune et jolie maman ». De fait, en France, on exige des femmes qu'elles n'aient pas dépassé l'âge de la ménopause pour bénéficier des nouvelles techniques procréatives, alors qu'on ne pose aucune limite d'âge pour les hommes. Les centres de fécondation arti-

Hans Baldung,
Les Sept Âges de la femme, 1544.

ficielle, dans la pratique, n'acceptent pas les femmes qui ont plus de quarante ans, même si elles ne sont pas ménopausées. Nombreux au contraire sont les hommes qui voient survenir sur le tard de petits soucis d'infertilité, et qui peuvent être certains de compter sur le soutien actif de nos hôpitaux alors même qu'ils approchent de la retraite. On ne trouve pas bien scandaleux, d'une manière générale, qu'un homme de quatre-vingts ans devienne père. Après tout, les enfants hériteront plus vite, et la mère pourra s'en occuper exclusivement, en toute sécurité. On retrouve, dans toutes ces dispositions, un véritable idéal normatif concernant la personne du couple qui doit en priorité s'occuper des enfants.

De même, quand on a réussi à congeler des tissus ovariens, pour les greffer ensuite et permettre à une femme qui ne pouvait plus ovuler de devenir de nouveau féconde [97], on s'est empressé de suggérer que cela ne devait pas servir aux vieilles, mais seulement aux jeunes femmes qui, à cause d'une maladie quelconque, peuvent prévoir qu'elles ne pourront bientôt plus ovuler. On ne cesse de déconseiller aux femmes de retarder trop le temps de leur premier enfant. Que veut-on dire par là, sinon qu'elles ne devraient pas perdre leur temps à courir derrière leur carrière à l'âge où leurs hormones sont en pleine activité ? Il faut mettre ses ambitions de côté justement à ce moment de la vie où le marché du travail est le plus concurrentiel et dans lequel se joue l'avenir professionnel des personnes. Quoi qu'on en dise, les femmes doivent être prêtes à sacrifier leur vie professionnelle à leur rôle de mère. Et pour être une mère accomplie, pense-t-on sans doute, il vaut mieux être jeune, jolie et pleine d'énergie, que vieille, moche et épuisée par les kilomètres qu'on a parcourus dans la vie.

Il n'en reste pas moins que, à condition d'avoir le temps, l'argent et le courage, vous pouvez suivre la voie de Jeanine Salomone : allez dans des pays moins accrochés à ce fantasme des jeunes mamans épanouies, faites-vous implanter un embryon fécondé avec un autre ovule et rentrez en France pour accoucher tranquillement. Ne vous en faites pas : en France, le ventre est roi, la mère est celle qui accouche, on ne pourra rien contre vous. Et si vous êtes jeune et prévoyante, n'hésitez pas. Allez sur-le-champ faire congeler vos tissus ovariens, et retournez paisiblement à vos amours et vos travaux.

97 En 2004, le premier enfant issu de ce procédé est né en Belgique.

Qu'on ne se méprenne pas sur ce que j'essaie de dire : je ne prétends pas que les hommes sont les grands perdants et que les femmes vivent dans un monde merveilleux où elles ont tous les droits. D'abord ces « privilèges » ne concernent que les femmes fertiles et surtout celles qui peuvent accoucher. Les autres sont traitées plus durement encore que les hommes. L'indifférence même du mouvement féministe et de ses magazines officiels à leur égard laisse penser qu'elles sont à peine des femmes [98]. Il n'a donc pas été question d'attribuer un privilège particulier à un genre, mais plutôt de faire du ventre fertile le nouveau socle de toutes les filiations.

De plus, je ne crois pas que cette position « dominante » dans le domaine de la filiation joue véritablement en faveur des femmes. Nos politiques publiques continuent par ce biais à considérer que les femmes fertiles sont censées s'occuper prioritairement de la reproduction, tels des êtres à deux pattes dont le ventre serait une usine à peupler le pays et à renouveler les générations. Les hommes, en revanche, sont perçus en dernière instance comme des sortes de tiers payeurs, devant aider l'État à assumer les choix procréatifs et familiaux des femmes. Ils peuvent être contraints d'être pères, un autre homme peut se substituer à eux – vrais ou faux , la seule chose qui compte est qu'ils puissent être utiles d'une manière ou d'une autre aux femmes fertiles.

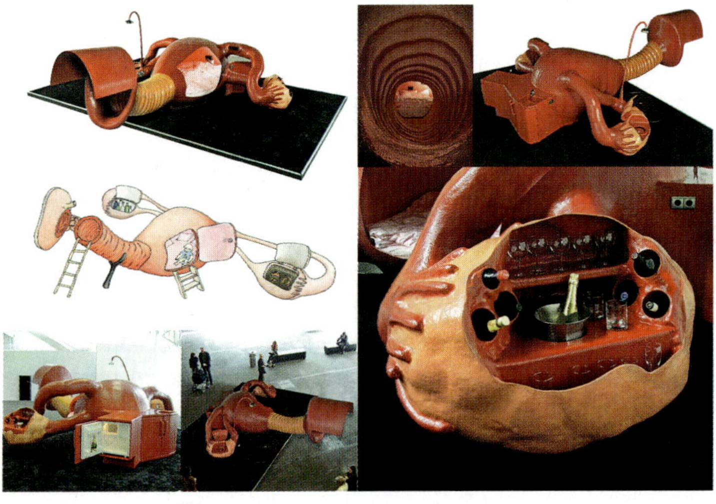

Atelier Van Lieshout, *La Maison utérus*, 2004.

[98] On constate cependant un certain infléchissement sur ce sujet. Voir le dossier consacré aux mères porteuses par le magazine *Elle*, 11 octobre 2004.

Les résultats de ces politiques en termes démographiques sont encourageants. La France connaît un tel *baby-boom* qu'elle est devenue, tout au moins avant l'élargissement de l'Europe, le pays de l'Union qui compte le plus de petits, après l'Irlande, et qui pourvoit au tiers des naissances des pays de l'Union. Néanmoins, on ne saurait être aussi élogieux quant à leurs conséquences sur l'égalité économique, professionnelle ou politique des femmes et des hommes. Étant celles qui décident toutes seules de la venue au monde des enfants, celles qui seules sont indubitables, leur responsabilité à leur égard est bien plus importante que celle des hommes. Dans plus de 80 % des cas de divorce, la résidence de l'enfant est fixée chez sa mère. Toutes les tentatives bien intentionnées pour essayer de convaincre les pères de se montrer plus « désirants » seraient un peu plus crédibles si elles s'exprimaient aussi au niveau de la réalité juridique, non *a posteriori* mais *a priori* en leur accordant les mêmes droits pour décider de la venue au monde des enfants.

Ce déséquilibre entre les fonctions parentales des hommes et des femmes est sans doute la principale raison de la stagnation de l'égalité entre les sexes en dehors de la famille. En effet, compte tenu de leurs charges familiales, les femmes sont moins à même de s'investir dans le travail ou la cité. Prévoyant leur destin de mères, elles désertent les filières éducatives les plus porteuses, acceptent des rôles secondaires dans le domaine professionnel et laissent à leur compagnon le soin de gagner le maximum d'argent et de prestige. Aujourd'hui encore, les femmes choisissent à plus de 90 % des hommes plus âgés et plus diplômés qu'elles, phénomène que les démographes désignent par le terme d'« hypergamie ».

N'est-il pas temps de libérer les femmes de la dictature que leur impose leur propre ventre ?

Peut-on naître d'une sodomie ?

« Est-ce que le fils de Verlaine ressemble à Rimbaud ? »
Jules Renard, *Journal*, 14 mars 1892.

La Belgique est connue pour permettre aux femmes seules ou en couple avec une autre femme de se faire inséminer dans les centres médicaux prévus à cet effet. En France, ces pratiques sont impossibles. La loi n'exige pas des couples qu'ils soient mariés, mais précise qu'il doit s'agir « d'un homme et d'une femme en âge de procréer ». Bien que ces techniques soient artificielles, on cherche à mimer en quelque sorte la « nature », à laisser imaginer, à l'« origine » de l'enfant, un acte sexuel fécond, permettant ainsi aux parents de dire ou non à l'enfant la vérité sur sa genèse.

Les couples de même sexe ne sauraient non plus a*dopter* ensemble un enfant. On est même allé jusqu'à refuser à une personne qui confessait son homosexualité d'adopter un enfant en étant *célibataire*, bien qu'une loi vieille de quarante ans autorise les personnes seules à le faire. On aurait pu croire que cela serait interprété comme le signe d'une discrimination flagrante. Mais la Cour européenne des droits de l'homme, qui ne se caractérise pas toujours par son audace, a donné raison à la France dans son acharnement à refuser d'accorder aux personnes homosexuelles seules le fameux « agrément » (arrêt rendu le 26 février 2002).

L'idée d'« homoparentalité » fait horreur à beaucoup de gens, notamment chez les élites intellectuelles et politiques. Les sondages portant sur un échantillon plus large, eux, livrent une image plus nuancée, surtout chez les jeunes. Mais il n'en reste pas moins que c'est là sans doute le principal obstacle à l'ouverture du mariage aux couples de même sexe. Les couples mariés ont en effet non seulement une sexualité « légitime », mais de surcroît le droit d'adopter des enfants.

Rien ne témoigne mieux de l'impossibilité dans laquelle nous nous trouvons de séparer véritablement le sexe de la procréation et de la filiation que ce sort qu'on réserve aux couples gays et lesbiens. C'est précisément parce qu'on continue à penser que les enfants naissent non pas des *projets parentaux*, mais de l'union des corps des parents (même quand le couple est stérile), qu'on regarde avec angoisse la possibilité d'un couple parental de même sexe. Les enfants ne risquent-ils pas de se tromper de « scène primitive » ? Ne risquent-ils pas de croire qu'ils ont été conçus lors d'une sodomie, d'un cunnilingus ou d'une fellation ? N'y a-t-il pas là une terrible menace pour leur santé mentale ? Menace qui semble être essentiellement, à lire et à écouter les commentaires apocalyptiques sur ce sujet, que cette petite « erreur » les conduise à perdre leurs repères masculins et féminins jusqu'à devenir eux-mêmes homosexuels...

Il est d'ailleurs assez amusant de constater que les discours des experts psychologues, anthropologues et philosophes sur le sujet sont parfaitement en harmonie avec ce qu'implique la loi française. On se montre ainsi plutôt ouvert à l'égard des couples lesbiens : ne sont-elles pas des femmes après tout, débordant de ce fait d'instinct maternel, et

Eugene Richards, *Parents homosexuels*, Washington, 1993.

surtout dotées d'un ventre ayant la capacité de donner à un enfant une sorte de noyau dur d'identité incontestable ? Un tribunal a ainsi, très récemment, permis à une femme de consentir à l'adoption de son enfant en faveur de sa compagne, tout en partageant avec elle l'autorité parentale (alors que l'adoption par l'autre l'obligeait normalement à perdre cette autorité). Elles sont ainsi toutes deux mères, l'une biologique, l'autre adoptive, et chacune exerce l'autorité parentale. En revanche, la possibilité d'un couple parental masculin éveille les réactions les plus violentes. Il est vrai qu'une telle situation ne saurait être institutionnalisée sans renverser complètement l'ordre familial français qui fait du ventre de la mère le point non négociable de toute parenté.

Certains, comme le pédiatre et auteur de *best-sellers* Aldo Naouri, comparent le « traumatisme » que pourraient ressentir les enfants des couples du même sexe à celui que ressentent ceux qui ont été victimes de pédophilie. Cette métaphore est assez déplaisante : elle fait écho, volontairement ou non, à ce soupçon grossier mais assez répandu qui veut que les couples d'hommes abuseraient des enfants, qu'ils ne les adopteraient que pour assouvir leurs perversions et leurs fantasmes pédophiles débridés. Un enfant à la maison, que peut-on demander de mieux ?

Cette réticence à l'égard de l'homoparentalité montre non seulement qu'on ne peut séparer le sexe et la procréation, mais aussi qu'on ne peut considérer comme de même valeur toutes les sexualités. La hiérarchie implicite entre les sexualités que notre société continue à confesser ne se manifeste pas seulement à travers la protection de la jeunesse : elle s'exprime aussi dans les conditions d'accès aux procréations artificielles et à l'adoption. Les idées *a priori* sur ce que doit être une « parentalité idéale » se mettent en marche chaque fois qu'un couple, pour une raison ou pour une autre, ne peut pas faire d'enfant par ses propres moyens corporels. Voilà qui suppose quelque chose de bien étrange, même si l'habitude et la paresse de pensée nous ont accoutumés à le considérer comme allant de soi : le fait de pouvoir faire un enfant par ses propres moyens corporels et sans l'aide de personne implique que l'on soit, comme par une magie ou une sagesse qui se dégagerait des corps, compétents *a priori* pour élever des enfants. Pour les autres, en revanche, règne le plus grand des arbitraires.

Ayant compris ces craintes, une partie des associations gays et lesbiennes s'est affiliée au mouvement qui lutte en France pour le « droit à la connaissance de ses origines ». Ce mouvement revendique le fait que chacun d'entre nous puisse connaître le nom de la femme qui l'a mis au monde, et plus généralement le nom de tous ceux qui ont contribué à sa naissance. Il souhaite notamment abolir l'« adoption plénière », qui met les enfants adoptés sur le même plan que les enfants dits « biologiques », en rompant tout lien de filiation avec les parents d'origine. Il prône la pluriparentalité, ce qui signifie, en substance, que les enfants cumulent les parents et que ceux qui les ont adoptés doivent les « partager » avec ceux qui les ont abandonnés. Beaucoup de couples gays et lesbiens imaginent qu'en acceptant cet arrangement ils donneront des gages à la collectivité : les enfants sauront qu'ils sont bien nés d'un couple hétérosexuel, de « vrais » parents, et non pas d'un simulacre de relation sexuelle féconde. Les parents homosexuels seront des sortes de parents d'accueil, de compagnie, suppléant à des parents absents qui n'ont pas pu s'en occuper.

Mais est-il si mauvais que cela pour un enfant d'avoir des parents gays ou lesbiennes ? Les études menées aussi bien aux États-Unis qu'en France montrent plutôt que ces enfants sont comme tous les autres, ni pires ni meilleurs[99]. Ils ont même, semble-t-il, une tendance à devenir homosexuels égale à celle des enfants nés des couples « normaux ». Il est vrai qu'on oublie que les gays et lesbiennes sont souvent nés de couples hétérosexuels... Mais, à la vérité, peu importent les enquêtes.

---

99 On trouvera quelques références sur cette littérature aussi prolixe qu'inutile dans Maurice Godelier, *Métamorphoses de la parenté*, Fayard, 2004, p. 585, note 2.

Même si l'on démontrait que les enfants nés ainsi avaient davantage tendance à devenir homosexuels, comme certaines études tendent à l'établir[100], cela ne serait pas un bon argument pour interdire à ces personnes d'être parents. Ne dit-on pas que toutes les sexualités et tous les couples sont également légitimes ? De même, des enquêtes signalent que les enfants dont les parents sont divorcés rencontrent plus de difficultés scolaires. Va-t-on interdire aux couples de divorcer, ou imaginer des tests *a priori* pour évaluer la solidité de leur union avant de les laisser avoir des enfants ? N'est-il pas plus sage de penser qu'il faut tout faire pour que le divorce cesse d'être un drame violent ?

On pourra rétorquer que, si le phénomène s'étend, il ne restera plus d'hétérosexuels et que la société périra et avec elle l'espèce humaine. Mais, même dans un cas si extrême et si fantaisiste, il semblerait que la réponse adéquate ne soit pas d'interdire ces unions. Car tant qu'il y aura des spermatozoïdes, des ovules et des femmes qui pourront les porter, l'espèce humaine ne sera pas menacée.

Dans notre société, on ne regarde ni le niveau d'études, ni celui des revenus, ni la religion, ni le casier judiciaire des gens pour leur permettre de devenir parents. Tout ce qu'on exige d'eux est d'être dotés d'un corps susceptible d'entretenir des rapports sexuels féconds. N'importe quel monstre, criminel ou idiot peut devenir parent par la grâce de la nature. Vous pouvez me répondre que dans ce cas précis la société ne fait rien, qu'elle se limite à reconnaître quelque chose que l'usine des corps a fabriqué. Mais cet argument est bien fallacieux. On ne laisse pas mourir de la grippe un enfant par respect pour la nature, on ne laisse pas la poliomyélite paralyser des malheureux pour ne pas interrompre le cours des choses, on ne laisse pas un malade agoniser, en proie à des douleurs horribles, même si ces douleurs sont naturelles. La société choisit ce qu'elle accepte ou pas de la nature. Il semble difficile de dire qu'il vaut mieux avoir comme père Saddam Hussein, qui est, semble-t-il, si viril qu'il aurait même assassiné les maîtresses qui ne l'avaient pas satisfait au lit, qu'un homme aussi drôle, intelligent et sensible que le fut l'écrivain Oscar Wilde. Il est vrai que, hormis le fait de jouir du spectacle de scènes de torture, d'assassinat et de mutilation, les enfants de Saddam avaient leurs repères féminins et masculins bien en place, et surtout, ils n'étaient pas homosexuels.

---

100 *Ibid.*

TEXTES CHOISIS

Aldous Huxley (1894-1963)

Le célèbre roman de Aldous Huxley, Le Meilleur des mondes, *a eu une influence considérable en France sur la manière de penser les fécondations artificielles. Nos contemporains en sont venus à considérer que ces techniques devaient inévitablement produire des cauchemars proches de celui que Huxley décrit dans son roman, notamment le rapprochement entre fécondation artificielle et prédestination sociale des individus. Et pourtant, la possibilité d'externaliser complètement la grossesse du corps des femmes (ectogenèse) pourrait être une voie vers un monde plus libre et plus respectueux que le nôtre en matière de choix reproductifs…*

– Car, bien entendu, dit Mr. Foster, dans l'immense majorité des cas, la fécondité est tout bonnement une gêne. Un ovaire fertile sur douze cents, – voilà qui serait largement suffisant pour nos besoins. Mais nous désirons avoir un bon choix. Et, bien entendu, il faut toujours conserver une marge de sécurité énorme. Aussi laissons-nous se développer normalement jusqu'à trente pour cent des embryons femelles. Les autres reçoivent une dose d'hormone sexuelle mâle à tous les vingt-quatre mètres pendant le reste du parcours. Résultat : quand on les décante, ils sont neutres, absolument normaux au point de vue de la structure (sauf, fut-il obligé de reconnaître, qu'ils ont, il est vrai, un rien de tendance à la croissance d'une barbe), mais stériles. Garantis stériles. Ce qui nous amène enfin, continua Mr. Foster, à quitter le domaine de la simple imitation stérile de la nature, pour entrer dans le monde beaucoup plus intéressant de l'invention humaine.

Il se frotta les mains. Car, bien entendu, on ne se contentait pas de couver simplement des embryons : cela, n'importe quelle vache est capable de le faire.

– En outre, nous prédestinons et conditionnons. Nous décantons nos bébés sous forme d'êtres vivants socialisés, sous forme d'Alphas ou d'Epsilons, de futurs vidangeurs ou de futurs… – Il était sur le point de dire « futurs Administrateurs Mondiaux », mais, se reprenant, il dit « futurs Directeurs de l'Incubation ».

Le Meilleur des mondes (1932), trad. de l'anglais par J. Castier, Pocket, 1977.

Franz Kafka (1883-1924)

La plupart d'entre nous ne serons jamais capables d'écrire La Métamorphose *ou* Le Procès, *mais n'aurons pas la moindre difficulté pour demander à un maire de nous marier. Et pourtant, Franz Kafka, lui, se faisait une tout autre idée de ses difficultés à vivre une vie de famille.*

Se marier, fonder une famille, accepter tous les enfants qui naissent, les faire vivre dans ce monde incertain et même, si possible, les guider un peu, c'est là, j'en suis persuadé, l'extrême degré de ce qu'un homme peut atteindre. Que tant de gens y parviennent si facilement en apparence n'est pas une preuve du contraire – d'abord, il n'y en a pas tellement qui y réussissent vraiment, et ensuite, ce petit nombre ne « fait » généralement rien, mais « subit » quelque chose ; il va sans dire que ce n'est pas là ce degré extrême dont je parle, mais cela reste très grand et très respectable (d'autant plus qu'il n'est pas possible de distinguer nettement entre « faire » et « subir »). Et, en définitive, il ne s'agit même pas de ce degré extrême, il ne s'agit que de quelque approximation lointaine, mais honnête ; il n'est vraiment pas nécessaire de prendre son vol pour arriver au beau milieu du soleil, mais il importe de ramper sur terre jusqu'à ce que l'on y trouve une petite place propre où le soleil luit parfois et où il est possible de se réchauffer un peu.

Lettre au père (1919), trad. de l'allemand par M. Robert, Gallimard, « L'imaginaire », 1957.

Louis-Ferdinand Céline (1894-1961)

Une vision moins idéalisée de la famille...

Ré !... *fa* !... *sol dièse* !... *mi* !... Merde ! Il en finira jamais ! Ça doit être l'élève qui recommence... Quand la fièvre s'étale, la vie devient molle comme un bide de bistrot... On s'enfonce dans un remous de tripes. Ma mère je l'entends qui insiste... Elle raconte son existence à Madame Vitruve... Elle recommence pour qu'elle comprenne combien j'ai été difficile !... Dépensier !... Insoucieux !... Paresseux !... Que je tenais pas du tout de mon père... Lui si scrupuleux alors... si laborieux... si méritant... si déveinard... qu'est décédé l'autre hiver... Oui... Elle lui raconte pas les assiettes qu'il lui brisait sur le cocon... Non ! *Ré, do, mi* ! *ré bémol* !... C'est l'élève qui se remet en difficulté... Il escalade les doubles croches... Il passe dans les doigts du maître... Il dérape... Il en sort plus... Il a des dièses plein les ongles... « Au temps » ! que je gueule un fort coup.

Ma mère raconte pas non plus comment qu'il la trimbalait, Auguste, par les tiffes, à travers l'arrière-boutique. Une toute petite pièce vraiment pour des discussions...

Sur tout ça elle l'ouvre pas... Nous sommes dans la poésie... Seulement qu'on vivait à l'étroit mais qu'on s'aimait énormément. Voilà ce qu'elle raconte. Il me chérissait si fort papa, il était si sensible en tout, que ma conduite... les inquiétudes... mes périlleuses dispositions, mes avatars abominables ont précipité sa mort... Par le chagrin évidemment... Que ça s'est porté sur son cœur !... Vlan ! Ainsi que se racontent les histoires... Tout ça c'est un peu raisonnable, mais c'est rempli bien plus encore d'un tas d'immondes crasseux mensonges... Les garces elles s'animent tellement fort à se bourrer la caisse toutes les deux qu'elles couvrent les bruits du piano... Je peux dégueuler à mon aise.

Vitruve est pas en retard de bobards... elle énumère ses sacrifices... la Mireille c'est sa vie entière !... Je comprends pas tout... Faut que j'aille vomir aux cabinets... En plus sûrement c'est le paludisme... J'en ai rapporté du Congo... Je suis avancé par tous les bouts.

Mort à crédit (1936), Gallimard, 1952.

Jeanine Salomone (née en 1939)

Mère à soixante-deux ans, cela n'était pas suffisant à Jeanine Salomone. Cette héroïne de la maternité, précisément parce qu'elle voulait faire comme tout le monde, et donc transmettre ses gènes, demanda à son propre frère de devenir donneur de sperme. Le désir têtu de se conformer aux normes les plus banales est parfois porteur des transgressions les plus radicales…

Un jour de 1993, je regarde à la télévision une émission consacrée au professeur Antinori de Rome. Il vient de permettre à une femme de soixante-deux ans d'avoir un enfant avec le sperme de son mari et l'ovule d'une donneuse. Plus qu'un miracle, c'est une révolution ! Moi, je n'ai que cinquante-quatre ans. Severino Antinori va certainement trouver la clé de mon problème. Mais je suis suffisamment bien informée pour savoir que mes ovules produits par une forte stimulation ovarienne ne seront jamais assez nombreux et matures pour être fécondés in vitro.

Or, je souhaite que mon enfant soit un Salomone. Qu'il assure par ses gènes l'hérédité de notre famille. Qu'il me ressemble par certains traits physiques et moraux qui seront nos tendres repères à tous les deux. Que je me retrouve en lui comme il pourra se retrouver en moi. Qu'il fasse partie de nous, qu'il soit une partie de moi. Mon frère ayant les mêmes gènes que moi, je songe à lui pour être le donneur de sperme. Ne sommes-nous pas issus de la même mère et du même père ?

Je l'ai tant voulu, J.-C. Lattès, 2002.

Anonyme piémontais, *La Fontaine de jouvence* (détail), vers 1430.

Invitation aux sociétés postsexuelles

P A R T I E **4**

Pages précédentes :
Pierre et Gilles, *La Voyante*.
Galerie Jérome de Noirmont.

Du bref récit que nous venons de faire à la fois des promesses de la révolution des mœurs et des transformations réelles qu'elle a introduites, pouvons-nous conclure sèchement et simplement qu'en vérité elle n'a jamais eu lieu ?

Si nos sociétés ont connu des transformations considérables de leurs règles sexuelles et familiales, il semblerait que, en fin de parcours, l'ordre sexuel qui s'est dégagé de ces bouleversements soit loin de ressembler à celui qu'on croyait avoir construit. On nous avait promis que le sexe serait libéré des préjugés qui l'enchaînaient à la honte, à la maladie et au secret. On nous avait promis que la seule loi qui réglerait désormais nos comportements sexuels serait le consentement. On nous avait promis que nous ferions des enfants si nous le voulions et quand nous le voudrions. On nous avait promis qu'on en finirait enfin avec la double morale qui distinguait la sexualité des femmes de celle des hommes. On nous avait promis l'égalité entre les sexes et les sexualités. On nous avait promis tout ce monde, et celui-ci n'est jamais advenu.

Mais, comme si tout cela n'était pas suffisant, on cherche par tous les moyens à nous faire croire que nous vivons dans une utopie en voie de réalisation, nous encourageant à fêter chaque jour les merveilleuses « conquêtes » que nous aurions obtenues, et considérant chaque question comme une mise en péril de cette splendide révolution en marche.

Si nous n'avons pas obtenu la reconnaissance juridique d'une quelconque liberté sexuelle, qu'avons-nous fait ? Nous avons bien libéré le Sexe, en effet. Mais c'est *du Sexe* que nous aurions dû nous libérer.

Paul McCarthy, *Spaghetti Man*, 1993.

CHAPITRE 7

Le Sexe-Roi ou ce qui a déraillé dans la « libération sexuelle »

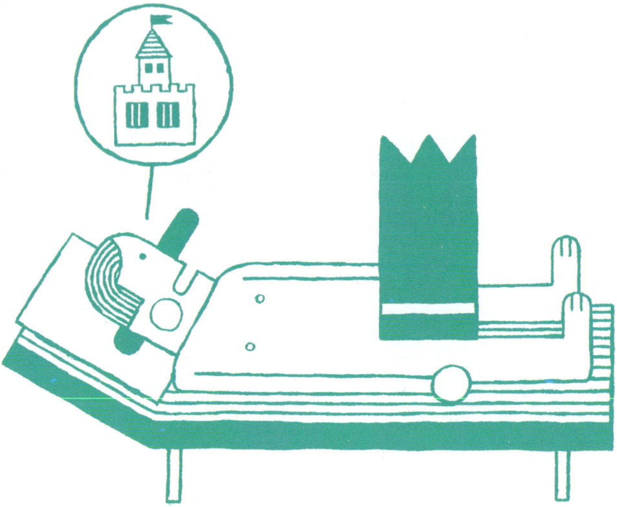

« Il semble que la critique ne saurait s'occuper des "évolutions" ou des "révolutions" auxquelles [...] il ne manque, pour être intéressantes, que d'avoir eu lieu. »
Ferdinand Brunetière, *Revue des Deux Mondes*, 1er novembre 1888.

En 1994 entrait en vigueur le nouveau Code pénal. Au nom de la modernité disparaissait le chapitre « attentats aux mœurs », remplacé par celui qui fut dès alors intitulé « agressions sexuelles ». La notion de « mœurs » faisait trop référence à une morale sexuelle qui paraissait périmée. Celle de « sexe » était censée entériner le fait que, désormais, la société ne se prononce plus sur la bonne et la mauvaise sexualité, pour autant qu'elle est consentie, que son seul objectif est de protéger la « sexualité » de chacun, quelle qu'elle soit.

On pourrait distinguer, d'un point de vue philosophique, deux grands types de morales sexuelles. Les premières, qu'on nommera substantialistes, imposent, au nom d'une certaine idée de la « vertu », des critères communs de ce qui est bon pour chacun dans le domaine sexuel, en dépit du point de vue que les individus eux-mêmes peuvent avoir sur ce qui leur convient. C'est un modèle « paternaliste » et autoritaire, qui nous dit, en substance : « Je ferai ton bien en dépit de toi et même contre toi. » Il est très utile à cet égard de lire la définition que

Montesquieu a donnée d'une morale de ce type lorsqu'il a essayé de préciser le sens du mot « mœurs ». Il s'agissait selon lui de : « la manière dont *on doit jouir* des plaisirs attachés à l'usage des sens et à l'union des corps[101] ». À ce devoir, la morale de jadis donnait un contenu précis : il ne faut jouir que dans le mariage et en accomplissant son devoir conjugal d'une manière déterminée. Peu importe que vous soyez consentant ou non, peu importe que vous soyez porté vers d'autres techniques que le vieux coït vaginal dans lequel l'Église voyait le seul acte sexuel qui n'offensât point Dieu. Cette morale traditionnelle, tout empreinte de religion, partait du postulat que l'idéal sexuel était l'abstinence, que le mariage était un moindre mal, qu'il permettait de contenir ceux qui risquaient de se perdre dans la « fornication » à force de brûler de désir. On pouvait être ou non dans le péché en fonction des techniques sexuelles qu'on employait (le coït vaginal étant le seul autorisé), et en fonction du cadre institutionnel au sein duquel se déroulait l'acte sexuel (entre gens mariés ou non).

Mais les morales du « bien sexuel » ne sont pas l'apanage des modèles religieux. Le régime des « mœurs », instauré par la codification napoléonienne au début du XIXe siècle, était très fier de s'être détaché de la religion en éliminant par exemple le crime d'inceste ou bien celui de sodomie. Il avait cependant conservé l'idée qu'il y avait une bonne sexualité, celle qui se déroulait dans le mariage, où chaque époux avait sur l'autre des droits sexuels et où nulle « pudeur » ne pouvait être offensée, et une mauvaise, en dehors du mariage. Le propre d'une morale traditionnelle est que ce qui compte pour elle est moins le consentement des personnes que le fait qu'elles transgressent ou non un idéal contraignant.

Les morales sexuelles que nous pouvons appeler « consensualistes » ou « formelles », au contraire, ne cherchent pas à nous contraindre tous à respecter une certaine idée de la vertu, mais à définir un cadre qui garantisse à chacun le droit de vivre sa sexualité selon ses propres valeurs. Elles partent du postulat que toutes les idées qu'on peut se faire du bien sexuel sont également valables, qu'il n'y a pas de raison de privilégier l'une ou l'autre. Elles ne visent pas à trouver des critères communs du bien sexuel « en soi », mais au contraire à permettre la

---

[101] Montesquieu, *De l'esprit des lois* (1748), Gallimard, « Bibliothèque de la Pléiade », t. II, 1951.

coexistence de critères variés. Elles sont donc « neutres » à l'égard des actes (la technique sexuelle utilisée est-elle le coït, la sodomie, la fellation ? etc.), de leur cadre (les personnes impliquées sont-elles mariées ? ont-elles une relation épisodique ou stable ? etc.), ainsi que des buts que l'on cherche à atteindre par leur moyen (est-ce l'amour, le plaisir, l'argent, la stabilité affective ? etc.). Toutes ces questions doivent être subordonnées à une seule et même règle, celle du consentement des partenaires à ce qu'ils font, car c'est par le biais du consentement que les individus manifestent leur idée du bien sexuel, personne n'imposant le sien à autrui. Le consentement n'est point, comme il l'est parfois dans les morales traditionnelles, quelque chose qui vient suspendre une sanction, mais au contraire ce qui permet à chacun de vivre sa sexualité dans un monde qui a renoncé à une idée absolue du bien au bénéfice d'un modèle contractuel où ce sont les partenaires qui créent leurs propres règles. Il s'agit donc, contrairement à ce que peut laisser penser le mot de « neutralité », d'une vraie morale, qui adhère à une valeur particulière : la pluralité des valeurs elles-mêmes.

Or, ce que je crois avoir montré dans les pages qui précèdent, c'est qu'on n'a guère réussi à rompre avec une morale substantialiste. Mieux : c'est en voulant faire de la « sexualité » comme telle une valeur, en prétendant la reconnaître institutionnellement, la protéger avec le glaive du droit pénal et fonder sur elle un certain nombre de droits, qu'on a mis en échec les timides tentatives pour passer à une morale sexuelle véritablement consensualiste.

« QUELLE EST CETTE NOUVELLE LUBIE, CLIVE ? » COUPA ALICE

Glen Baxter, *Tempête sur le tweed*, Hoëbeke, 2003.

La « sexualité » : une notion normative

« ... sexuellement, c'est-à-dire avec mon âme... »
Boris Vian, *L'Herbe rouge*.

L'examen du traitement réservé à la prostitution, à la pornographie, à la corruption de la jeunesse, et, en matière de filiation, à l'homosexualité et à la sexualité masculine, nous a montré que le droit lui-même ne garantit pas l'égalité entre toutes les pratiques sexuelles et voit même d'un mauvais œil les tentatives pour répandre certaines valeurs sexuelles. Or c'est au nom de la nature même de la « sexualité » qu'il les condamne : on prétend protéger par là l'authenticité du désir sexuel, le mettre à l'abri de toutes les pressions et de toutes les « dominations ». Ainsi, on condamne les images pornographiques au prétexte qu'elles imposeraient des normes sexuelles à ces esprits faibles que sont les jeunes, surtout s'ils viennent de familles pauvres et immigrées. Si les jeunes font l'objet d'attentions spéciales, c'est qu'on pense qu'il faut leur laisser le temps de « découvrir leur sexualité ». Au passage, bien sûr, on manifeste sa méfiance à l'égard de ce qu'on appelait jadis des « déviances » : l'exhibitionnisme, le voyeurisme, le sexe à plusieurs, l'homosexualité, etc. Plus on s'éloigne de l'honnête coït, plus il faut être sûr que le désir qui nous y porte est bien authentique, et plus, en conséquence, on exige un consentement « éclairé ». Comme on passe vite de l'idée d'une sexualité authentique à celle d'une sexualité normale...

De même, alors qu'on accepte toutes sortes de contraintes dans les domaines les plus divers, en matière sexuelle, en revanche, nous ne devrions être déterminés que par ce que le cinéaste Almodóvar a appelé « la loi du désir ». C'est la raison pour laquelle, par exemple, on a créé ce curieux délit de « harcèlement sexuel ». Votre patron peut vous forcer à prendre des cafés avec lui ; vous pouvez vous voir refuser un avancement parce que vous êtes le seul à ne pas rire de ses blagues les plus minables ; votre directeur de recherches peut s'attribuer vos découvertes, vous lâcher en plein milieu de vos premières tentatives pour trouver un poste parce qu'il trouve que vous n'avez pas assez flatté sa vanité ; pour autant que leurs plaisanteries n'ont aucun contenu sexuel, pour autant qu'on ne peut les soupçonner d'aucun mobile sexuel, tout cela ne pose rigoureusement aucun problème. En revanche, la moindre pression sexuelle, même si elle ne vient pas d'un de vos supérieurs hiérarchiques – puisque désormais le harcèlement sexuel peut être « horizontal » –, vous permet de les envoyer directement s'expliquer au commissariat... L'espace professionnel doit être pur de tout sexe, car le sexe doit rester en deçà de toute relation de pouvoir.

Ce postulat a une conséquence qu'on peut appeler l'« exception sexuelle ». Le sexe doit être en quelque sorte retiré de l'ordre ordinaire de la vie. Les rapports sexuels seraient comme ce que Michel Foucault a nommé « hétérotopies », ces lieux autres qui, comme la prison, l'asile, la bibliothèque, ne sont pas imaginaires, mais constituent à l'intérieur même du monde dans lequel nous vivons une sorte d'arrière-monde où tout serait renversé.

– Vous savez, ma petite Florence, dans la charcuterie, c'est exactement comme dans le cinéma : ça couche énormément.

C'est particulièrement clair avec la prostitution. Nos contemporains ont du mal à admettre l'idée qu'une société sexuellement libérée ne devrait pas se poser de problème de conscience au sujet de cette activité. Il leur semble au contraire que, puisque la prostituée ne cherche manifestement pas à assouvir son désir, son comportement ne relève pas vraiment de la « sexualité ». L'interdiction de la prostitution ne porterait pas atteinte à la liberté sexuelle, parce que celle-ci concerne le droit à « vivre sa sexualité », c'est-à-dire à faire ce à quoi notre désir irrépressible nous porte. Mieux, ils pensent qu'une société qui respecte vraiment ce qu'ils croient être la liberté sexuelle se doit précisément d'interdire la prostitution : il s'agirait là d'une sexualité contrainte, puisqu'elle n'est pas motivée par le désir.

C'est qu'ils confondent cette liberté avec une morale sexuelle bien particulière, qui dit qu'un acte sexuel n'est licite que quand il est porté par l'authenticité d'un désir. Ils confondent le désir et le consentement. En cela d'ailleurs, ils retrouvent curieusement les arguments développés par un des champions de la révolution sexuelle, Wilhelm Reich lui-même. Dans le fond, ce que notre société a institué, c'est bien ce qu'il appelait la « sexualité naturelle ». Avec ce paradoxe, bien sûr, que cette « nature » ne peut être défendue et promue qu'avec le bras armé de l'État (ce qui laisse tout de même suspecter qu'elle n'est pas si naturelle que ça)...

Le problème, c'est que, en se permettant de juger des comportements sur autre chose que le consentement des partenaires, on ouvre une brèche aux valeurs sexuelles traditionnelles qui étaient sur le point d'être refoulées. Car il est bien évidemment absurde de vouloir vérifier l'authenticité du désir de chacun dans tous les actes sexuels. La réalité est qu'on considérera certains comportements *a priori* comme suspects, et ce n'est qu'à eux qu'on fera passer le « test du vrai désir ».

Nous avons vu aussi comment la gravité des peines réservées aux délinquants sexuels au nom du « dommage psychique » que subiraient par leur faute les victimes impose de même une interprétation standardisée des événements de nature sexuelle à ceux-là mêmes qui les subissent. Elle leur donne une signification officielle, sur laquelle les victimes ne sont pas censées pouvoir se prononcer. On leur propose, et parfois on leur impose, une thérapie à partir d'une idée préconçue de la manière dont ils sont censés avoir vécu leur propre histoire. On a pour eux tout un scénario écrit d'avance : ils doivent reconnaître l'événement et surtout ne pas le refouler ; ils doivent ensuite prendre toute la mesure de sa gravité et du risque terrible qu'il fait courir même aux enfants qu'ils pourront avoir plus tard ; ils doivent enfin, grâce à la peine infligée à leur agresseur et au travail de catharsis qu'ils auront fait avec leur psychologue, surmonter ce traumatisme tout en sachant qu'ils ne pourront jamais faire comme s'il n'avait pas eu lieu.

Si nous avons fait du sexe une cible d'intervention pénale, ce n'est pas parce que nous pensons que la sexualité est un lieu privilégié de l'épanouissement personnel. C'est plutôt que nous y voyons le point de fragilité des êtres, là où ils peuvent faillir, ce qui, de l'intérieur d'eux-mêmes, peut leur porter tort et contre quoi il faut les protéger.

C'est aussi, plus généralement, la raison pour laquelle seul le « non » à l'acte sexuel est protégé, alors que ceux qui vous empêchent d'avoir des rapports sexuels avec un partenaire consentant ne sauraient être assimilés à des délinquants sexuels. L'idée est dans le fond que la sexualité s'apparente à quelque chose comme un noyau d'authenticité qu'il faut préserver, comme une sorte d'intériorité absolue dont le problème n'est pas de savoir si elle peut s'extérioriser, mais si elle ne risque pas d'être indûment pénétrée. Comme une sorte de petite boîte, de petit secret enfermé au plus profond de nous, qu'il faut laisser s'avouer progressivement à travers notre vie elle-même. La sexualité, c'est donc quelque chose comme un noyau insécable de désir que vous avez en vous, ce germe qui doit, comme les boutons de rose, s'épanouir en fleurs lumineuses faites de plaisirs dans lesquels on se reconnaît, de fantasmes délicats par lesquels on se découvre, de gestes pudiques grâce auxquels on ajoute un pétale à notre sexualité. Ce qui importe par-dessus tout, ce n'est pas que nous puissions « vivre notre sexualité », c'est plutôt que cet ensemble secret d'aspirations et de fantasmes, si profondément lié à ce que nous sommes, reste *intouché*, sacré, au sens étymologique du terme, c'est-à-dire séparé. C'est pourquoi les juristes, quand ils cherchent à comprendre ce que la loi entend par « sexe », parlent d'intégrité sexuelle, voire d'intégrité psychique : quelque chose qui doit rester entier, non entamé. Peu importe qu'on arrête ou qu'on retarde ou qu'on limite son développement. Ce qui compte, c'est qu'on ne le modifie pas, qu'on ne l'engage pas sur des voies autres que celles que, « naturellement », il aurait suivies. Si celles-ci mènent à l'homosexualité, soit. Mais ne précipitons pas les choses… N'est-il pas évident d'ailleurs que, chez la plupart des gens, elles mènent à des choses moins bizarres ? Voilà comment la

Nobuyoshi Araki, *Sans titre*, extrait de la série *Fleurs vaginales*, 1999.

moyenne devient la norme, la pratique la plus répandue celle qui est aussi la moins suspecte…

Ce qui ressort de cet ensemble de jugements de valeur, c'est une certaine conception de la sexualité qu'on pourrait résumer de la manière suivante : *la sexualité est imposée avec le bras armé de la loi comme un lieu critique de la subjectivité*. Pendant des siècles et même des millénaires, les philosophes se sont demandé quel était l'organe de l'âme. Certains ont cru que c'était le foie, d'autres qu'il s'agissait du cœur, quelques-uns même ont penché pour le poumon. Certains de nos contemporains répondraient que l'âme n'a pas de siège, d'autres, nombreux, éliraient le cerveau. Mais il semble que notre société ait trouvé sa réponse : le lieu de l'âme, c'est le sexe. Parler en effet de « meurtre psychique » pour les agressions sexuelles, n'est-ce pas avouer qu'on estime que, lorsque le corps sexuel est atteint, ce n'est pas seulement mon corps qui a été blessé, c'est moi-même, dans mon identité, dans mon intimité, dans ma vie psychique ? Certes, grâce à Dieu (à qui d'autre ?), la vie de l'âme est moins tristement binaire que la vie du corps : on peut mourir et ressusciter. Mais on sera tout de même transformé dans son être : certains philosophes se demandent même, sans rire, si on peut vraiment dire d'une personne qui a été violée qu'elle est traumatisée, que quelque chose dans sa mémoire continue à travailler malgré elle, puisqu'en réalité cette personne est morte, et que c'est une autre qui a pris sa place[102]...

Indépendamment de cette pauvre scolastique, il est certain que la métaphore qui fait du sexe l'équivalent de la vie elle-même, et justifie par là la gravité des peines, se fonde sur l'idée que vous ne pouvez pas garder face à votre sexualité une attitude distante et désinvolte, comme si vous ne vous sentiez pas impliqué personnellement, corps et *âme*, dans vos actes sexuels.

On retrouve la même idée sous-jacente dans les tentatives pour assimiler la prostitution à l'esclavage : comme si, dans l'acte sexuel, c'était *soi-même* que l'on vendait. Cela ne signifie pas qu'on interdit toute circulation du sexe. L'acte sexuel peut bien être l'occasion d'un transfert de biens ou de « services sexuels ». Mais on exige que, dans le secret des alcôves, ces services soient vécus comme étant des *dons*. Or le propre du don, si on en croit le grand anthropologue Marcel Mauss, c'est d'être une relation *personnelle*, qui attache des êtres l'un à l'autre dans une relation de reconnaissance mutuelle[103]. Faire l'amour avec quelqu'un, ce *doit être* littéralement l'honorer...

On comprend dès lors que la sexualité illégitime ne soit plus la sexualité extraconjugale, mais la sexualité commerciale. On ne saurait séparer le service sexuel de ce qu'il *signifie* pour des personnes, pour leur relation, pour leur histoire. Si Louis XIV pouvait dire « L'État, c'est moi », la formule de cette nouvelle monarchie absolue du Sexe-Roi n'est autre que : « Mon sexe, c'est moi. » Tant pis pour ceux qui y cherchent une occasion de se perdre, une manière de s'oublier, l'une des rares possibilités de faire l'épreuve de ce qui n'a *pas de sens* et de se laisser envahir par la perplexité que, paradoxalement, suscite cette expérience de l'insensé, du non-verbal, comme Catherine Millet le raconte dans son beau livre, *La Vie sexuelle de Catherine M.* (▸ TEXTE P. 291).

---

102 Voir Susan Brison, *Après le viol*, trad. de l'anglais par S. Mestiri, éditions Jacqueline Chambon, 2003 : « Ceux qui survivent à un traumatisme font fréquemment remarquer qu'ils ne sont pas les personnes qu'ils étaient avant d'avoir subi ce traumatisme. [...] Comment un événement qui est une menace pour la vie en vient à être vécu comme annihilant pour le moi ? Et quel genre de moi peut-il se rappeler avoir eu cette expérience ? », p. 57.

103 Marcel Mauss, « Essai sur le don » (1923-1924), dans *Sociologie et anthropologie*, PUF, « Quadrige », 1950.

Mais il y a un autre point qui éloigne encore notre ordre sexuel du modèle consensualiste. La loi pénale ne se contente pas d'interdire et de réprimer ceux qu'elle désignera comme des délinquants sexuels, de les traiter comme coupables et de les punir. Elle traque les désirs transgressifs afin, prétend-elle, de mieux les prévenir : c'est à ce titre, par exemple, qu'elle met sous surveillance la pornographie. Elle voit dans la « personnalité » des accusés, au sens où les psychiatres entendent ce mot, un indice éventuel de leur culpabilité : c'est ainsi qu'à Outreau le juge d'instruction a considéré que la découverte d'un magazine pornographique gay chez un des accusés qui vivait pourtant en couple avec une femme constituait un indice grave, « concordant » avec les soupçons que faisaient peser sur lui certains témoignages, sur le fait qu'il aurait violé sa belle-fille. Elle prétend en outre *guérir* l'esprit de ceux qu'elle juge coupables *par la peine elle-même*. Avec le suivi postpénal, la psychiatrie, avec son discours et sa pratique, ne se contente plus d'accompagner l'application de la peine, comme elle le faisait jadis dans l'univers carcéral que Foucault avait décrit dans *Surveiller et punir* ; elle devient un objet de peine en soi, dont l'opportunité et la durée seront décidées par un juge, comme si celui-ci détenait le secret de la santé mentale des justiciables. Ainsi, elle ne cherche pas à régler les comportements, mais à intervenir sur les désirs eux-mêmes comme si ce territoire secret des êtres lui était ouvert. Il s'agit au fond de la conséquence de l'apparition du mot « sexuel » dans la loi, de son transfert de la psychanalyse et de la médecine au droit. Cette prétention à transformer les sujets de droit en sujets du désir est la technique d'une morale sexuelle substantialiste qui cherche à atteindre les sujets dans leur âme sans se contenter d'ordonner leurs comportements.

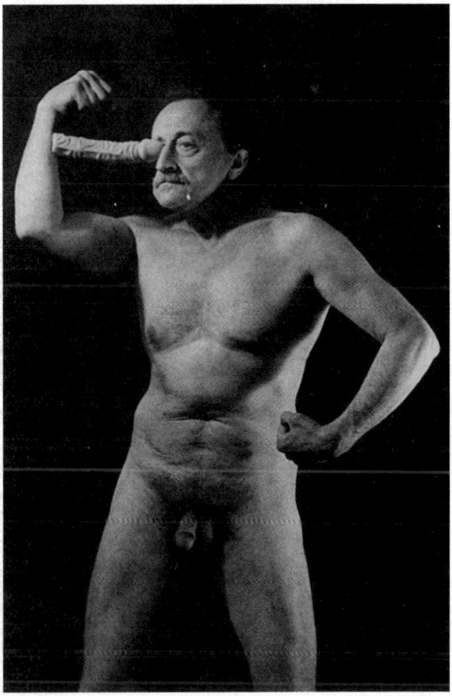

Boris Mikhailov, *Sans titre*, extrait de la série *Je ne suis pas moi*, Kharkov, Ukraine, 1992.

La « libération sexuelle » n'a pas donné lieu à une morale consensualiste ou minimale, mais au contraire à un véritable retour de l'État de droit à des formes de gouvernement proches de celles de l'Ancien Régime, quand le roi était censé veiller sur le salut spirituel de ses sujets.

Voilà donc ce qu'a fait la « libération sexuelle » : elle a libéré la « sexualité » du domaine psychologique et éthique où elle était née et se trouvait cantonnée, pour la lâcher dans cet appareil intraitable de contrainte armée qu'est le droit pénal, au risque de lui faire perdre ce qu'on peut bien appeler ses garde-*fous*.

Mais, une fois ces constats réalisés, il est temps de se demander à quoi pourrait ressembler une société et un ordre juridique qui adhéreraient vraiment à une morale sexuelle consensualiste. Ce n'est pas une tâche aussi simple qu'on pourrait le croire à première vue...

TEXTES CHOISIS

Catherine Millet (née en 1948)

Le sexe non personnel

Si pour la plupart d'entre nous le sexe est une expérience très individuelle et très personnelle, pour d'autres il s'agit précisément du meilleur moyen de se dissoudre comme sujet, de se fondre dans la masse anonyme de l'humanité. Comment arrive-t-on à cette forme si particulière de la sainteté ?

Je n'étais pas une « collectionneuse », et ceux que je voyais dans les surprises-parties, garçons ou filles, flirter – c'est-à-dire peloter ou se faire peloter et s'embrasser à pleine bouche tant que la respiration peut être tenue – avec le maximum de gens pour s'en vanter le lendemain au lycée, m'offusquaient. Je me contentais de découvrir que cette défaillance voluptueuse que j'éprouvais au contact de l'ineffable douceur de toutes lèvres étrangères, ou lorsqu'une main s'appliquait sur mon pubis, pouvait se renouveler à l'infini, puisqu'il s'avérait que le monde était plein d'hommes disposés à cela. Le reste m'était indifférent. […] [Je compris] d'emblée que je n'appartenais pas à la classe des séductrices, et que par conséquent ma place dans le monde était moins parmi les autres femmes, face aux hommes, qu'aux côtés des hommes. Tout simplement, rien ne m'empêchait de renouveler l'expérience d'aspirer une salive dont le goût est toujours différent, de presser dans la main, sans le voir, un objet toujours inattendu. […] J'apprenais que chaque sexe appelait de ma part des gestes, voire des comportements différents. Et de même qu'il me fallait chaque fois m'adapter à un autre épiderme, une autre carnation, une autre pilosité, une autre musculature […], de même la complexion propre à chaque corps semblait induire ses propres postures.

[...]

Il y a deux façons d'envisager la multitude, soit comme une foule dans laquelle les individus se confondent, soit comme une chaîne où au contraire ce qui les distingue est aussi ce qui les lie, comme un allié compense les faiblesses d'un autre allié, comme un fils ressemble à son père tout en s'y opposant. Les tout premiers hommes que j'ai connus ont immédiatement fait de moi l'émissaire d'un réseau dont on ne peut connaître tous les membres, l'inconscient maillon d'une famille qui se décline sur le mode biblique.

Scènes du Kamasutra, Temple Viswanath, Inde.

J'ai déjà laissé entendre que, craintive dans les relations sociales, j'avais fait de l'acte sexuel un refuge où je m'engouffrais volontiers afin d'esquiver les regards qui m'embarrassaient et les échanges verbaux pour lesquels je manquais encore de pratique. Aussi n'était-il pas question que je prenne une initiative. Je n'ai jamais dragué. En revanche, j'étais en toutes circonstances, sans hésitation, sans arrière-pensée, par toutes les ouvertures de mon corps et dans toute l'étendue de ma conscience, disponible.

[...]

Je n'ai jamais caché ni l'étendue ni l'éclectisme de ma vie sexuelle, si ce n'est à mes parents. [...] J'ai progressivement et obscurément compris ce que me procurait ce mode de vie : l'illusion d'ouvrir en moi des possibilités océaniques. Puisqu'il fallait bien accepter par ailleurs de multiples contraintes (un travail accaparant et anxiogène, un fatum marqué par le manque d'argent, et, plus entravant que tout, la pelote des conflits familiaux et relationnels), l'assurance d'avoir des relations sexuelles en toutes circonstances, avec toutes personnes le voulant bien (par principe, l'illusion ne pouvait tenir qu'à condition d'exclure de l'horizon celles qui ne le voulaient pas), était l'air du large dont on gave ses poumons quand on marche jusqu'au bout d'une étroite jetée. Et comme la réalité imposait quand même des limites à cette liberté (je ne pouvais pas faire que ça, et même l'aurais-je pu, mes cuisses n'auraient refermé la boucle que d'une infime partie de la chaîne humaine), il fallait que la parole, l'évocation même rapide, surtout rapide, d'épisodes de ma vie sexuelle, déploie à tout moment, dans toute son ampleur, le panorama des possibles.

La Vie sexuelle de Catherine M., Seuil, 2001.

Michel Foucault (1926-1984)

Nos sociétés perverses

Si vous croyiez que grâce à Ségolène Royal et à Dominique Perben on avait réussi à mettre tous les pervers en prison, détrompez-vous vite : nos sociétés, les sociétés sexuelles, sont des sociétés authentiquement perverses.

La société « bourgeoise » du XIXe siècle, la nôtre encore sans doute, est une société de la perversion éclatante et éclatée. Et ceci non point sur le mode de l'hypocrisie, car rien n'a pas été plus manifeste et prolixe, plus manifestement pris en charge par les discours et les institutions. Non point parce que, pour avoir voulu dresser contre la sexualité un barrage trop rigoureux ou trop général, elle aurait malgré elle donné lieu à tout un bourgeonnement pervers et à une longue pathologie de l'instinct sexuel. Il s'agit plutôt du type de pouvoir qu'elle a fait fonctionner sur le corps et sur le sexe. Ce pouvoir justement n'a ni la forme de la loi ni les effets de l'interdit. Il procède au contraire par démultiplication des sexualités singulières. Il ne fixe pas de frontières à la sexualité ; il en prolonge les formes diverses, en les poursuivant selon des lignes de pénétration indéfinie. Il ne l'exclut pas, il l'inclut dans le corps comme mode de spécification des individus. Il ne cherche pas à l'esquiver ; il attire ses variétés par des spirales où plaisir et pouvoir se renforcent ; il n'établit pas de barrage ; il aménage des lieux de saturation maximale. Il produit et fixe le disparate sexuel. La société moderne est perverse, non point en dépit de son puritanisme ou comme par le contrecoup de son hypocrisie ; elle est perverse réellement et directement.

Réellement. Les sexualités multiples – celles qui apparaissent avec les âges (sexualités du nourrisson ou de l'enfant), celles qui se fixent dans des goûts ou des pratiques (sexualité de l'inverti, du gérontophile, du fétichiste...), celles qui investissent de façon diffuse des relations (sexualité du rapport médecin-malade, pédagogue-élève, psychiatre-fou), celles qui hantent les espaces (sexualité du foyer, de l'école, de la prison) – toutes forment le corrélat de procédures précises de pouvoir. [...] Ces comportements polymorphes ont été réellement extraits du corps des hommes et de leurs plaisirs ; ou plutôt ils ont été solidifiés en eux ; ils ont été, par de multiples dispositifs de pouvoir appelés, mis au jour, isolés, intensifiés, incorporés. La croissance des perversions n'est pas un thème moralisateur qui aurait obsédé les esprits scrupuleux des victoriens. C'est le produit réel de l'interférence d'un type de pouvoir sur les corps et leurs plaisirs. Il se peut que l'Occident n'ait pas été capable d'inventer des plaisirs nouveaux, et sans doute n'a-t-il pas découvert de vices inédits. Mais il a défini de nouvelles règles au jeu des pouvoirs et des plaisirs : le visage figé des perversions s'y est dessiné.

[...] Aucune société n'aurait été plus pudibonde, dit-on [...]. C'est l'inverse qui apparaît, au moins à un survol général : jamais davantage de centres de pouvoirs ; jamais plus d'attention manifeste et prolixe ; jamais plus de contacts et de liens circulaires ; jamais plus de foyers où s'allument, pour se disséminer plus loin, l'intensité des plaisirs et l'obstination des pouvoirs.

Histoire de la sexualité, t. I : *La Volonté de savoir*, Gallimard, 1976.

Léonard de Vinci (1452-1519)

Mon sexe, est-ce moi ?

Nos organes sexuels sont-ils vraiment, comme semble le vouloir de plus en plus notre société, le lieu de l'âme ? Le très savant Léonard aurait eu du mal à l'avaler, lui qui écrivit, au coin en bas d'une feuille couverte de dessins anatomiques relatifs aux fonctions génitales, cette petite phrase sceptique : « J'ai gaspillé mes heures[104]. »

De la verge. Celle-ci a des rapports avec l'intelligence humaine et parfois elle possède une intelligence en propre ; en dépit de la volonté qui désire la stimuler, elle s'obstine et agit à sa guise, se mouvant parfois sans l'autorisation de l'homme ou même à son insu ; soit qu'il dorme, soit à l'état de veille, elle ne suit que son impulsion ; souvent l'homme dort et elle veille ; et il arrive que l'homme est éveillé et elle dort ; maintes fois l'homme veut se

104 *Carnets*, t. II, *op. cit.*, p. 512.

servir d'elle qui s'y refuse ; maintes fois elle le voudrait et l'homme le lui interdit. Il semble donc que cet être a souvent une vie et une intelligence distinctes de celle de l'homme, et que ce dernier a tort d'avoir honte de lui donner un nom ou de l'exhiber, en cherchant constamment à couvrir et à dissimuler ce qu'il devrait orner et exposer avec pompe, comme un officiant.

Carnets, t. I, trad. de l'anglais et de l'italien par L. Servicen, Gallimard, 1942.

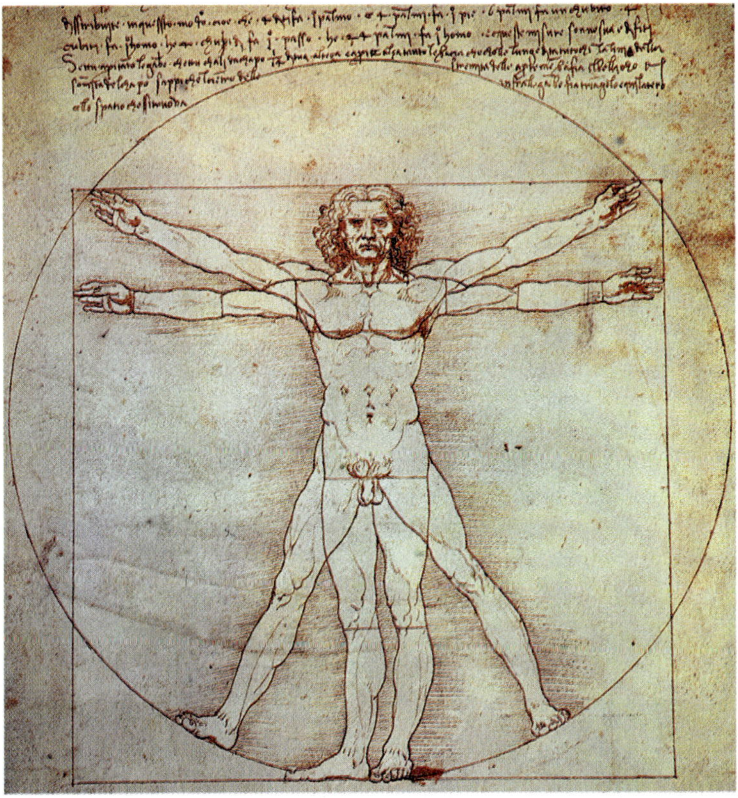

Léonard de Vinci, *Les Proportions de l'homme*, 1519.

Gustave Flaubert (1821-1880)

Les délices de l'adultère et la comédie de l'amour

Dans l'amour-passion, nous croyons révéler ce que nous avons de plus intime et de plus authentique en nous-mêmes, et entrer dans la relation la plus personnelle qui soit. Et si nous ne faisions en fait que jouer une comédie où notre partenaire est un être parfaitement impersonnel, un simple personnage ? D'ailleurs, les films et les romans nous font croire que nous devons rencontrer un jour cette créature abstraite. Les mensonges de l'adultère que Mme Bovary doit faire à son mari ne sont rien à côté de ceux qu'elle se raconte à elle-même. Flaubert avait eu cette phrase célèbre sur son héroïne qui, comme don Quichotte, cherchait désespérément à vivre ce que les livres lui présentaient comme la vraie vie : « Mme Bovary, c'est moi. » N'est-ce pas aussi chacun d'entre nous ?

La ville alors s'éveillait. Des commis, en bonnet grec, frottaient la devanture des boutiques, et des femmes qui tenaient des paniers sur la hanche poussaient par intervalles un cri sonore, au coin des rues. Elle marchait les yeux à terre, frôlant les murs, et souriant de plaisir sous son voile noir baissé.

Par peur d'être vue, elle ne prenait pas ordinairement le chemin le plus court. Elle s'engouffrait dans les ruelles sombres, et elle arrivait tout en sueur vers le bas de la rue Nationale, près de la fontaine qui est là. C'est le quartier du théâtre, des estaminets et des filles. Souvent une charrette passait près d'elle, portant quelque décor qui tremblait. Des garçons en tablier versaient du sable sur les dalles, entre des arbustes verts. On sentait l'absinthe, le cigare et les huîtres.

Elle tournait une rue ; elle le reconnaissait à sa chevelure frisée qui s'échappait de son chapeau.

Léon, sur le trottoir, continuait à marcher. Elle le suivait jusqu'à l'hôtel ; il montait, il ouvrait la porte, il entrait... Quelle étreinte !

Puis les paroles, après les baisers, se précipitaient. On se racontait les chagrins de la semaine, les pressentiments, les inquiétudes pour les lettres ; mais à présent tout s'oubliait, et ils se regardaient face à face, avec des rires de volupté et des appellations de tendresse.

[...] Comme ils aimaient cette bonne chambre pleine de gaieté, malgré sa splendeur un peu fanée ! Ils retrouvaient toujours les meubles à leur place, et parfois des épingles à cheveux qu'elle avait oubliées, l'autre jeudi, sous le socle de la pendule. Ils déjeunaient au coin du feu, sur un petit guéridon incrusté de palissandre. Emma découpait, lui mettait les morceaux dans son assiette en débitant toutes sortes de chatteries ; et elle riait d'un rire sonore et libertin quand la mousse du vin de Champagne débordait du verre léger sur les bagues de ses doigts. Ils étaient si complètement perdus en la possession d'eux-mêmes, qu'ils se croyaient là dans leur maison particulière, et devant y vivre jusqu'à la mort, comme deux éternels jeunes époux. Ils disaient notre chambre, notre tapis, nos fauteuils, même elle disait mes pantoufles, un cadeau de Léon, une fantaisie qu'elle avait eue. C'étaient des pantoufles en satin rose, bordées de cygne. Quand elle s'asseyait sur ses genoux, sa jambe, alors trop courte, pendait en l'air ; et la mignarde chaussure, qui n'avait pas de quartier, tenait seulement par les orteils à son pied nu.

Il savourait pour la première fois l'inexprimable délicatesse des élégances féminines. Jamais il n'avait rencontré cette grâce de langage, cette réserve du vêtement, ces poses de colombe assoupie. Il admirait l'exaltation de son âme et les dentelles de sa jupe. D'ailleurs, n'était-ce pas *une femme du monde*, et une femme mariée ! une vraie maîtresse enfin ?

Par la diversité de son humeur, tour à tour mystique ou joyeuse, babillarde, taciturne, emportée, nonchalante, elle allait rappelant en lui mille désirs, évoquant des instincts ou des réminiscences. Elle était l'amoureuse de tous les romans, l'héroïne de tous les drames, le vague *elle* de tous les volumes de vers. Il retrouvait sur ses épaules la couleur ambrée de l'*odalisque au bain* ; elle avait le corsage long des châtelaines féodales ; elle ressemblait aussi à la *femme pâle de Barcelone*, mais elle était par-dessus tout Ange !

Madame Bovary (1857).

Wolfgang Tillmans, *Lutz & Alex montant à l'arbre*, 1992.

C H A P 8 I T R E

Au-delà du sexe ou comment en sortir

« Érection. Ne se dit qu'en parlant des monuments. »
Gustave Flaubert, *Dictionnaire des idées reçues*.

J'imagine un lecteur improbable. Il a suivi mon livre avec intérêt. Il est convaincu que quelque chose a déraillé dans l'histoire de la « libération sexuelle ». Il voit bien qu'elle s'est caractérisée par un déplacement, voire par un renforcement de la répression. Mais il croit avoir trouvé un modèle alternatif assez proche, qui permettrait, pour s'en sortir, de faire l'économie du saut dans la pure et simple utopie : les Pays-Bas. Là, en effet, on ne se contente pas de parler de sexe uniquement pour soupçonner, interdire, mettre sous tutelle. On a créé des *droits sexuels*. Comme on l'a vu, on a mis en place une sorte d'assurance sexuelle, qui permet aux malades et aux handicapés de recevoir chez eux une infirmière chargée de leur rendre quelques services sexuels. La prostitution a été légalisée au nom de la « neutralité éthique » de l'État à l'égard de l'usage que les individus peuvent faire de leur sexe, et on a cherché à effacer le stigmate portant sur le « travail du sexe ». La majorité sexuelle est désormais à douze ans et des procédures spécifiques permettent de régler les conflits des mineurs qui ont entre douze et seize ans avec leurs parents. Ceux-ci ont le droit de s'opposer à la volonté de leur enfant d'avoir des rapports sexuels avec un tiers consentant, mais seulement s'ils peuvent montrer, devant le Conseil pour la protection des enfants, qu'ils agissent vraiment dans le meilleur intérêt de l'enfant[105]... Bref, les Pays-Bas ont créé quelque chose comme une « citoyenneté sexuelle », au sein de laquelle le citoyen a des droits dans ce domaine comme il a un droit à l'éducation, à la santé, à la liberté d'expression ou de religion. Dès lors, la notion même de crime ou délit sexuel prend tout son sens : il s'agit d'une atteinte à ses droits sexuels. Elle prend aussi des proportions plus raisonnables.

Mon lecteur idéal est un ami de l'érotisme. Il n'est pas de ces gens qui ont peur des plaisirs ; il croit au contraire que la plus belle chose qui soit, dans la sexualité, c'est précisément ce qu'elle offre de créativité, d'imagination, d'épreuve de ses fragilités et de ses forces. Je l'appellerai Érophile, et lui donnerai rendez-vous dans quelque café d'Amsterdam pour lui tenir à peu près ce discours.

Devons-nous revendiquer des droits sexuels ?

Les Pays-Bas sont assurément un pays merveilleux, la véritable Mecque de la Révolution Sexuelle, qu'on devrait imposer comme pèlerinage à tous ceux qui s'en prétendent les hérauts. Il est très tentant d'en généraliser le modèle. Qui sait ? On pourrait peut-être suggérer d'introduire dans la prochaine version de la Constitution européenne une charte des droits sexuels. L'assurance sexuelle s'étendrait à tous ceux qui ont du mal à trouver des partenaires consentants, en raison de leur physique disgracieux ou de leur manque de savoir-faire, et bénéficierait bien sûr d'abord aux pauvres qui n'ont pas les moyens de se payer les services d'un travailleur ou d'une travailleuse du sexe. On leur apprendrait d'ailleurs les petits trucs de rien du tout qui permettent d'avoir du succès dans ce

Amazing Nurse Nanako, Pionneer LDC, 2000.

[105] Judith Levine, *Harmful to Minors. The Perils of Protecting Children from Sex*, University of Minnesota Press, Minneapolis/London, 2002, p. 89. Sur le système néerlandais, voir David T. Evans, *Sexual Citizenship. The Material Construction of Sexualities*, Routledge, London, 1993.

domaine. On pourrait même prévoir un service où les travailleurs du sexe, très discrètement, feraient semblant de succomber aux charmes érotiques de ces personnes, afin de leur épargner le sentiment d'humiliation que procure bien souvent l'assistance. L'écrivain Michel Houellebecq lui-même n'aurait plus de raison d'être amer (du moins, je l'espère).

La neutralité de l'État ne devrait pas seulement être passive (laisser faire, laisser passer), comme une simple tolérance, avec tout ce que ce mot porte encore malgré lui de suspicion. Elle devrait être *active,* non seulement favoriser le respect envers les choix sexuels des autres, mais de surcroît permettre à tous, et plus particulièrement aux jeunes, de connaître la multiplicité du monde sexuel dans lequel ils vivent afin de ne pas être uniquement soumis à la mode et à la pression sociale la plus immédiate. La pornographie et, d'une manière générale, toute publicité concernant le sexe (même d'ailleurs celle qui fait l'apologie de l'abstinence), loin d'être réprimées, seraient au contraire encouragées, comme on encourage la « diversité culturelle ». De même que certains économistes distinguent entre les droits et les capacités (vous pouvez avoir le droit à l'éducation par exemple, mais si vous n'avez pas les moyens de vous acheter un cahier et un stylo, ce droit reste purement formel), de même on chercherait à garantir quelque chose comme une capacité sexuelle, une véritable autonomie en matière sexuelle, et celle-ci passe par la possibilité de s'informer de la diversité du monde érotique dans lequel nous vivons.

Tout cela est séduisant. J'y vois cependant un problème. C'est qu'on ne résoudra pas la question de ce que « sexuel » veut dire. Jusqu'où s'étendrait la liberté « sexuelle » ? Qu'est-ce qu'on pourrait considérer comme une atteinte aux droits sexuels ? De deux choses l'une, en effet. Première hypothèse : revenir à une définition anatomique, le sexuel recouvrant le génital ; une atteinte sexuelle serait un acte imposé à autrui contre son consentement, soit *sur* ses organes sexuels, soit *avec* les organes sexuels du coupable. Mais alors on exclut une bonne partie du champ de ce que les psychiatres de jadis (et d'aujourd'hui d'ailleurs) appellent les perversions : par exemple, l'introduction d'un bâton dans l'anus ne saurait être qualifiée de crime sexuel ; lécher abondamment le corps d'un individu qu'on aurait préalablement ligoté en évitant soigneusement ses parties génitales ne pourrait même pas être considéré comme un délit sexuel. Inversement, tout ce qui concerne les organes sexuels reste potentiellement suspect : le fait par exemple pour un parent de s'intéresser à la toilette intime de ses enfants peut être considéré comme une forme d'agression sexuelle, puisque, par définition, le mineur n'a pas la capacité de consentir à l'usage de ses organes. Cette question n'est pas anodine, quand on sait combien de pères sont accusés rétrospectivement d'atteintes sexuelles parce qu'on les trouve trop insistants sur ce thème. Comment pourra-t-on distinguer un comportement licite d'un comportement illicite, si on ne s'intéresse pas au mobile et donc à l'intériorité de l'auteur, à sa conscience, bref, à la psychologie, abandonnant ainsi le critère anatomique ?

La seconde hypothèse chercherait à épouser la définition moderne de ce qui est sexuel. Le caractère sexuel ne tiendrait pas aux actes eux-mêmes, mais aux significations qu'ils peuvent avoir pour les sujets jusque dans le secret de leur inconscient. Or, la psychanalyse nous a montré que les choses les plus anodines pouvaient finalement être porteuses d'une signification sexuelle. C'est d'ailleurs la fonction théorique de la notion même de « sexualité », telle qu'elle a été construite par la psychiatrie de la fin du XIXe siècle, que de rompre avec la génitalité, pour déceler tous ces « égarements de l'instinct génésique » dans des choses apparemment aussi éloignées du sexe qu'un talon, un poil, des tissus, etc. On est donc obligé d'aller chercher les mobiles des gens, de fouiller leurs fantasmes : le même acte peut être ou non sexuel en fonction de ce qu'a en tête celui qui le commet, voire celui qui le subit. On retrouve ainsi les problèmes qui rendent déjà notre droit pénal si extravagant. Le droit pénal doit être le langage de ce qui est commun et public ; or ici, nul critère clair, nulle possibilité de construire un consensus.

De surcroît, il est impossible de faire la différence entre les représentations et les actes : voir quelque chose pourrait être considéré comme un acte sexuel en lui-même, et il faudrait à chaque fois s'assurer du consentement de celui qu'on expose à des mots ou à des images qui peuvent avoir une « connotation sexuelle ». Sauf que, alors que bien des sexualités n'ont pas droit de cité dans notre société, que bien des pervers qui considèrent les talons hauts comme des objets sexuels de première catégorie sont tous les jours victimes d'exhibitions éhontées, les tribunaux seraient obligés ici d'entendre leurs plaintes, voire celles de ceux qui considèrent ces regards insistants comme une manière de les associer à un acte sexuel contre leur consentement... Manger des

Uma Thurman dans *Pulp fiction*, film de Quentin Tarentino, 1994.

glaces à la vanille pourrait faire partie des droits sexuels d'un individu ; nous empêcher d'en manger serait donc une violence sexuelle. Certains psychiatres ne disent-ils pas de la boulimie et de l'anorexie qu'elles sont des perversions sexuelles ? Forcer une jeune fille musulmane à enlever son voile ne serait pas une atteinte à sa liberté religieuse, mais une sorte d'agression sexuelle, comme dans le cas où on obligerait toutes les jeunes filles à venir à l'école habillées en pagne à la manière des Mélanésiennes de jadis, la poitrine dénudée. Inversement, l'État, ayant pour mission d'assurer le bonheur sexuel des individus, serait par exemple obligé de fournir de rutilants lingots d'or à celui qui ne jouit que de les caresser...

Tout cela serait, bien sûr, impossible. Aussi sera-t-on forcé de donner une définition restrictive du sexuel, et par là une *norme*. C'est pourquoi, comme nous l'avons vu, la notion de sexualité a été le cheval de Troie d'un retour du refoulé répressif, d'une colonisation de plus en plus brutale de cette société qui croyait se libérer par une morale substantialiste et autoritaire. La seule beauté qu'a cette notion de « sexualité » est perdue. Cette beauté consiste précisément à brouiller les repères de ce qui est sexuel et de ce qui ne l'est pas, à faire de l'ensemble de la vie un champ potentiel d'investissements libidinaux. Grandeur du « pervers » qui peut jouir du contact froid d'un fauteuil en cuir noir au cours d'une réunion sur l'avenir de l'énergie électrique. Grandeur de Fourier et de Freud, qui ont senti combien la moindre partie du corps pouvait devenir une sorte d'inducteur érogène, comment un ongle là-bas, au bout des orteils, à condition de trouver un branchement adéquat, pouvait faire passer une jouissance inouïe. La liberté sexuelle, c'est précisément celle de créer du sexuel là où les autres ne le voient pas. C'est aussi, après tout, celle de faire du non-contact, de l'abstinence elle-même, une technique sexuelle remarquablement efficace... C'est précisément pour cette raison, en hommage à la grandeur de cette notion de « sexualité », que nous devons faire sortir le sexe de la loi, et surtout de la loi pénale. Car si celle-ci définit le champ du sexuel, elle le sacrifie.

Une morale sexuelle consensualiste ne peut donc faire l'économie d'une dissolution de la notion de sexe. La seule manière de permettre à chacun de vivre ses valeurs sexuelles comme il l'entend, c'est de ne pas imposer une définition de ce qui est sexuel et de ce qui ne l'est pas. En ce sens, on peut dire que c'est en allant jusqu'au bout de la définition « perverse », non génitale, de la sexualité qui a cherché à s'imposer de plus en plus dans le droit pénal lui-même au nom de son « ouverture d'esprit » – qui semble ne jamais autant montrer son « ouverture d'esprit » que quand il procède à plus d'enfermements des corps –, qu'on en sortira. Au lieu de faire de la « sexualité » une notion juridique, il fallait au contraire en tirer la conséquence : qu'on ne peut pas séparer le sexuel du reste, que tout est potentiellement érotique – et même, si on veut, la négation de tout, sa destruction, le néant dont on caresse parfois l'idée, bref le suicide.

La sexualité doit devenir un champ à la fois hétéroclite et continu, recouvrant les choses les plus diverses et ne présentant aucune frontière nette avec d'autres domaines, inessentiel au sens philosophique de ce terme, c'est-à-dire qui ne renvoie pas à une essence, à une définition substantielle sous laquelle on pourrait subsumer tous ces comportements.

Jacques Bosser, *Marie II*, 2002.

Peut-être qu'après tout la meilleure définition qu'on puisse retenir de la « sexualité », c'est sa capacité à subvertir tous les contenus, à subvertir toutes les significations, à faire passer en contrebande des choses venues des domaines les plus divers, à faire d'un palais un estomac, d'un texte de physique une efflorescence végétale, à emporter les êtres humains dans une dérive salutaire, grâce à laquelle, peut-être, ils sont effectivement capables d'avoir une histoire. C'est cela que Freud a découvert dans *L'Interprétation des rêves*. C'est cela qu'il a appelé, finalement, « sexualité ». C'est cela que nous cherchons à écraser avec notre Sexe-Roi.

Postsexopolis : visite guidée

> *« Les Yahous se nourrissent de fruits, de racines et de reptiles ; ils boivent du lait de chat et de chauve-souris et pêchent à la main. Ils se cachent pour manger ou bien ferment les yeux ; le reste, ils le font à la vue de tous, comme les philosophes cyniques. »*
>
> Jorge Luis Borges, « Le Rapport de Brodie ».

Érophile m'a écouté encore plus soigneusement qu'avant. Mais il est aussi plus perplexe que jamais. Il se tait. Puis, soudain, ce sont les premiers vers de *La Divine Comédie* de Dante qui lui viennent aux lèvres :

> « Au milieu du chemin de notre vie, je me trouvai dans une forêt sombre, la juste direction étant perdue. Ah ! si rude est l'effort pour la décrire, cette forte forêt farouche et âpre, qui ravive la peur dès qu'on l'évoque ! la mort même est à peine plus amère ! »

Ah ! cher Érophile, comme je te comprends ! J'ai connu moi aussi ces perplexités. Mais quelqu'un, dont je n'ai pas vu le visage, m'a guidé en un endroit que j'aimerais te montrer. Alors maintenant, lecteur idéal, je voudrais que tu daignes quitter avec moi ce café d'Amsterdam, pour me suivre dans cet autre pays, dans un pays qui n'existe pas encore, mais qui pourrait advenir un jour. Nous allons visiter ensemble la première, la seule, l'unique société postsexuelle de l'histoire, celle que la raison peut construire et que l'imagination peut habiter.

La première chose qui frappe Érophile en arrivant sur la place centrale de Postsexopolis, où se trouve un bâtiment coloré assez semblable à

Nan Goldin, *Simon riant devant la maison d'Yvon*, Avignon, 2001.

Beaubourg, ce sont, de-ci, de-là, au milieu de la foule pressée qui se rend à son travail ou qui savoure à la terrasse des cafés l'oisiveté, la solitude et l'amitié, des couples ou des groupes qui se livrent aux divers plaisirs de leurs sens. Certains passants s'arrêtent, d'autres les regardent à peine, d'autres encore les évitent manifestement. On en voit qui s'adressent doucement à eux, certains pour les rejoindre, d'autres pour s'éloigner d'un air un peu contrit. La police, un peu plus loin, s'occupe de faire traverser une vieille dame. L'excitation, l'indifférence, l'agacement, la jalousie, la jubilation, le dégoût se mêlent étrangement sur cette place, comme dans la vie la plus ordinaire. On ne fait guère plus attention à ces gens qu'aux petits groupes tatoués agglomérés autour d'une guitare et de quelques verres de bière.

Érophile s'étonne : « Il n'y a donc pas de loi ici pour punir l'exhibition sexuelle ? » Eh bien non. « Mais ne croyez-vous pas que cela risque de choquer la pudeur de certains ? que c'est une manière d'attenter à leur vie privée ? Comment pouvez-vous dire que cette société respecte la pluralité des valeurs sexuelles de chacun, alors que ces valeurs impliquent pour certains la pudeur ? Cela n'implique-t-il pas de privatiser la sexualité ? »

Geoffroy de Boismenu,
Sans titre, 2001.

Je comprends la réaction première d'Érophile. Je lui réponds que, jadis, on trouvait obscène le fait de mettre une minijupe et de montrer ses genoux, qu'aujourd'hui encore, quelques personnes donnent un sens sexuel au fait que les femmes montrent leurs cheveux au lieu de se voiler. Mais on ne les écoute pas pour rédiger nos lois. Cela veut dire que nous vivons, quoi qu'on en dise, dans une société qui défend bien une certaine morale « sexuelle » particulière, précisément dans la mesure où elle désexualise certaines parties du corps ou certains comportements. La seule manière de n'en défendre aucune, c'est de ne pas se prononcer sur ce qui est sexuel ou non. Inversement, j'ai entendu beaucoup de « féministes » se dire choquées par le spectacle d'une femme voilée, parce qu'elles y voient le symbole obscène de la domination masculine. Mais je ne crois pas que ce sentiment, qu'on le partage ou non, leur donne le droit d'interdire le port du voile. À elles de convaincre que leurs valeurs sont meilleures, de séduire et d'attirer les consciences, sans chercher à pallier leur échec par la contrainte. Privatiser le sexe, cela ne signifie pas l'enfermer. Cela veut dire que l'État ne se prononce pas et laisse à la morale le soin d'établir des normes. Car il n'y a pas vraiment de morale si c'est l'État qui impose par la force les valeurs. La morale n'existe que si chacun est obligé de définir lui-même son propre style de vie et de convaincre les autres de le faire. De même que, dans notre société actuelle, bien des choses ne sont pas interdites, mais « ne se font pas », et de même que ceux qui transgressent ces normes implicites, diffuses, n'acquièrent rien d'autre qu'une mauvaise réputation, de même ici, à Postsexopolis, l'espace public est un champ où les valeurs érotiques se rencontrent, se mettent à l'épreuve, changent éventuellement. Il y a certes des normes, mais elles sont *sociales,* et non juridiques. J'explique à mon cher et innocent Érophile que ce qui différencie Postsexopolis des autres États occidentaux est qu'ici on a renoncé à « gouverner le sexe », c'est-à-dire à établir des règles juridiques, donc univoques et contraignantes, sur la sexualité en tant que telle, que ce soit pour punir ou pour donner des droits.

« Hum... je comprends, dit Érophile, vous voulez dire qu'avoir des droits sexuels, c'est aussi avoir le droit de réaliser des actes sexuels avec un partenaire consentant sans que personne puisse vous en empêcher, et que les lois sur la "vie privée" sont en fait une manière indirecte de limiter les droits sexuels. » Érophile a du mal à se séparer de ses idées « sexualistes ». En fait, à Postsexopolis, on ne considère pas que les gens ont des « droits sexuels », et ce n'est pas pour cela qu'on s'interdit de les empêcher d'avoir des rapports avec des tiers consentants même si c'est à la vue et au su de tout le monde. C'est parce qu'on considère précisément qu'il n'y a pas de différence *légale* entre le sexuel et le reste. Il se peut que certains vivent le simple spectacle de rapports génitaux comme un rapport sexuel dont ils seraient eux-mêmes partie prenante, mais cela les regarde. Je lui apprends que beaucoup de passants ne perçoivent plus du tout ces petits groupes comme s'adonnant à des activités sexuelles. Ils ne voient pas la différence entre eux et les amoureux des bancs publics se dévisageant avec désir. Ils savent très bien que certains de ceux qui sont assis là-bas au café et qui observent leurs semblables sont en train eux aussi de mettre en œuvre à leur manière une technique érotique. Je lui montre d'ailleurs une jeune fille à l'air bien sage, adossée au mur râpeux du bâtiment principal, qui y trouve manifestement des plaisirs très intenses.

Nous prenons une rue adjacente, et nous trouvons un grand magasin qui a l'air agréablement climatisé. Nous entrons et là, nous découvrons des hommes et des femmes qui, voyant notre air soucieux et nos sourcils froncés, nous proposent de nous changer les idées en achetant les « services érotiques » de la maison. Érophile s'exclame : « Ah ! nous sommes dans un *Eros center*. Voilà qui ne me dépayse pas trop ! Je vois que la société postsexuelle a elle aussi ses travailleurs du sexe. » Mais quelle n'est pas sa surprise quand il découvre, parmi les divers programmes proposés sur la brochure, ceux d'un salon de coiffure, d'un théâtre d'ombres, d'une parfumerie, d'une compagnie de danse, d'un groupe de psychanalystes, d'un atelier de littérature, et encore des séances de bricolage, de couture, de « matériologie », de gymnastique et même un atelier étrange d'« initiation aux silences » dans la « chambre insonorisée »...

Je lui apprends qu'il n'y a pas de catégorie spéciale de « travailleurs du sexe » et que si, au départ, il existait un syndicat du travail sexuel, celui-ci a d'abord fusionné avec celui des masseurs, puis s'est ouvert aux coiffeurs et aux pratiquants du *body-art*, avant que les psychanalystes mais aussi tant d'autres souhaitent y adhérer et que, finalement, il a fallu le scinder en plusieurs branches. De sorte qu'il n'existe plus vraiment d'institution portant exclusivement sur le travail sexuel, parce que, dans le fond, chacun sait que personne n'est d'accord sur le sens qu'il faut donner à ce mot « sexuel », qu'on ne saurait le faire sans forcer les choses.

Chacun dans ce pays se fait lui-même son idée sur ce qui est sexuel ou non, et nombreux sont ceux qui ne se posent plus la question. En revanche, chaque « centre d'érotisme » incarne une certaine « culture érotique », c'est-à-dire une certaine manière d'agencer les plaisirs variés, de trouver du plaisir dans ces agencements mêmes. Ils rivalisent tous d'imagination pour proposer les assemblages de services les plus divers. Celui dans lequel nous nous trouvons est particulièrement à la mode. Il inclut un grand supermarché dans lequel on peut faire semblant de voler des produits. Mais il met aussi à disposition des machines neurologiques toutes nouvelles qui activent différentes zones du cerveau pour créer des « symphonies érotiques » où se mêlent les aspects les plus divers de la vie humaine, et qui sont activées par des « *DJ* » réputés qui inventent ainsi comme des partitions de sensations et de plaisirs. Quant à ce qu'Érophile appelle les « services sexuels », c'est-à-dire ceux qui mettent en cause des organes génitaux, ils peuvent être inclus dans des contrats très divers :

Sylvie Fleury, *Sans titre*, 1992 et *Plaisirs*, 1996.

de mariage, de cohabitation, de voisinage, d'hôtellerie... Ils sont à chaque fois spécifiés avec précision dans le contrat. On nous apprend par ailleurs que nous avons à notre disposition un centre de « formation aux arts érotiques », et que beaucoup de gens viennent y apprendre des techniques nouvelles.

La plupart de ceux qu'on appelait jadis « prostitués » sont aujourd'hui des professeurs. On nous dit aussi que les clients qui viennent ici ne cherchent pas à combler un manque, mais plutôt à découvrir de nouvelles choses, comme ils vont au cinéma ou aux défilés de mode. Le centre a par ailleurs ouvert un endroit nommé le « Labyrinthe », qui est gratuit, dans lequel les gens viennent faire des rencontres érotiques à n'importe quelle heure de la journée. On y trouve autant de femmes que d'hommes et bien d'autres êtres humains qu'on ne saurait ranger dans aucune de ces deux catégories.

« Mais tout de même, insiste Érophile, ce n'est pas très démocratique. Et ceux qui n'ont ni capacité de séduction, ni argent, ne risquent-ils pas de se trouver d'autant plus frustrés qu'ils sont soumis à plus de tentations ? Ces gens ont au moins, je l'espère, une "assurance sexuelle", une sorte de mutuelle ? »

Je lui réponds que non, qu'on n'a pas voulu que « le sexe » soit considéré comme un besoin plus fondamental que les autres, mais qu'en revanche, parce qu'on ne trouve pas très aimable de soumettre les gens les plus démunis à la tentation de voler des produits de consommation courante, on a mis en place des mécanismes de redistribution assez efficaces, bien qu'ils ne soient, bien sûr, pas complètement satisfaisants. Avec cet argent, les gens peuvent acheter ce qu'ils veulent : des vacances à la mer, des services « sexuels », des livres dans lesquels on rêve d'une société sexuelle et répressive...

Érophile a désormais compris : « J'imagine qu'ils ont aussi supprimé de la loi pénale toute référence au sexe. Mais comment font-ils alors pour punir les crimes et les délits sexuels ? On n'a quand même pas imaginé des crimes et délits "érotiques"... » Je lui explique qu'en effet on ne parle plus ici d'infractions « sexuelles » : ce que nous considérons comme tel tombe désormais sous le chapitre des atteintes à l'intégrité physique des personnes, c'est-à-dire des violences. Quant à ce que nous appelons « harcèlement sexuel », il entre dans une nouvelle qualification, nommée « abus de pouvoir », dans laquelle on trouve toutes sortes d'autres abus, et qu'on qualifie en fonction des chantages exercés par une personne en position d'autorité.

Pour les violences physiques, on ne se fonde pas sur les significations sexuelles que l'agresseur ou sa victime associent ou non à l'acte : on ne tient compte que des faits observables. Il y a des violences mineures : on n'y fait guère la différence entre tripoter avec insistance les oreilles d'un de ses semblables, lui mettre la main aux fesses ou lui donner une gifle. Elles sont punies d'une contravention. Il y a des violences plus sérieuses, celles dont le Code pénal français donne la mesure en disant qu'elles ont « entraîné une incapacité totale de travail de plus de huit jours » et qu'il punit d'une peine pouvant aller jusqu'à trois ans d'emprisonnement et 45 000 euros d'amende : les législateurs de Postsexopolis ont repris le même article, et c'est dans ce cadre que ce que nous appelons « viol » est sanctionné. On ne fait plus de différence entre le fait de perforer le bras d'un autre avec une aiguille, d'enfoncer un entonnoir dans la gorge de quelqu'un pour lui faire avaler de force quelque chose, de pénétrer une femme par la voie vaginale ou de sodomiser qui que ce soit. Les gens « modernes », qui s'indignaient qu'on ne considère jadis comme viol que le vieux coït hétérosexuel, se sont sentis satisfaits, mais un peu perplexes : on met en effet sur le même plan toutes les techniques sexuelles, mais uniquement parce qu'on les met aussi sur le même plan que toutes les manières de s'en prendre au corps d'autrui contre son consentement. Il y a enfin des violences très graves, qui constituent des atteintes à la vie des personnes, comme les viols suivis ou accompagnés d'une tentative de meurtre : ils sont sanctionnés en conséquence sans que la dimension sexuelle n'ait le moins du monde à interférer.

Quant aux preuves, les tribunaux sont très stricts. Si on n'a que la parole de la victime, on ne peut que classer l'affaire. Érophile trouve cela révoltant : « Mais enfin, ça veut dire qu'il faut se faire tabasser en plus d'avoir été violé ? » Je lui réponds que les innocents qu'on risque de mettre en prison en procédant autrement se feront eux aussi frapper et brutaliser dans leurs cellules, qu'il vaut mieux laisser quelques coupables en liberté que de mettre de nombreux innocents en prison. Donc ce qui importe, c'est qu'il y ait des preuves précises permettant de montrer que le rapport sexuel a été obtenu par la violence. On ne juge pas d'ailleurs de la même manière des actes qui engagent des partenaires habituels et ceux qui brutalisent des inconnus la nuit dans un parking sous la menace d'un couteau. En effet, dans le premier cas, en l'absence de toute séquelle, il est difficile de prouver le non-consentement. Dans le second, on peut recueillir bien plus d'indices. Bref, le régime des preuves pour les violences qui touchent aux organes génitaux n'est pas différent de celui qu'on utilise pour toutes les autres violences.

J'essaie de convaincre Érophile que, si tout cela le choque, c'est parce qu'il accorde encore au fait sexuel comme tel une importance dramatique. Je lui rappelle qu'il arrive bien souvent qu'on ne puisse prouver un vol, sans que cela suscite l'indignation générale. Or, à Postsexopolis, la loi pénale refuse de se prononcer sur la valeur des choses de la « sexualité » en tant que telle, afin de laisser chacun donner sens à ces événements de la façon dont son histoire ou sa culture propre l'y conduisent. Ici, on dit simplement qu'il faut faire un peu attention : comme on ne sort pas avec une rivière de diamants pour aller dans le métro à minuit, on doit éviter de se retrouver dans des situations risquées. Au demeurant, il y a bien peu de brutes sexuelles à Postsexopolis, car on ne vit pas le rapport érotique comme une chasse où les membres d'un sexe sont censés attraper ceux de l'autre.

C'est « au civil » qu'on tient compte de la manière dont chacun définit la « sexualité » et de la valeur différente qu'il donne à certaines atteintes à son corps. C'est là en effet que la notion de « dommage » de la personne qui a été reconnue victime a un sens, et exclusivement là. Nous lisons ensemble la jurisprudence : on a accordé des indemnités très substantielles à une femme qui, après avoir été grossièrement pelotée dans un bus, a développé une phobie des transports en commun qui a beaucoup nui à sa vie professionnelle, ainsi qu'à un homme qui s'était fait sodomiser alors qu'on avait montré (en exhibant les archives de son centre d'érotisme préféré) qu'il aimait se prendre pour un Clint Eastwood machiste et exclusivement hétérosexuel et qu'il avait développé ensuite un très lourd sentiment de dépréciation personnelle. On a même dédommagé de manière significative une jeune fille anorexique que son père exaspéré avait brutalement forcée à avaler une quantité considérable de croissants au beurre. Il est vrai que les tribunaux se montrent très fluctuants dans leurs évaluations, mais on trouve que cela n'est pas trop grave, dans la mesure où ça ne concerne pas directement la liberté des personnes et où chacun a le droit de prendre des assurances pour les fautes qu'il commet, comme on le fait dans les domaines immobilier et médical.

Jean-Philippe Charbonnier, *La Piscine d'Arles*, 1975.

« Mais les mineurs ? », demande Érophile, un peu inquiet. Tout d'abord, il faut dire qu'il n'y a pas de minorité sexuelle : à Postsexopolis, ce n'est pas la loi qui vient dire quand un individu est « sexuellement majeur ». La majorité civile est fixée à seize ans et elle vaut dans tous les domaines. Comme dans toutes les législations des pays civilisés, les délits et les crimes commis sur des mineurs sont aggravés. Donc si les enfants ne sont pas consentants, il n'y a pas vraiment de problème juridique : il s'agit d'une violence aggravée. De même, les pénétrations génitales ou anales sur des enfants impubères sont automatiquement considérées comme des violences, que l'enfant se prétende « consentant » ou non : question d'anatomie. Cependant, ce n'est pas la loi qui décide de la puberté ; celle-ci fait, au cas par cas, l'objet d'une expertise, et il n'est guère difficile pour les médecins de se prononcer sur des critères physiologiques. Le vrai problème, c'est qu'un mineur de moins de seize ans n'est pas censé pouvoir consentir à n'importe quoi comme peut le faire un adulte. À Postsexopolis, comme dans la France d'aujourd'hui, il ne peut pas consentir notamment à céder ses droits patrimoniaux. S'il se retrouve détenteur d'un héritage avant sa majorité, ses tuteurs légaux sont censés gérer ses intérêts sous le contrôle d'un juge. Pour les activités de la vie ordinaire, comme le fait d'avoir des rapports « sexuels » avec des tiers, mais aussi de pratiquer une religion, de choisir un certain cursus scolaire, de fréquenter certaines personnes ou certains lieux, de se faire des tatouages indélébiles ou des *piercings,* le consentement du mineur peut faire l'objet d'une évaluation. Autrement dit, un mineur peut se dire consentant, sans que cela empêche qu'on considère qu'il a agi sous la contrainte.

À Postsexopolis, il existe une instance chargée de veiller aux droits personnels des mineurs et des incapables majeurs (autrement dit des handicapés mentaux). Les parents, mais aussi l'enfant lui-même et n'importe quelle personne en rapport avec le mineur, peuvent la saisir. Elle a pour mission de vérifier que le consentement du mineur n'est pas vicié, qu'il n'a pas fait l'objet d'un abus d'autorité, de pressions malveillantes, qu'on a bien agi dans le meilleur intérêt de l'enfant. On est particulièrement attentif aux « maltraitances » de toutes sortes que les parents peuvent imposer à leurs enfants, et d'une manière générale on se méfie plus des personnes qui sont susceptibles d'avoir un ascendant quelconque sur lui que du premier inconnu qui passe. Cela vaut d'ailleurs pour les parents qui empêchent leurs enfants de faire certaines choses, qu'il s'agisse d'avoir une vie érotique, de suivre des cours de karaté ou d'aller au concert. Les tribunaux ont ainsi condamné un beau-père vieillissant qui avait imposé à sa belle-fille des fellations et des attouchements répétés à force de chantage affectif et de menaces, mais aussi des parents qui empêchaient leurs enfants de participer à la moindre activité extrafamiliale au point qu'ils semblaient séquestrés. Ce qu'on craint par-dessus tout, c'est le sentiment d'oppression, d'enfermement et en somme d'exploitation que peut ressentir un enfant dans ce genre de situation, et d'autant plus sans doute que l'intimité de son corps est envahie.

Quand on soupçonne qu'un enfant est victime de pressions constantes de la part d'un membre de sa famille pour lui extirper des services corporels ou lui imposer des restrictions qui lui sont pénibles et qui ne sauraient se justifier par le souci éducatif ou « l'intérêt de l'enfant », on ne se précipite pas pour l'isoler immédiatement en se demandant ensuite ce qu'il peut y avoir de fondé dans ces soupçons. On enquête soigneusement et discrètement. Il arrive par exemple que le juge autorise la police à mettre en place un système de surveillance avec des caméras cachées et des écoutes, quand il s'agit de la seule manière de vérifier les soupçons et d'obtenir des preuves indubitables. On prend ici comme ailleurs bien soin d'établir les faits.

Enfin, lorsque ce genre de choses arrive, on ne cherche pas à victimiser davantage les victimes, on ne croit pas nécessaire de dramatiser excessivement leur expérience et encore moins d'essayer de leur faire « comprendre » la « gravité » insondable de ce qu'ils ont vécu. On ne pense pas non plus que la sanction soit une bonne chose en tant que telle pour la victime. On dispose d'un grand nombre de dispositifs de médiation et de soutien moral, qui visent à redonner à l'enfant la confiance en lui-même s'il l'a perdue, le sens de son autonomie s'il a été altéré, qui s'efforcent aussi de comprendre ce qui s'est passé en prenant en compte l'ensemble du contexte familial et non pas en faisant du coupable une sorte de monstre dévoré de passions obscures et solitaires, qui permettent enfin d'instaurer un dialogue entre la jeune victime et ses parents afin qu'elle puisse leur faire reconnaître ses griefs, négocier avec eux sa propre histoire, avoir le sentiment que son point de vue a été pris en considération. Mais tout cela n'a rien à voir avec un traitement pénal. La psychologie a d'autant plus de place à Postsexopolis qu'on n'a pas un scénario uniforme déjà prêt pour tout le monde, mais qu'on prend en compte chaque situation, et qu'on ne confond pas l'intervention psychologique avec la justice ou la vengeance. D'ailleurs, lorsqu'il arrive qu'un enfant porte des accusations qui s'avèrent sans fondement dans les faits, on ne considère pas que les pouvoirs publics soient quittes pour autant : on s'efforce de voir ce qui, dans la situation, peut provoquer ce genre de choses, et comment on peut y remédier.

De toute manière, l'ensemble du traitement pénal va bientôt être révisé à Postsexopolis, parce qu'on a décidé d'abolir les peines de prison pour toutes les infractions. On va leur substituer des peines de travaux d'intérêt général et des dédommagements plus importants aux victimes. On a compris que la prison était brutale et inutile et qu'il fallait que la peine soit l'occasion de produire des choses positives pour la société et les victimes, plutôt que les profits symboliques et barbares que donne la vengeance. On sera ainsi « condamné » à la production et à la maximisation des richesses et des jouissances collectives, et non pas à cette soustraction pure et simple qu'est la prison.

« Et pour le sida, demande Érophile, comment font-ils pour enrayer ce virus si malin ? Toute cette licence n'a-t-elle pas provoqué une explosion de l'épidémie ? Comment se passer de la notion de sexualité pour mettre en œuvre des campagnes efficaces ?

– Rien de plus simple, lui réponds-je avec assurance. La contamination par le virus du sida n'a rien à voir avec ce que tu appelles sexuel, mon cher Érophile : elle se fait par le contact de liquides qui sont le sperme, les sécrétions vaginales et le sang, qui passent par des organes bien déterminés, qui sont le vagin, l'anus, la verge et la bouche. À Postsexopolis, elle est assimilée à une transfusion plus qu'à un acte sexuel, et on a donc moins tendance à mêler les savoirs scientifiques sur les substances et les organes aux représentations émotionnelles ou érotiques que produisent les corps et les personnes. De plus, comme l'usage des organes génitaux n'est pas séparé dans quelque recoin obscur de l'espace et de la conscience, mais intégré au reste de la vie, il n'est pas très difficile d'avoir une approche rationnelle du risque en la matière. Enfin, on ne fait pas particulièrement de l'acte dit « sexuel » un témoignage d'amour ou d'affectivité. Les pouvoirs publics procèdent donc à des campagnes extrêmement agressives et détaillées où ils montrent très précisément comment on se contamine, quels effets dramatiques le virus produit et comment s'en protéger. »

Je lui explique ainsi que le préservatif est devenu un produit de consommation aussi courant et quotidien que la baguette pour les Français. Non seulement, bien sûr, on en trouve dans le moindre centre érotique, mais en plus tous les distributeurs de banque et toutes les cabines téléphoniques sont équipés de distributeurs de préservatifs. Il ne viendrait pas à l'esprit des fabricants de porte-clefs, de sacs à main ou de portefeuilles de ne pas prévoir la « poche à préservatifs » sur leur produit. Avoir un préservatif sur soi n'a rien de particulièrement significatif. On s'étonnerait plutôt d'apprendre que quelqu'un n'a jamais une boîte sur lui. Et comme on voit assez souvent dans la rue des gens mettre leur préservatif, ce geste s'impose comme une habitude et une norme toute simple. Serait franchement bizarre celui qui voudrait ne pas en mettre. On apprend aux enfants comment l'utiliser dès avant la puberté, et l'école réserve pour les jeunes des ateliers de travaux pratiques. De plus, comme à Postsexopolis on associe beaucoup les plaisirs aux artifices et aux artefacts les plus divers, on ne risque pas vraiment d'être dupe de l'idée que le coït non protégé serait plus pur, plus naturel, plus franc, que celui qui met entre les chairs un petit bout de plastique anodin et salutaire. Au contraire, les fabricants de préservatifs rivalisent d'inventivité et font parfois appel à des éro-designers très renommés pour améliorer leurs produits. Il en est de si fins qu'on ne les sent guère, mais ce ne sont pas les plus appréciés. La plupart des gens préfèrent ceux qui maximisent le plaisir, comme des caisses de résonance pour les instruments de musique, en modifiant soit la taille, soit la texture, soit les vibrations. La mode est autant aux « vêtements intelligents » qu'aux « préservatifs

Katsu Aki, *Step Up Love Story 3*, Senpai.

intelligents », chefs-d'œuvre de nanotechnologie dans lesquels l'État a beaucoup investi. Même les personnes qui sont ensemble depuis longtemps en utilisent systématiquement, à la fois par prudence (parce qu'ils ne veulent pas courir de risques ou en faire courir), par habitude et par goût. Même pour faire des enfants, beaucoup préfèrent avoir recours à une insémination artificielle. Certains se demandent si, le jour où on inventera un vaccin contre ce terrible virus, on trouvera vraiment quelques individus isolés pour abandonner le préservatif, tant les Postsexopoliens sont attachés à ces membranes magiques. Entre-temps, le nombre des personnes atteintes est devenu pratiquement inexistant.

Ce qui n'empêche pas l'État de financer intensément la recherche d'un vaccin et de médicaments. Car les habitants de Postsexopolis savent que les étrangers sont pour eux une richesse, et se désolent d'en voir beaucoup arriver malades. Ils ont voté, il y a déjà bien longtemps, une loi qui en fait l'unique pays riche à réserver un pourcentage considérable des revenus de son industrie pharmaceutique à la fabrication de médicaments génériques contre le sida qui sont distribués gratuitement aux millions de gens atteints dans le monde. Il ne viendrait pas à l'esprit des industriels de chercher à échapper à cette obligation en délocalisant leurs industries, pour au moins deux raisons toutes simples : beaucoup de chercheurs, de savants, de travailleurs qualifiés, et même de patrons, préfèrent vivre à Postsexopolis, et par ailleurs les Postsexopoliens adorent consommer toutes sortes de substances chimiques intéressantes, leur fournissant ainsi un marché considérable, dont ces entreprises seraient bien folles de se passer.

D'ailleurs, Postsexopolis est riche, très riche. Car la fin de l'âge du Sexe (pour les archéologues postsexopoliens, en effet, notre civilisation s'inscrit dans la séquence qui a vu se succéder les âges de la Pierre, du Bronze, du Fer, etc.) a ouvert un champ immense à l'imagination humaine pour l'invention de nouveaux plaisirs. Ce fut une révolution aussi considérable que celles qui ont fait passer de l'agriculture à l'industrie, puis de l'industrie aux services. S'est développé un nouveau secteur, le secteur quaternaire, dans lequel travaille déjà près de 60 % de la population, qui se consacre précisément à ce domaine difficilement définissable des « jouissances ». Ce ne sont ni tout à fait des biens, ni tout à fait des services, ni tout à fait des idées, car ce peut être tout cela à la fois. Ce sont comme des sensations séparées de ce qui les porte : ainsi, un parfum peut être un liquide odorant produit de manière synthétique, mais ce peut être aussi l'émanation singulière d'une peau et, depuis qu'on a mis au point les synthétiseurs virtuels, ce sont aussi des logiciels. Les Postsexopoliens sont des producteurs et des consommateurs de jouissances. Il y a toute une économie dans laquelle ce que chacun gagne en participant à la production d'une certaine forme de jouissance, il le dépense dans la consommation d'une autre, imaginée et offerte par d'autres. Sur cette voie, ils sont sûrs de trouver toujours de quoi travailler, car la jouissance se nourrit, comme le savait le grand Charles Fourier (qui est un des rares penseurs de l'âge du Sexe à qui les philosophes de Postsexopolis s'entendent pour vouer un culte particulier), de la variété.

« Je suppose, dit Érophile, qu'à Postsexopolis le sexe n'a rien à voir avec la procréation. » En effet : quelle que soit la technique utilisée, qu'il s'agisse du coït hétérosexuel fécond ou d'une autre, on considère que les enfants naissent de la volonté d'un, de deux voire de plusieurs individus qui en sont considérés comme les « auteurs ». Ils peuvent n'avoir pas fourni la moindre gamète, avoir eu recours à des mères porteuses, ou même à une de ces « machines à faire la vie » que les biotechniciens de Postsexopolis ont mises au point et qui permettent à un embryon de se développer ailleurs que dans le ventre d'une femme – ils n'en seront pas moins considérés comme les auteurs, parce que c'est eux qui ont voulu l'enfant. D'ailleurs, on ne postule pas *a priori* qu'il est dans l'intérêt de l'enfant de vivre toute son enfance avec ses « auteurs ». L'adoption est la forme de la filiation la plus prisée et le modèle de toutes les autres, car on pense que la parenté ne peut jamais reposer que sur la volonté. Un grand nombre de gens préfèrent d'ailleurs avoir des enfants individuellement. D'autres vivent en collectivité. D'une manière générale, il y a une grande diversité des formes familiales.

C'est ainsi qu'on a mis fin aux distinctions (qui existent encore dans notre droit français) entre les hommes et les femmes. Du point de vue de l'état civil et des droits de chacun, il n'y a plus deux sexes à Postsexopolis. On estime en effet que ce qui différencie les hommes des femmes du point de vue biologique, c'est-à-dire le fait que ce soient les femmes qui portent les enfants (sauf lorsqu'on préfère transférer la grossesse vers des machines, ce qui par ailleurs ne plaît pas à tout le monde) n'est pas en soi une raison pour donner à chaque sexe des

Nan Goldin, *Pique-nique sur l'esplanade*, Boston, 1973.

droits différents. La grossesse est conçue comme un moyen technique pour faire naître des enfants et elle ne donne pas des droits exorbitants aux femmes au détriment des hommes. Inversement, le soin des enfants en bas âge n'est pas confié d'une manière exclusive ni même prioritaire aux femmes, et celles-ci n'ont plus à se faire charge de la reproduction biologique et sociale. À Postsexopolis, il y a des centres pour prendre soin des enfants, qui fonctionnent vingt-quatre heures sur vingt-quatre et douze mois sur douze. Les parents s'en occupent aux rythmes qu'ils choisissent et personne ne vient leur dire qu'il faut passer plus ou moins de temps avec eux. La reproduction est très largement socialisée, non pas de force et au détriment des parents, mais selon leurs souhaits.

Cela a permis à l'égalité économique entre les hommes et les femmes de faire un bond définitif. On a dès lors renoncé à appliquer les mesures antidiscriminatoires qu'on avait mises en place dans un premier temps, parce que, dit on, celles-ci n'étaient que le moyen qu'on avait trouvé dans le passé pour combler les écarts produits par le poids de la reproduction sur les femmes. Grâce à la fin de ces inégalités en matière de reproduction, grâce à la fin des distinctions entre les

hommes et les femmes du point de vue juridique, à Postsexopolis se sont développées beaucoup de manières d'être des sujets sexués. Mais nul ne dit qu'il y a plus de cinq sexes à Postsexpolis, comme Lawrence Durrell le disait d'Alexandrie[106], car l'idée même de les compter semble absurde. De toute manière, les gens ne s'attardent pas trop sur ces affaires d'« identités » qui étaient le propre des sociétés qui différenciaient les genres masculin et féminin. Au fond, cela aussi est une affaire privée, et les militants des identités sexuelles multiples, les *queers*, sont restés assez rapidement sans grande audience.

Érophile est pris d'une sorte de vertige. Postsexopolis tourne autour de lui d'une manière de plus en plus angoissante. Il veut maintenant repartir en direction de son café d'Amsterdam, dans lequel il se sent plus à l'aise que dans ce monde confus à force d'être si clair. Mais, en partant, il prend avec lui une photocopie de la Constitution de ce pays ainsi que le livre d'un historien qui décrit sans grande pompe les transformations introduites par la révolution postsexuelle. Il me dit, d'un air troublé, un peu méfiant, qu'il va y réfléchir...

Sculpture de Gustav Vigeland, Frogner Park, Oslo (photographie de Hakkon Marfeeder).

106 « Que contient et résume ce mot : Alexandrie ? [...] Cinq races, cinq langues, une douzaine de religions ; cinq flottes croisant dans les eaux grasses de son port. Mais il y a plus de cinq sexes... », Lawrence Durrell, *Le Quatuor d'Alexandrie* (1957-1960), trad. de l'anglais par R. Giroux, LGF, « Classiques modernes », 1992, p. 24.

TEXTES CHOISIS

Charles Fourier (1772-1837)

Utopie amoureuse

Dans le monde d'aujourd'hui, la sexualité semble devoir se racheter par l'amour et non plus par le mariage. Mais n'est-ce pas une manière de porter tort à l'amour que d'en faire, par cette déconsidération de la sexualité pure, une justification de nos pulsions ? L'instabilité des couples d'aujourd'hui n'est-elle pas le résultat de cette terrible imposture ? L'amour sera-t-il tout autre chose dans Postsexopolis, une expérience absolument inédite ?

Nos savants ont traité l'amour matériel comme un torrent dont on essayerait de barrer le lit sous prétexte qu'il est dévastateur. Qu'arriverait-il ? le torrent entravé se jetterait au travers des campagnes et ravagerait dix fois plus de terrain qu'il n'en eût occupé dans un lit suffisant, ainsi en proscrivant l'essor légal et l'emploi social de l'amour matériel, soit par le concubinage, soit par d'autres voies, on a quadruplé son influence et rompu toute proportion, on a réduit le sentimental en vil esclave qui n'intervient que pour servir de masque, admirable opération de nos entrepreneurs de perfectibilité qui, avec leurs grands mots de balance, contrepoids, garantie, équilibre, ont produit en amour comme en politique l'absurdité universelle.

[...]

Quand une femme sera bien pourvue de tout le nécessaire amoureux, exerçant en pleine liberté et variété bien assortie en athlètes matériels, en orgies et bacchanales, tant simples que composées, alors elle pourra trouver dans son âme une ample réserve pour les illusions sentimentales dont elle ménagera plusieurs scènes et liaisons très raffinées et contrebalancer les jouissances matérielles.

Dira-t-on qu'elle n'aura pas grand mérite et que cela lui sera bien facile, quand elle aura tout cet attirail de voluptés sensuelles, mais il reste que l'exercice du sentiment trouve beaucoup d'obstacles à surmonter ; le problème est d'en assurer le règne, de lui donner tout le relief possible et d'égaler son influence à celle du plaisir matériel et tel sera l'effet de l'harmonie où le sentiment brillera parce qu'il sera en juste balance avec l'amour sensuel.

Tandis que dans notre perfide civilisation où l'on veut rompre l'équilibre, élever le sentiment au rôle supérieur, il est secrètement dédaigné et bafoué de tout le monde et il expose à toutes sortes de disgrâces le peu d'apôtres sincères qu'il joint à sa bannière.

Le Nouveau Monde amoureux (1816, publié à titre posthume en 1967).

Gilles Deleuze (1925-1995) et Félix Guattari (1930-1992)

Le désir n'est ni psychologique ni personnel, il est à machiner dans le monde et avec le monde

L'inconscient ne pose aucun problème de sens, mais uniquement des problèmes d'usage. La question du désir est non pas « qu'est-ce que ça veut dire ? », mais *comment ça marche*. Comment fonctionnent-elles, les machines désirantes, les tiennes, les miennes, avec quels ratés faisant partie de leur usage, comment passent-elles d'un corps à un autre, comment s'accrochent-elles sur le corps sans organes, comment confrontent-elles leur régime aux machines sociales ? Un rouage docile se graisse, ou au contraire une machine infernale se prépare. Quelles connexions, quelles disjonctions, quelles conjonctions, quel est l'usage des synthèses ? Ça ne représente rien, mais ça produit, ça ne veut rien dire, mais ça fonctionne. C'est dans l'écroulement général de la question « qu'est-ce que ça veut dire ? » que le désir fait son entrée. [...]

Il y a une thèse à laquelle Freud tient beaucoup : la libido n'investit le champ social en tant que tel qu'à condition de se désexualiser et de se sublimer. S'il y tient tellement, c'est parce qu'il veut d'abord maintenir la sexualité dans le cadre étroit de Narcisse et d'Œdipe, du moi et de la famille. Dès lors, tout investissement libidinal sexuel de dimension sociale lui paraît témoigner d'un état pathogène [...]. Nous avons vu au contraire que ce que la libido investissait, à travers les amours et la sexualité, c'était le champ social lui-même dans ses déterminations économiques, politiques, historiques, raciales, culturelles, etc. : la libido ne cesse de délirer l'Histoire, les continents, les royaumes, les races, les cultures. Non pas qu'il convienne de mettre des représentations historiques à la place des représentations familiales de l'inconscient freudien, ou même des archétypes d'un inconscient collectif. Il s'agit seulement de constater que nos choix amoureux sont à la croisée de « vibrations », c'est-à-dire expriment des connexions, des disjonctions, des conjonctions de flux qui traversent une société, y entrent et en sortent, la reliant à d'autres sociétés, antiques ou contemporaines, lointaines ou disparues, mortes ou à naître, Afriques et Orients, toujours par le fil souterrain de la libido. Non pas des figures ou des statues géo-historiques, encore que notre apprentissage se fasse plus volontiers avec elles, avec des livres, des histoires, des reproductions, qu'avec notre maman. Mais des flux et des codes de socius qui ne figurent rien, qui *désignent* seulement des zones d'intensité libidinale sur le corps sans organes, et qui se trouvent émis, captés, interceptés par l'être que nous sommes alors déterminés à aimer, tel un point-signe, un point singulier dans tout le réseau du corps intensif qui répond à l'Histoire, qui vibre avec elle.

L'Anti-Œdipe, éditions de Minuit, 1972.

Charles Fourier (1772-1837)

Les mathématiques de l'amour

Peut-on appliquer le calcul mathématique à l'amour ? Rien de plus contraire à ce sentiment océanique, rétorquerez-vous à Fourier. Et pourtant, cette idée peut valoir comme métaphore d'une organisation de la sexualité et de l'amour plus rationnelle que la nôtre, ouvrant paradoxalement la possibilité d'une plus grande authenticité et d'un plus grand raffinement dans les sentiments.

Valère a du goût pour une science fort inconnue en Civilisation, l'algèbre d'amour, ou calcul des sympathies accidentelles en amour ; c'est l'art d'assortir passionnément une masse d'hommes et une masse de femmes qui ne se sont jamais vus ; faire en sorte que chacun des cent hommes discerne d'emblée celle des cent femmes pour qui il éprouvera amour composé, convenance parfaite des sens et de l'âme, sympathie de circonstance en rapports de caractère et en fantaisies accidentelles. Cette science exige une longue pratique jointe à la théorie. Urgèle qui est la plus experte des sympathistes du pays, instruit Valère ; c'est sur elle qu'il fonde son espoir de succès dans ce genre de science, voire de célébrité et de fortune en régime sociétaire.

Vers la liberté en amour, textes choisis et présentés par D. Guérin, Gallimard, 1975.

Michel Foucault (1926-1984)

Il faut jouer la sexualité contre elle-même : la perversion est notre condition et notre salut

Foucault, en stratège raffiné, propose d'utiliser cette érotisation généralisée qui accompagne les sociétés perverses, précisément pour la retourner contre l'instance du Sexe, c'est-à-dire contre cette tentative qui veut la reconduire à une seule et même substance sous-jacente. On découvrira alors le vaste plan horizontal et sans relief que font ensemble tous les plaisirs à la surface des corps…

Donc, ne pas référer à l'instance du sexe une histoire de la sexualité ; mais montrer comment « le sexe » est sous la dépendance historique de la sexualité. Ne pas placer le sexe du côté du réel, et la sexualité du côté des idées confuses et des illusions ; la sexualité est une figure historique très réelle, et c'est elle qui a suscité comme élément spéculatif, nécessaire à son fonctionnement, la notion du sexe. Ne pas croire qu'en disant oui au sexe, on dit non au pouvoir ; on suit au contraire le fil du dispositif général de sexualité. C'est de l'instance du sexe qu'il faut s'affranchir si, par un retournement tactique des divers mécanismes de la sexualité, on veut faire valoir contre les prises du pouvoir, les corps, les plaisirs, les savoirs, dans leur multiplicité et leur possibilité de résistance. Contre le dispositif de sexualité, le point d'appui de la contre-attaque ne doit pas être le sexe-désir, mais les corps et les plaisirs.

Histoire de la sexualité, t. I : *La Volonté de savoir*, Gallimard, 1976.

Friedrich Nietzsche (1844-1900)

Ambivalence de la volupté

Volupté : l'épine et l'écharde pour tous les contempteurs du corps en chemises de pénitents, maudite en tant que « monde » chez tous les adorateurs d'arrière-monde : car elle nargue et se moque de tous les professeurs d'embrouillamini.

Volupté : pour la canaille, le lent feu où on la brûle ; le four bouillonnant et ronflant prêt pour le bois vermoulu et les torchons puants.

Volupté : pour les cœurs libres, librement et innocemment, le bonheur champêtre de la terre, tout le trop-plein de reconnaissance de tout avenir dans le maintenant.

Volupté : un doux poison seulement pour ce qui est fané, mais pour ceux qui ont la volonté du lion, le grand cordial et le vin d'entre les vins, ménagé avec respect.

Volupté : le grand bonheur, image d'un bonheur plus haut et du suprême espoir. Car à beaucoup de choses le mariage est promis et plus encore que le mariage,

– à beaucoup de choses, plus étrangères entre elles que l'homme et la femme : – et qui a jamais compris *combien étrangers* l'homme et la femme sont l'un à l'autre !

Volupté : – pourtant je veux avoir des clôtures autour de mes pensées et aussi autour de mes paroles : pour que les porcs et les dilettantes ne fassent pas irruption dans mon jardin.

Ainsi parlait Zarathoustra (1886), trad. de l'allemand
par G.-A. Goldschmidt, LGF, 1983.

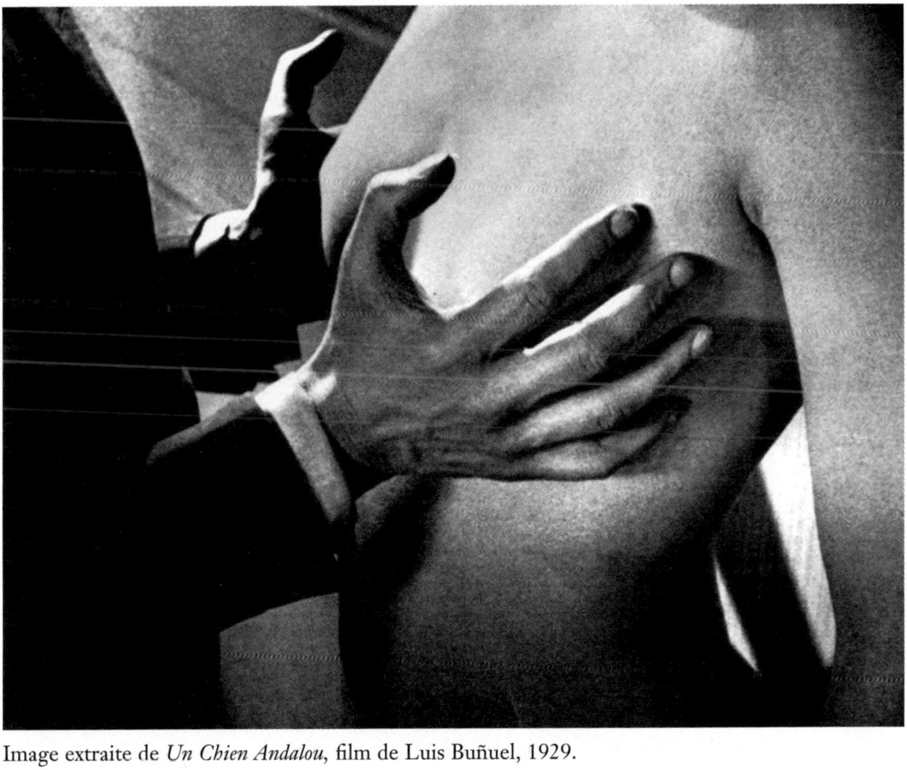

Image extraite de *Un Chien Andalou*, film de Luis Buñuel, 1929.

Mary Shelley (1797-1851)

Pour finir : Frankenstein, l'amour monstre

Le monstre Frankenstein demande à son constructeur de lui fabriquer une compagne, car tout le monde le rejette à cause de son inhumaine laideur. Le refus de son créateur l'entraînera dans une dérive meurtrière. Mais ce faisant, Mary Shelley ne décrit-elle pas la manière dont nous nous sentons tous à l'égard de l'amour ? L'amour n'a-t-il pas à voir avec ce sentiment de solitude glaciale que nous avons face à l'image monstrueuse de nous-mêmes que nous donne notre propre désir ?

Si un être quelconque éprouvait à mon égard une émotion bienveillante, je la rendrais multipliée au centuple ; pour l'amour de cette seule créature, je ferais la paix avec toute l'espèce humaine ! Mais je m'abandonne maintenant à des rêves de bonheur irréalisables. Ce que je vous demande est raisonnable et modéré ; je veux une créature d'un autre sexe, mais aussi hideuse que moi-même ; c'est là un don bien humble, mais c'est le seul que je puisse accepter, et je m'en contenterai. Il est vrai que nous serons des monstres séparés du monde entier ; mais nous n'en serons que plus attachés l'un à l'autre. Notre existence ne sera pas heureuse, mais elle sera innocente, et ma misère présente nous sera inconnue. Ah ! mon créateur, rends-moi heureux ; fais en sorte qu'un seul de tes bienfaits suscite ma reconnaissance ; rends visible à mes yeux la sympathie à mon égard d'une seule créature vivante ; ne me refuse pas ce que je te demande !

Frankenstein ou le Prométhée moderne (1818), trad. de l'anglais par G. d'Hangest, GF-Flammarion, 1979.

Jessica Lange dans *King Kong*, film de John Guillermin, 1976.

Index des noms cités

Les numéros en gras correspondent aux textes présentés dans l'ouvrage.

Albernhe (Thierry) 144
Antinori (Severino) 272
Assoun (Paul-Laurent) 144
Augustin (saint) 81, **205**
Barillon (Jacques) 153
Bataille (Georges) 49
Baudelaire (Charles) 31, **60**
Beauvoir (Simone de) 56-57, 88
Beccaria (Cesare Bonesana, marquis de) **167**
Beckett (Samuel) 88
Bensussan (Paul) 139, 141, 153, 163
Bentham (Jeremy) 132
Besançon (Julien) 36
Boccace (Giovanni Boccaccio, dit) 246, 247
Borges (Jorge Luis) 306
Boutin (Christine) 93
Breton (André) **173**
Brison (Susan) 288
Brisset (Jean-Pierre) 149
Brontë (Charlotte) 246
Broughton (Hugh) 199
Brown (Louise) 94
Bruck (Maggie) 165, 167
Bruguière (Jean-Michel) 82
Brunetière (Ferdinand) 280
Campagna (Norbert) 231
Ceci (Stephen J.) 165, 167
Céline (Louis-Ferdinand Destouches, dit) **271**
Chaperon (Sylvie) 88, 89
Charcot (Jean Martin) 208
Christina (Greta) 152, **170**
Coppola (Sofia) 189
Cros (Charles) **24**
Danet (Jean) 203
Dante (Durante Alighieri, dit) 199, 306
Danton (Georges Jacques) 133
Delay (Thierry et Myriam) 136, 140, 141
Deleuze (Gilles) **324**
Diogène Laërce 220
Diogène le Cynique 220
Dostoïevski (Fiodor) 159-160
Dumas (Alexandre) 147
Durrell (Lawrence) 322
Dutroux (Marc) 132
Dworkin (Andrea) 160
Eastwood (Clint) 314
Ehrenfels (V.) 63
Engels (Friedrich) 42
Éribon (Didier) 77
Evans (David T.) 301
Flaubert (Gustave) 176, **296**, 300
Foucault (Michel) 15, 36, 70, **201**, 284, 289, **293**, **326**
Fourier (Charles) 38-41, 304, **323**, **325**
François (Catherine) **249**
Freud (Sigmund) 7, 18, 41, 46-53, **61**, **62**, 143-144, 190-195, **208**, 304, 324
Gallimard (Gaston) 244-245
Giami (Alain) 13
Giscard d'Estaing (Valéry) 23
Godelier (Maurice) 51, 268
Groneman (Carol) 50
Gryson-Dejehansart (Marie-Christine) 143
Guattari (Félix) **324**
Guérin (Daniel) 39, 325
Guéry (Christian) **162**
Guibert (Hervé) **122**
Hacking (Ian) 146, 193
Hahn (Pierre) 203
Hall (Stanley) 20
Haskels (Molly) 66
Havelock Ellis (Henry) **19**, **20**, 48
Hirschfeld (Magnus) 49
Hite (Shere) 58-59, **65**
Hocquenghem (Guy) 203
Houellebecq (Michel) 13, **23**
Hussein (Saddam) 269
Huxley (Aldous) **270**
Jean-Paul II 97
Jones (Ernest) 7
Jones (Maggie) 187, **209**
Joyeux (Henri) 8-9
Kafka (Franz) **271**
Kant (Emmanuel) **108**
Kinsey (Alfred Charles) 49-50
Klossowski (Pierre) 229
Kollontaï (Alexandra) 45
Krafft-Ebing (Richard von) 30, 48, 50
Kriegel (Blandine) 226
Laclos (Pierre Choderlos de) 254
Laguiller (Arlette) 93
Lameyre (Xavier) 133, 147, 149

Landsberg (Paul-Louis) 135
Lawrence (David Herbert) 230, **246**
Lecomte (Claude) 148
Le Naour (Jean-Yves) 91
Lénine (Vladimir Ilitch Oulianov, dit) 45
Levine (Judith) 301
Lopez (Gérard) 189
Louis XIV 288
MacKinnon (Catharine A.) 160, 230, 232
Marx (Karl) 41-44, 46, 160, 238, 241
Mathieu (Lilian) 234
Maupassant (Guy de) **102**
Mauss (Marcel) 288
Merleau-Ponty (Maurice) **200**
Mill (John Stuart) **248**
Miller (Henry) 244
Millet (Catherine) 288, **291**
Montaigne (Michel Eyquem de) 38
Montesquieu (Charles-Louis de Secondat, baron de La Brède et de) 86, 281
Mossuz-Lavau (Janine) 32
Mourmand (François) 137
Nabokov (Vladimir) 191, **198**, 226
Naouri (Aldo) 267
Nathan (Debbie) 146, **164**
Nathan (Tobie) 56
Nietzsche (Friedrich) 53, **326**
Nivôse (Luc-Michel) 156
O. (Rachid) **204**
Ogien (Ruwen) 229
Ogino (Kyusaku) 7, 89
Olomucki (Hélène) 13
Orwell (George) **203**
Palacios (Marcela) 10
Paul (saint) 96, **100**
Pauvert (Jean-Jacques) **244**
Perben (Dominique) 147, 148, 293
Pereira (Acacio) 137
Pheterson (Gail) 234, 240
Picq (Françoise) 86
Pie XII 96
Pincus (Gregory Goodwin) 89
Pontalis (Jean-Bertrand) 192
Raes (Françoise) **249**
Rault (Florence) 139, 141
Réal (Grisélidis) 240
Reich (Wilhelm) 43, 44, 53-56, **64**, 191, 285
Renard (Jules) 265
Rimbaud (Arthur) 24, **110**, 265
Robespierre (Maximilien Marie Isidore de) 133
Rosenthal (Robert) 163
Rousseau (Jean-Jacques) 7, **19**
Royal (Ségolène) 10, 11, 120, 226, 293
Sade (Donatien Alphonse François, comte de Sade, dit le marquis de) **22**, 244
Salomone (Jeanine) 262, 263, **272**
Sartre (Jean-Paul) 201
Schiltz (Marie-Ange) 13
Schulhofer (Stephen J.) 154
Segerström (Inger) 241
Shakespeare (William) **106**
Shelley (Mary) **328**
Smith (Adam) 56
Snedeker (Michael) 146, **164**
Soble (Alan) 152, 173
Spallanzani (Lazzaro) 95
Spinoza (Baruch) 18
Stagnara (Denise) 9
Staline (Joseph Vissarionovitch Djougachvili, dit) 46
Swertvaegher (Jean-Luc) 56
Théry (Anne) 10
Thomson (Judith Jarvis) **107**
Thouret (M.) 95
Timbart (Odile) 148
Turing (Alan) 75
Vaksberg (Arkadi) 45
Valenti (Catherine) 91
Van Gijseghem (Hubert) 163
Van Gulik (Robert) 15
Veil (Simone) 89, 91
Verlaine (Paul) 24, **110**, 265
Vian (Boris) 180, 283
Vigarello (Georges) 146
Vinci (Léonard de) **294**
Virgile (Publius Vergilius Maro, dit) 207
Wagner (Richard) 246
Wiel (abbé) 141
Wilde (Oscar) 75, 269
Yourcenar (Marguerite) **105**
Zetkin (Clara) 45
Zola (Émile) 197
Zwang (Gérard) 16

Index des notions

Abolitionnisme 235-237
Abstinence 62-63, 96, 100-101, 281, 302, 305
Accouchement sous X 94, 254, 256
Action en recherche de maternité 256
Action en recherche de paternité 255-256
Action en subsides 256
Adoption 78, 260, 266, 267, 268, 320
Adultère 73, 82, 96, 205-208, 296-297
Adultère (constat d') 102-105
Amour 58, 106-107, 113, 114, 121, 154, 156-157, 242, 250, 296-297, 323-325, 328
Animalité 50
Antiavortement (lobbys) 92
Antipornographique (politique) 226, 230, 233
Art et sexe 10
Attentat à la pudeur 84
Attentat aux mœurs 244, 280
Avortement 44, 46, 57, 72, 88-94, 98, 107-108, 178, 254-258, 262
AZT 122
Baby-boom 265
Bare-backers 118
Bordel 235
Bracelet électronique 147
Castration chimique 148
Castration chirurgicale 148
Censure 60, 230, 244
Citoyenneté sexuelle 301
Clandestinité 232, 248
Code de l'industrie cinématographique 228
Communisme 38, 41-46, 53
Complexe d'Œdipe 144, 192, 324
Congélation de tissus ovariens 263
Connotation sexuelle 152, 303
Consentement 71, 73-87, 92-93, 180, 184, 242, 282, 285, 313
Consentement (critères du) 152-161
Consentement éclairé 156, 183, 224, 232, 233, 242, 283
Consentement mutuel 43-44
Contamination (modes de) 111
Contamination volontaire 118-119
Contestation de paternité 259
Contraception 46, 72, 88, 98, 254, 256, 257
Contre-éducation sexuelle 53-56
Contre-révolution sexuelle 14, 44, 46
Contrôle des naissances 89
Convention européenne des droits de l'homme 178
Correctionnalisation judiciaire 85
Corruption de mineur 220-225, 233, 283
Culpabilité 12, 14, 29, 47, 48, 51, 159-160, 212
Cunnilingus 32
DDI 122, 125
Délation 140
Déplacement 62
Désir 195, 200, 285, 324-325
Détournement de l'autorité parentale 179
Devoir conjugal 179
Dissimulation 247-248
Divorce 43, 73, 74, 82, 183, 265, 269
Divorce (réforme du) 74
Domination masculine 11, 12, 58, 59, 233, 234, 308
Don d'embryon 260
Don d'ovule 260
Don de sperme 96, 260, 261, 272-273
Droit au divorce : voir divorce
Droit à la vie de l'embryon 89, 91-94, 107-108
Droit négatif 177
Droit positif 177, 183
Droits sexuels 177-180, 300-306, 309
Dutroux (affaire) 132
Échangisme 221
Égalité des enfants légitimes et naturels 75
Égalité des sexes : voir domination masculine, féminisme, parentalité
Église 96-98
Émancipation des femmes 45, 56
Érotisme 231, 310-311
Exception sexuelle 284
Excitation de mineur à la débauche 221
Exhibitionnisme 224, 232, 233, 283, 307
Expertise psychologique 142-146, 188
Exploitation 42, 44, 58, 160
Famille 40-42, 53, 64, 271, 320
Fantasme 144, 149, 192, 208, 286, 303
Fellation 32, 111
Féminisme 38, 42, 56-59, 65, 84, 86, 89, 90, 94, 160, 229, 233, 234, 264, 308
Fétichisme 55, 293
Fidélité 46, 73
Filiation 72, 254, 283, 320
Gay Pride 77
Génitalité 51, 55
Genre 322
Gérontophilie 293

Gestation pour autrui 260, 262
Guerre des sexes 13, 56
Handicapé 178, 179
Harcèlement sexuel 10, 13, 87, 241, 283-284, 312
Homoparentalité 78, 265-269
Homophobie 80
Homosexualité 9, 31, 40, 46, 49, 55, 60-61, 73, 75-80, 82, 105, 113, 224, 240-241, 283, 293
Hypergamie 265
ICSI 95
Identité sexuelle 51, 322
Inceste 76, 192, 281
Infidélité 63, 116
Insémination artificielle : voir procréation médicalement assistée
Interdit 38
Intériorité 185, 286
Interprétation des lois 167-169
IVG : voir avortement
Jouissance 31, 41, 51, 320
Kinsey (rapport) 49-50
Libido 324-325
Loi de 1972 : 259-260
Loi du silence 140, 186
Machisme 12, 192, 230, 233
Mai 68 : 36, 41
Majorité sexuelle 76, 178, 179, 221, 223, 225, 300, 315
Maladies nerveuses 46, 53, 55, 62-63, 190
Maladies sexuellement transmissibles 9
Manifeste des 343 salopes : 90
Mariage 37, 42, 55, 59, 62-63, 65, 73-75, 100-101, 108-109, 179, 254, 271, 281
Mariage gay 78
Marxisme : voir communisme
Masturbation 8, 32, 49-50, 109, 224, 229
Maternité 57, 66, 254, 256, 259-265
Ménopause 262-263
Mère porteuse 260, 262, 264, 320
Minorité sexuelle : voir majorité sexuelle
Misère sexuelle 13
Misogynie 12, 13, 234
Mœurs 86
Monogamie 43, 46, 66
Morale consensualiste 231, 238, 242, 281-282, 289-290, 305
Morale substantialiste 280-282, 289, 304
Mouvement de libération des femmes 58
Natalité 97
Névrose : voir maladies nerveuses
Norme 46, 50, 51, 201, 227, 283-290, 304
Obscénité 229-231, 246-248, 308
Ogino (méthode) 7, 89
Outrage aux bonnes mœurs 226
Outrage public à la pudeur 77
Outreau (affaire d') 135-138
Pacs 74, 77, 78
Parentalité 72, 254-273
Partouze : voir sexualité de groupe
Paternité 254-258
Péché 11, 12, 96, 106, 107, 281
Pédophile (réseau) 10, 135-136, 193, 209
Pédophilie 10, 55, 186, 267
Perben (lois) 147, 148
Perversion 50, 55, 293-294, 302, 304, 326
Pilule 89
Pilule du lendemain 93
Planning Familial 89
Pluriparentalité 268
Pornographie 10, 59, 226-233, 244, 246-248, 283, 289, 302
Pornographique (cinéma) 226, 228
Poupée anatomique 144, 164-167
Préjugé 16, 17
Prescription (délai de) 146, 182, 191
Préservatif 318-319
Présomption d'innocence 138
Preuve 138, 139-146, 152, 162-167, 316
Principe de précaution 229
Procréation 40, 50, 57, 72, 88-98, 254-265, 320-321
Procréation médicalement assistée 72, 78, 94-98, 257, 260, 262, 268, 270, 272-273
Prohibitionnisme 235-237
Pro-life (groupes) 92
Proportionnalité des peines 133-134
Prostitution 42, 179, 233-243, 249-250, 283, 285, 288, 300, 311
Prostitution enfantine 231
Prostitution (légalisation de la) 240
Protection de l'enfance 227, 228
Protection de la vie privée 178
Proxénétisme 10, 235, 236
Psychanalyse 30, 38, 46-53, 97-98, 190-195
Psychanalyse et justice 144, 191
Pudeur 86, 200, 247, 307

Pulsion 50, 53, 61
Pulsion anale 50
Pulsion génitale 50
Pulsion orale 50
Racolage actif 236
Racolage passif 236
Récidive 147-149
Refoulement 14, 46, 47, 64, 145, 192
Réglementarisme 235
Religion 54, 281
Répression 37, 38-41, 51-54, 64, 191, 225, 300, 304
Reproduction : voir procréation
Responsabilité 115, 116, 120, 160, 255, 257
Rosenthal (effet) 163
Rupture 182, 183
Sadisme 64
Sadomasochisme 221, 224
Secret 230, 232, 247-248, 286
Séduction (théorie de la) 192
Sentimentalité 230, 246-248
Séropositivité 113, 119
Séropositivité (test de) 113
Sexologie 15, 16, 24, 30, 48, 51, 194-195
Sex-shop 228
Sexualité de groupe 10, 194, 220, 222, 224, 283
Sexualité infantile 191-192, 194, 208, 293
Sexualité naturelle 8, 48, 50-53, 56, 108-109, 285-286
Sida 8, 9, 13, 16, **111-125**, 196, 236, 258, 317-319
Sidération psychique 158
Sodomie 32, 110, 111
Sodomie (crime de) 75-76, 281
Stérilité 94-96
Sublimation 62, 63
Tabou 225
Témoignage 139-142, 162-167, 210-211
Tournante : voir viol en réunion
Transsexuel 261
Traumatisme 180-184, 190-197, 267, 286-289
Trithérapie 116
Utopie 39, 55, 300
Vasectomie 257
Veil (loi) 89, 91
Verre d'eau (théorie du) 45
VIH : voir sida
Viol 81, 83-87, 133, 149, 151, 153, 155, 180-181, 183, 205-208, 287, 312
Viol conjugal 81
Viol en réunion 10, 134, 158-159
Viol (réforme de la définition du) 83
Violence arbitraire de l'État 150
Virginité 32, 46
Voyeurisme 224, 232, 283
X (classement) 226
Zoophilie 148

DES MÊMES AUTEURS

FAMILLE EN SCÈNES
(collectif dirigé par Marcela Iacub et Patrice Maniglier), Autrement, 2003.

Marcela Iacub

LE CRIME ÉTAIT PRESQUE SEXUEL ET AUTRES ESSAIS
DE CASUISTIQUE JURIDIQUE
EPEL, 2002 et Flammarion, « Champs », 2003.

PENSER LES DROITS DE LA NAISSANCE
PUF, 2002.

QU'AVEZ-VOUS FAIT DE LA LIBÉRATION SEXUELLE ?
Flammarion, 2002.

L'EMPIRE DU VENTRE.
POUR UNE AUTRE HISTOIRE DE LA MATERNITÉ
Fayard, 2004.

BÊTES ET VICTIMES ET AUTRES CHRONIQUES DE LIBÉRATION
Stock, 2005.

Patrice Maniglier

VOCABULAIRE DE LÉVI-STRAUSS
Ellipses, 2002.

LA CULTURE
Ellipses, 2003.

MATRIX. MACHINE PHILOSOPHIQUE
(avec A. Badiou, T. Bénatouïl, E. During, D. Rabouin et J.-P. Zarader),
Ellipses, 2003.

Crédits photographiques

8 : Bridgeman Giraudon/Charmet ; **12** : © Nan Goldin, courtesy Galerie Yvon Lambert ; **15** : © Donovan Wylie/Magnum Photos ; **17** : akg-images ; **21** : D. R. ; **22** : Photo12.com/Collection cinéma ; **26** : © Pierre et Gilles, courtesy Galerie Jérôme de Noirmont, Paris ; **30** : Bridgeman Giraudon ; **31** : Photo12.com/ARJ ; **33** : © voutch - voutch.com ; **35** : © Galerie Rabouan Moussion ; **37** : © Henri Cartier-Bresson/Magnum Photos ; **39** : D. R. ; **40** : © Bill Owens ; **41** : © Arsen Savadov, courtesy Galerie Orel Art Presenta ; **43** : D. R. ; **44** : © Boris Mikhailov, courtesy Galerie Barbara Weiss ; **47** : © Sophie Calle, courtesy Galerie Perrotin, Paris/© Adagp, Paris 2005 ; **48** : Prod DB/D. R. ; **49** : © Luciano Castelli, courtesy Galerie Kamel Mennour/ © Adagp, Paris 2005 ; **52** : The J. Paul Getty Museum, Los Angeles/Paul Outerbridge, Jr./© 2005 G. Ray Hawkins Gallery, Los Angeles ; **54** : Getty Images/Hulton Archive ; **55** : © voutch - voutch.com ; **57** : Rapho/Jeanine Niepce ; **59** : Courtesy www.guerrillagirls.com ; **61** : Photo12.com/ARJ ; **65** : Photo12.com/Collection cinéma ; **66** : Prod DB/D. R. ; **69** : Bridgeman Giraudon ; **72** : Prod DB/D. R. ; **76** : akg-images/Erich Lessing ; **78** : © Xavier Veilhan/© Adagp, Paris 2005 ; **79** : courtesy Galerie Agathe Gaillard ; **80** : © voutch - voutch.com ; **82** : © 1990, Photo Scala, Florence ; **83** : ProdDB/D. R. ; **85** : D. R. ; **87** : © L'Association ; **89** : Bridgeman Giraudon ; **90** : © Eugene Richards/Magnum Photos ; **93** : © Mark Peterson/Corbis ; **95** : © Roger Ressmeyer/Corbis ; **96** : © Eric and David Hosking/Corbis ; **97** : © Ariane Lopez-Huici ; **99** : © Christiane Geoffroy ; **101** : Photo12.com/Oronoz ; **105** : akg-images/Rabatti - Domingie ; **107** : akg-images ; **110** : Photo12.com/ARJ ; **112** : © Nan Goldin, courtesy Galerie Yvon Lambert ; **114** : Dessin de Glen Baxter, extrait de l'ouvrage *Le Livre de l'amour*, éditions Hoëbeke, 2005 ; **117** : Sida Info Service/INPES/ministère de la Santé ; **120** : © 2005, Digital image, The Museum of Modern Art, New York/Scala, Florence ; **124** : courtesy Galerie Agathe Gaillard ; **125** : courtesy Galerie Agathe Gaillard ; **126** : © Pierre et Gilles, courtesy Galerie Jérôme de Noirmont, Paris ; **131** : © Pierre et Gilles, courtesy Galerie Jérôme de Noirmont, Paris ; **134** : © Oleg Kulik, courtesy Galerie Rabouan Moussion ; **137** : D. R. ; **140** : © Paula Rego, courtesy of Marlborough Fine Art (London) Ltd ; **142** : D. R. ; **143** : courtesy Galerie Karsten Greve, Cologne, Paris, Milan, St. Moritz/Photographie : Beth Phillips/© Adagp, Paris 2005 ; **145** : D. R. ; **148** : © Jake et Dinos Chapman/courtesy Jay Jopling/White Cube (London) ; **150** : © Wim Delvoye ; **153** : www.juanmacarrillo.com ; **155** : © Leonard Freed/Magnum Photos ; **157** : © Boris Mikhailov, courtesy Galerie Barbara Weiss ; **161** : © Larry Clark, courtesy Galerie Kamel Mennour, Paris ; **164** : © voutch - voutch.com ; **166** : © Simen Johan ; **171** : Photo12.com/Collection cinéma ; **175** : akg-images ; **179** : Prod DB/D. R. ; **181** : © Cindy Sherman, courtesy Galerie Ghislaine Hussenot, Paris ; **187** : D. R. ; **188** : akg-images/© The Munch-Museum/The Munch-Ellingsen Group - Adagp, Paris 2005 ; **190** : akg-images ; **193** : Prod DB/D. R. ; **194** :© Simen Johan ; **197** : D. R. ; **199** : Prod DB/D. R. ; **202** : courtesy Galerie Agathe Gaillard ; **205** : © Rachid O. ; **206** : D. R. ; **210** : akg-images/Album/Warner Bros ; **213** : © Wolfgang Tillmans/© courtesy Maureen Paley Gallery ; **214** : © Pierre et Gilles, courtesy Galerie Jérôme de Noirmont, Paris ; **219** : D. R. ; **221** : D. R. ; **224** : Bridgeman Giraudon/© Adagp, Paris 2005 ; **225** : Dessin de Glen Baxter, extrait de l'ouvrage *Le Livre de l'amour*, éditions Hoëbeke, 2005 ; **227** : Photo12.com/Collection cinéma ; **231** : © Allen Jones ; **231** : © Allen Jones/Tate, London 2005 ; **235** : © Scheufler Collection/Corbis ; **237** : © Pierre Mérimée/Corbis ; **240** : D. R. ; **243** : Photo12.com/Collection cinéma ; **245** : © Pierre Klossowski/D. R./© Adagp, Paris 2005 ; **247** : Sean McDevitt, courtesy of 31GRAND Gallery ; **251** : Photo12.com/Collection cinéma ; **253** : © 2005, Digital image, The Museum of Modern Art, New York/Scala, Florence ; **257** : © Jacques Lizène, courtesy galerie Artconcept/© Adagp, Paris 2005 ; **259** : © Nan Goldin, courtesy Galerie Yvon Lambert ; **261** : Bridgeman Giraudon ; **262** : akg-images ; **264** : © Atelier Van Lieshout ; **267** : © Eugene Richards/Magnum Photos ; **273** : akg-images ; **274** : © Pierre et Gilles, courtesy Galerie Jérôme de Noirmont, Paris ; **279** : D. R. ; **282** : Dessin de Glen Baxter, extrait de l'ouvrage *Tempête sur le tweed*, éditions Hoëbeke, 2005 ; **284** : © voutch - voutch.com ; **287** : D. R. ; **289** : © Boris Mikhailov, courtesy Galerie Barbara Weiss ; **292** : © Archivo Iconografica, S.A./Corbis ; **295** : Photo12.com/Oronoz ; **299** : © Wolfgang Tillmans, courtesy Maureen Paley Gallery ; **301** : D. R. ; **304** : Photo12.com/Collection cinéma ; **305** : © Jacques Bosser, courtesy Galerie Area/© Adagp, Paris 2005 ; **307** : © Nan Goldin, courtesy Galerie Yvon Lambert ; **308** : © Geoffroy de Boismenu ; **311** : © Sylvie Fleury ; **314** : © Jean-Philippe Charbonnier/Top - Rapho ; **318** : *Step Up Love Story*/Futari Etchi volume 3/Katsuaki/Pika édition/Hakusensha, Inc./© Katsuaki, 1997 ; **321** : © Nan Goldin, courtesy Galerie Yvon Lambert ; **322** : © The Vigeland Museum/Adagp, Paris 2005 ; **327** : Photo12.com/Collection cinéma ; **329** : akg-images.